자본의

역습

경희대학교 후마니타스칼리지 ◎
우리가 사는 세계

자본의 역습

경제학적 상상과 비판

ECONOMY

Humanitas College, Kyung Hee University | The World We Live In | 고봉준 지음

추천의 말

서구는 어떻게 세계를 지배하게 되었는가

2011년 봄 학기에 경희대학교는 한국 대학의 역사에서 획기적인 교양교육 프로그램을 출범시켰다. 후마니타스칼리지라는 이름으로 출범한 이 새로운 대학 교양교육 프로그램은 당시 한국 대학은 물론 한국 사회 전체에 커다란 충격을 주었다. 대학이 대학다워야 하며 대학이 바뀌어야 미래가 바뀐다고 선언한 후마니타스칼리지의 새로운 프로그램은 한국 사회의 열렬한 관심을 받았다.

거의 대부분의 한국 대학이 취업 준비 학교로 전락한 뼈아픈 현실을 지적하고 나름의 대안을 제시한 이 행동의 당위성을 인정하는 것은 손쉬운 일이다. 하지만 그러한 당위가 실제 행동으로 나타나기 위해서는 기존 현실을 새롭게 바꿀 만한 충분한 역량이 성숙되어야 한다는 엄혹한 진실은 흔히 망각된다. 현실에 대한 철저한 이해와 비판적 대안을 가진 새로운 세대는 강력한 의지로 세상을 바꾼다. 후마니타스칼리지의 교수진은 미래 사회를 만들어갈 젊은 세대가 인간과 세계에 대한 확고한 이해가 결여되어 있다고 판단하고 대학 졸업자라면, 미래의 지도자라면 그것을 반드시 알아야 한다고 판단했다. 그리고 기존 대학 교육은 그것을 제공하지 않고 단지 취업에 필요한 단편적 지식만 전수하고 있다고 판단했다. 그래서 그들은 19세기 이후 한국 사회가 축적한 근대 경험과 세계 인식의 총화를 새로운 교과과정 설계에 쏟아부었다.

후마니타스칼리지가 채택한 교양교육의 교과 구성에서 가장 핵심적인 필수교과는 한국의 인문지성 역량과 그들이 파악한 세계를 잘 보여준다. 독자가 현재 쥐고 있는 책은 후마니타스칼리지 프로그램에서 전교생 필수과목으로 지난 10년간 가르쳐온 교재 『문명전개의 지구적 문맥 II : 우리가 사는 세계』를 대중 독자를 위해 친절하게 해설한 것이다. 이 교과에서 적용되는 사유는 다음과 같이 요약할 수 있다.

지금 우리가 살고 있는 세계는 어떤 세계인가. 인류 문명은 오래전 지구상에 나타났지만 현재 우리가 살고 있는 문명은 최근에 발명된 것이다. 지구상에 현생인류가 등장한 것은 35만 년 전쯤의 일이다. 그때 인간은 생김새나 행동에서 유인원과 여러모로 유사했지만 조금 다른 유전자를 가지고 있었다. 그 조그만 차이가 35만 년 동안 실로 놀라운 변화를 만들어냈다. 코끼리나 다람쥐, 그리고 물벼룩은 35만 년 전의 조상과 비슷한 행동을 하며 살고 있다. 그들이 35만 년 전의 조상 무리와 만난다면 큰 어려움 없이 함께 어울릴 수 있을 것이다. 하지만 인간은 그동안 생존 방식에서 실로 엄청난 변화를 이루어냈고 35만 년 전의 인류와 21세기의 우리는 유전자만 비슷할 뿐 완전히 다른 생활을 하고 있다. 35만 년 전의 인류와 우리가 만난다면, 서로가 동일한 인류라는 사실을 믿기 힘들 것이다. 이 차이를 가져온 것을 우리는 '인류 문명'이라고 부른다.

인류 문명은 끝없는 가치판단과 선택에 따라 새로운 사회를 만들어왔다. 그래서 우리가 살고 있는 현재의 인류 문명은 1,000년 전의 문명과 완전히 다르다. 지금 이 세계는 약 500년 전 유럽에서 시작된 근대 문명이 만든 세계라고 할 수 있다. 다양한 문화적 차이에도 불구하고 현재 인류는 거의 공통적인 세계 인식을 가르치고 배우고 있다. 인터넷으로 연결된 세계 인식의 그물망에서 공유된 상식과 핵심적 지식은 대부분 지난 500년간 서구 사회에서 시작되고 발전된 산물이다. 서구 문명이 지난 몇 백 년간 지구를 지배하고 있는 현실을 부정할 수는 없다. 서구로 하여금 지구의 지배 세력이 되게끔 만들어준 이 근대 문명의 핵심이 무엇인가. 그것을 철저히 알지 않고서는 그것의 한계를 넘어 극복할 수 없다.

서구의 근대 문명이 동아시아로 올 때, 점잖게 오지 않았다. 근대는 동아시아인이 감당하기 힘든 엄청난 힘으로 밀려왔다. 일본은 미국의 페리 제독이 군함을 끌고 나타났을 때 600년 전 몽고군을 막아준 신의 바람, 가미카제가 아무런 소용이 없다는 걸 이미 알고 있었다. 네덜란드와의 교역 경험을 통해 서양의 근대가 가진 힘을 알아차리고 있었기 때문이다. 동아시아인이 전통적으로 세계의 중심이라고 믿고 있었던 중국은 유럽 열강과의 소규모 전투에서 너무나 맥없이 무너졌다. 다른 동아시아 국가보다 서양 문명을 조금 빨리, 그리고 적극적으로 받아들인 일본이 얼마 뒤 러시아는 물론이고 중국과의 전쟁에서 이겨 서구 근대 문명의 힘을 증명함으로써 동아시아가 나아갈 방향은 정해졌다.

자신들의 문화적 전통을 버리고 서양 문명을 전면적으로 받아들이려는 시대의 흐름은 지금까지도 동아시아의 문화적 정체성에 강력한 영향을 미치고 있다. 하지만 동아시아가 서구 문명을 받아들여 사회를 개조하고 새로운 시대에 부응해간 과정을 단순히 서구 문명의 승리로 요약할 수는 없다. 동아시아인의 문화적 전통은 뿌리 깊다. 서구의 근대적 가치는 동아시아에서 아직도 강력한 힘으로 작용하고 있지만, 그 새로운 문명을 받아들여 적극적으로 이해하고 자신들의 사회에 적용해간 힘이 동아시아의 뿌리 깊은 사회·문화적 전통에서 나온다는 사실 역시 중요하다.

한국이 지난 150년 사이에 겪은 사회적 변화는 경험의 고유성만이 아니라 정도의 면에서도 비교할 만한 다른 사례를 찾아보기 힘들다. 근대를 받아들이자는 결심 아래 국왕이 전근대의 상징 같았던 상투를 지목하고 자르라고 명령했을 때 도끼를 들고 나타나 목을 잘랐으면 잘랐지 상투는 못 자른다고 하던 것이 1895년 조선의 선비들이었다. 그런데 그로부터 100년 후에 한국인들은 성형 천국으로 세계에 이름이 나 있다. 그사이에 무슨 일이 벌어졌던가? 한국은 스스로의 힘으로 근대적 국민국가를 만들지 못하여 식민지가 되었고 식민지에서 벗어나자마자 사회 구성에 대한 이념적 갈등으로 동족 간의 전쟁을 치렀다. 그러나 전후에는 전 세계에서 가장 빠른 속도의 압축적 근대화를 이룩해서 선진국 대열의 꽁무니에 이르렀다. 지난 100년 동안 한국인들이 사회를 바꾸고 새로운 문화를 만든 과정을 이렇게 간단히 요약하는 것은 역사 망각의 지름길이다. 한국 사회가 새로운 문명을 받아들여 오늘에 이른 것은 초기의 충격 수용으로부터 시작해서 한국인들이 가진 삶의 총체적 능력을 전면적으로, 최대한 발휘해서 얻어낸 것이며 동시에 엄청난 고통과 희생을 동반했다.

현재까지도 한국은 근대가 몰고 온 사회적 변화의 열병을 앓고 있다. 이 열병은 동시에 한국 사회의 생명력의 표현이다. 동아시아에서 가장 강력한 유교 사회를 만들어 500년을 지속한 것이 조선이다. 한국의 사회·문화적 전통은 상상 이상으로 완강해서 100년 전 조선의 지식인들이 감당했던 위기감과, 그에 따른 해결책 모색은 지금도 생생히 살아 있는 문제의식을 보여주고 있다. 차이가 있다면 그때는 바꿔야 할 것이 많았고 지금은 바꾸지 말아야 할 것도 생각할 수 있게 되었다는 점이다.

인류는 35만 년 동안 헤아릴 수 없이 많은 발견과 발명을 거듭하면서 의식주를 해결하고 삶의 조건을 개선시키며 인류 문명을 만들어왔다. 우리가 사는 근대 세계의 관점에서 볼 때, 불의 발견이나 도구의 발명에 비견할 만한 인류사의 대사건은 근대 문명이다. 그 핵심에는 과학혁명이 있다. 현재 지구상의 인류 문명을 특징짓는 획기적 변화가 시작된 것이 과학혁명부터라는 말이다. 과학혁명과 함께 세계는 그 이전의 세계이기를 중지하고 시대는 근대로 이행했다. 세계는 달라지고 인간의 사고방식에도 대전환이 일어난다. 새로운 세계, 새로운 문명이 탄생한다. 역사는 이 새로운 세계와 문명을 근대 세계라 부르고 근대 문명이라 부른다.

근대 문명은 서구 문명이 이룩한 독특한 '돌파breakthrough'의 하나다. 진리 생산을 향한 과학의 정신과 방법, 비판적 사유, 탐구의 자유에는 재갈이 물리고 무지와 오류를 시정할 길은 막혀 있었다. 이 난국을 돌파하려 한 최초의 대표적 시도가 과학혁명이고 근대 문명이다. 그 혁명 이후의 인류는 이 돌파의 수혜자들이며 한국인들도 그중의 하나다.

이 책을 읽는 독자 여러분은 한국 사회에서 과거의 것이 바뀐 것과 바뀌지 않은 것이 무엇인가를 생각하게 될 것이다. 거기서 21세기를 사는 여러분의 자리가 드러날 것이다. 21세기의 한국인은 유럽인이자 세계인으로 살아간다. 지금까지 문명을 결정했던 장소는 더 이상 우리를 얽어맬 수 없다. 태어난 곳이 한반도라고 해서 삶이 한반도로 제약될 수 없는 시대가 이미 펼쳐지고 있다.

이 책은 경희대학교 후마니타스칼리지에서 10년간 가르쳐 온 「우리가 사는 세계」를 각 분야별로 재구성한 것으로서 그 내용은 서구가 창안하고 발전시킨 근대 문명의 핵심적 성과를 한국의 지식인들이 나름의 방식으로 이해하고 요약한 것이다. 지난 몇백 년간 서구는 놀라운 물적·정신적 발전을 보여왔고 그에 기반한 무력으로 세계를 지배해왔다면 우리는 그들이 이룬 문명 전환과 돌파의 정신을 이해하기 위해 우리 나름의 전환적 인식과 돌파를 준비해야 한다. 이 책은 그런 측면에서 한국 인문학의 꽃이다. 식민지 경험과 분단, 전쟁을 겪고 극도의 궁핍을 넘어서 K-문화의 개화를 맞은 지금, 인간과 세계를 한국 인문학은 어떻게 이해하고 요약하고 있는지를 이 책은 잘 보여주고 있다. 과거를 성찰하고 인간의 미래를 상상하는 독자들에게 이 책은 최상의 동반자가 될 것이다.

경희대학교 후마니타스칼리지 학장
이영준

들어가는 말

부와 잉여가치의 역사

'It's the Economy, Stupid(바보야, 문제는 경제야)!' 빌 클린턴이 1992년 미국 대통령 선거에서 사용한 선거운동 문구인 이 문장은 오늘날 세계 각국의 정치인들이 국민의 지지를 얻기 위해 자주 써먹는 이데올로기 중 하나이다. 1992년 당시 미국의 대통령 선거는 냉전 붕괴와 걸프전의 승리 같은 정치적·이념적 자산을 앞세운 공화당 조지 부시의 손쉬운 재선이 예상되었다. 미국의 절대적 우위를 확인시킨 조지 부시는 국민의 압도적인 지지를 받고 있었고, 그로 인해 민주당에서는 선뜻 대통령 선거에 나가려는 사람이 없었다. 이런 상황에서 클린턴은 미국인들의 시선을 '경제'에 집중시킴으로써 부시 행정부의 약점을 드러냈고, 그 전략은 선거에서 적중했다.

근대 이후 자본주의의 역사를 개괄하는 것이 이 책의 1차적인 목표이다. '개괄'이라는 표현에서 알 수 있듯이 이 책은 경제학과 자본주의에 대해 학문적으로 접근한 전문적인 경제학 서적이 아니다. 자본주의의 초기 형태인 산업자본주의부터 '금융'과 '데이터'가 지배하는 최근의 신자유주의, 데이터 자본주의에 이르기까지 자본주의가 어떻게 흘러왔는가를 알기 쉽게 설명하는 것이 이 책이 지향하는 바이다. '경제학'은 근대를 대표하는 학문이다. 그것은 근대 이후에 성립된 학문들 가운데 하나인 동시에 가장 근대적인 학문이다. 그러므로 '경제학'과 '자본주의'를 이해하는 것은 곧 근대 사회, 즉 인류가 만든 근대적인 시스템 자체의 성격을 이해하는 것이기도 하다.

유사 이래 인류는 먹고사는 문제에서 해방된 적이 없다. 하지만 중세까지 '경제'는 공식적인 학문의 대상이 아니었다. 중세의 유럽 사회는 강력한 신분제를 유지하는 가운데 공동체 내에서 개인이 수행하는 노동, 즉 직업을 부모에게서 물려받는 방식으로 먹고사는 문제를 해결했다. 이러한 질서 속에서 '직업'

은 공동체 내에서 사회적 분업의 성격을 띠었고, 그것은 개인이 선택할 수 있는 것이 아니라 출생과 동시에 주어지는 것이었다. 물론 중세 사회에서 먹고사는 문제가 중요하지 않은 것은 아니었다. 그렇지만 그것이 모든 공동체가 지향한 최고의 가치였던 것도 아니다. 중세까지 인류는 철학, 진리, 종교 등을 경제보다 우위에 두었고, 따라서 개인의 이익, 선택 같은 자본주의를 뒷받침하는 가치들이 등장하기 어려웠다. 이 책의 전반부는 중세인들의 삶, 그리고 근대 이후 '경제'에 대한 관념과 '자본주의'가 등장하는 과정을 설명하는 데 집중하고 있다.

중세 사회의 해체 과정은 다른 관점에서 보면 근대 자본주의가 탄생할 수 있는 조건이 무르익는 과정이었다고 말할 수 있다. 계몽주의 철학과 개인주의의 등장, 종교의 영향력 감소와 '이익' 추구에 대한 자유, 그리고 산업혁명 등은 자본주의의 등장을 뒷받침하는 역사적 사건이었다. 특히 애덤 스미스의 『국부론』(1776년)은 근대 자본주의의 원리를 정립하고 18세기 중엽 시작된 정치경제학의 흐름을 주도했다는 점에서 주목할 필요가 있다. 하지만 자본주의의 역사는 애덤 스미스가 생각한 대로 흘러오지 않았다. 그는 자본주의의 최대 장점으로 자유경쟁을 꼽았으나, 20세기 이후 시장에서 자유경쟁이 행해진 경우는 예외적일 정도로 드물었다. 그의 예상과 달리 기업들은 자유경쟁 대신에 '독점'을 선호했다. 이러한 독점화는 이미 1920년대부터 시작되었으니 사실상 자본주의의 역사에서 애덤 스미스의 생각이 유효했던 시기보다 그렇지 않은 시기가 훨씬 길었다고 말할 수 있다. 사정이 이러한데도 사람들은 자본주의나 애덤 스미스라는 이름을 들으면 '자유경쟁'이라는 단어를 먼저 떠올린다. 이는 현대 자본주의의 성격을 잘못 이해하고 있는 결과이다.

국가의 개입을 최소화해야 한다는 이른바 '보이지 않는 손'이라는 문제 역시 마찬가지이다. 흔히 '신자유주의'라고 말해지는 지난 수십 년의 역사는 국가의 개입 없는 자본주의가 어떤 결과를 초래하는가를 단적으로 보여준다. 다만 시장과 경제에 대한 국가의 개입이 항상 감시와 통제 등의 방식으로만 행해진다고 생각해선 안 된다. 신자유주의는 '정치'의 영역마저 장악한 경제가 국가의 행정력을 전적으로 시장에 유리한 방식으로 행한 사례라고 말할 수 있는데, 최근의 코로나19 팬데믹 같은 예외적인 상황에서는 오히려 시장에 대한 국가의 개입이 한층 적극적으로 요구된다. 즉 자본주의의 역사에서 시장과 국가의 관계는, 흔히 정치와 경제의 관계가 그러하듯이 단일한 원칙으로 선명하게 설명되지 않는다. 즉 국가의 개입이 필요한 시기가 있는가 하면 그 반대의 경우도 있게 마련이다.

이 책에서는 특별히 20세기 이후의 자본주의가 초기 산업자본주의를 배경으로 탄생한 애덤 스미스의 생각과는 달랐다는 사실을 강조하려 했다. 자본주의는 끊임없이 변화한다. 지금이 4차 산업혁명의 시대라면, 지금의 자본주의 또한 '자본주의 4.0'이라고 불러야 할 것이다. 문제는 오늘날 우리가 '자본주의 4.0'을 경험하면서도 애덤 스미스의 논리로 지금의 자본주의를 설명하려 한다는 것이다. 이 책의 후반부에 신자유주의, 금융자본주의, 플랫폼 자본주의, 데이터 자본주의 등에 대해 많은 지면을 할애한 까닭은 이러한 착시현상을 일부나마 해결하고 싶었기 때문이다. 자본주의의 역사는 결국 '부', '잉여가치'를 만들어내는 방식의 역사라고 말할 수 있다. 따라서 현대 자본주의의 성격을 이해하려면 오늘날 시장과 기업이 어떤 방식으로 '부'와 '잉여가치'를 생산하고 있는가를 살펴보면 된다. 자본주의에 대한 이해는 바로 이 지점에서 다시 시작되어야 한다.

차례

제2부 극단의 시대

제3부 21세기 자본

Industrial Revolution: spinning room 1733~1913

제1부 자본주의의 탄생

ECONOMY

01

이윤을 탐하지 말라

경제혁명 이전의 경제

자본주의는 근대를 설명하는 가장 강력한 키워드 중 하나이다. 근대 자본주의, 근대 민주주의와 같은 표현이 자연스럽게 느껴지듯이 인류의 역사에서 '근대'는 경제적으로는 '자본주의', 정치적으로는 '민주주의'라는 개념의 등장으로 설명된다. 경제적인 측면에서 보면 중세에서 근대로의 이행은 자본주의의 등장으로 요약할 수 있다. 만일 이 변화를 가리켜 '경제혁명'이라고 말한다면, 그 핵심은 자본주의가 왜, 언제, 어떻게 시작되었는가를 해명하는 문제일 수밖에 없다. 중세에서 근대로 이행하는 과정에서 도대체 무슨 일이 있었던 것일까? 이 물음에 대한 적절한 답변을 찾기 위해서는 먼저 중세인의 삶, 그들이 어떻게 살고 무엇을 추구했는가를 살펴보아야 한다.

중세인들의 삶과 사고방식은 여러 면에서 근대인들의 그것과 확연하게 달랐다. 근대인들에게는 당연하면서도 중요한 것으로 간주되는 많은 것이 중세에는 존재하지 않았거나 사람들에게 중요한 관심사가 아니었다. 가령 중세에는 '경제학economics'이라는 것이 존재하지 않았다. 알다시피 고대에서 중세에 이르는 시기에도 인류는 철학, 역사, 정치, 예술 등의 분야에서 상당한 지식을 생산하고 축적했다. 비록 학문의 조건은 오늘날과 달랐지만 인류는 매우 이른 시기부터 인간, 우주, 세계 등에 대해 다양한 학설과 지식을 추구했다. 그럼에도 불구하고 그중 경제학자의 생산물이라고 부를 만한 것은 존재하지 않았다. 이는 그 사회가 오늘날 우리가 경제학이라고 부르는 분야의 지식에 특별히 관심을 기울이지 않았음을 의미한다.

그러나 경제학이 존재하지 않았다고 해서 경제활동마저 없었던 것은 아니다. 경제학이 존재하지 않는다는 것과 경제활동이 존재하지 않는다는 것은 전혀 별개이다. 알다시피 학문으로서의 경제학은 근대가 시작된 이후에 탄생했다. 경제학이 등장하기 위해서는 두 가지 조건이 충족되어야 한다. 첫째, 정치와 경제의 분리, 즉 경제가 정치에 종속되지 않아야 하고 둘째, 이윤(이익)을 추구하는 행위가 도덕적으로 정당화되어야 한다. 근대 철학 및 사상사에서 존 로크John Locke(1632~1704)의 『통치론』(1690년)은 사유재산을 정당화하고, 나아가 국가의 필요성을 사유재산의 보호에서 찾음으로써 첫 번째 조건을 충족시켰다고 평가된다. 한편 버나드 맨더빌의 『꿀벌의 우화』(1714년)와 애덤 스미스의 『국부론』(1776년)은 사회 발전의 근거를 개인의 악덕에서 찾고, 개인의 이기심을 경제활동의 원천으로 제시함으로써 두 번째 조건을 충족시켰다고 평가된다. 영국 출신의 고전경제학자인 애덤 스미스는 오늘날까지 '경제학의 아버지'로 평가된다.

인류는 역사가 시작된 순간부터 줄곧 경제활동을 했다. 한 경제학자의 표현처럼 인류는 나무에서 내려온 이후부터 줄곧 살아남는 문제에 직면해왔고, 생존 자체를 위해서든 집단이나 공동체의 유지를 위해서든 생활에 필요한 물질적 요소를 생산하는 문제를 한순간도 포기할 수 없었다. 하지만 경제활동에 대한 중세인들의 생각은 오늘날과 전혀 달랐고, 특히 교환, 판매 등을 수행할 때에도 이윤을 남기기 위해 그것을 행하지는 않았다. 중세인들의 삶과 사고방식에 대한 이해는 이 지점에서 시작되어야 한다. 오늘날 우리는 개인의 의지와 능력 등에 기초하여 자유롭게 직업을 선택하며, 그 선택의 권리를 매우 중요한 가치로 간주한다. 근대 이후의 인간들에게 자유와 권리는 인간이라면 누구나 마땅히 누려야 할 기본권이고, 이 기본권이 제한되는 사회를 긍정적으로 평가하지 않는다. 하지만 이러한 선택의 자유와 권리가 근대 이전에는 존재하지 않았다.

중세인들에게 직업은 개인이 선택하는 것이 아니라 공동체를 유지하고 지속하기 위해 개개인에게 부여된 기능적 역할에 가까웠고, 대개의 경우 그것은 전통적 질서에 따라 물려받는 방식으로 결정되었다. 출생과 동시에 사회적·계급적 신분을 물려받듯이 직업 또한 아버지에게서 아들로 계승되는 것이 전통이었다. 이에 관해 애덤 스미스는 '(고대 이집트에서는) 모든 인간은 종교 원칙에 따라 아버지가 하던 직업을 계승해야 했다. 만일 다른 직업으로 바꾸면 위중한 신성모독을 범하는 것으로 여겨졌다'라고 설명했다. 그것의 궁극적 기원이 종교이든 아니든, 근대 이전의 사회는 공동체를 유지하고 지속하기 위해 전통적 방식을 선호했고, 그 질서에 따르면 직업은 개인이 선택하는 것이 아니라 물려받아야 하는 것이었다. 이는 직업, 더욱 넓게는 경제활동이 개인의 이익을 위한 방편이 아니라 공동체의 이익을 위한 것이었음을 의미한다.

유럽의 중세는 종교, 특히 기독교에 의해 지배되는 세계였다. 사람들은 세속적 가치보다 종교적 믿음을 더 중시하면서 살았고, 그들에게는 금전적 '이익'보다 종교적 '구원'이 한층 더 본질적인 문제였다. 경제활동과 신앙생활을 동시에 했으나 그들은 '나는 구원받은 자에 속하는가?'라는 물음을 경제활동과 연결시키지 않았다. 물론 중세인들 또한 인간이므로 경제적 이익과 감각적인 향락에 완전히 무관심하지는 않았을 것이다. 세속적 가치의 유혹에 넘어가 타락한 삶을 산 사람도 있을 것이고, 좋은 옷과 맛있는 음식에 무릎을 꿇었다가 돌아와 죄를 고백하는 사람도 없지 않았을 것이다. 또한 중세인 모두가 기독교인은 아니었으므로 기독교의 권위 바깥에 존재하는 사람도 있었다. 하지만 역사학자들의 연구에 따르면 꽤 오랫동안, 구체적으로는 근대 사회가 시작되기 이전까지 기독교는 강력한 힘을 통해 이익, 향락, 사치 등의 욕망을 추구하려는 중세인들의 인간적 본성을 억제하는 데 성공했던 것으로 보인다.

대중에 대한 종교의 영향력은 주로 성경이나 설교 등의 방법을 통해 행해졌다. 대표적인 사례 중 하나가 바로 '고리대금' 문제이다. 13세기 이후 유럽 사회에서는 고리대금 문제가 커다란 종교적 이슈로 부상했다. 이는 이 시기에 이르러 '화폐'를 이용하는 경제의 규모가 급격히 커졌으며, 동시에 그것이 기독교적 가치를 위태롭게 만든다는 생각이 시작되었음을 의미한다. 알다시피 고리대금은 손쉽게, 그것도 단기간에 많은 화폐를 획득할 수 있는 방법 중 하나이다.

그런데 복음서에는 이런 구절이 적혀 있다. '아무도 두 주인을 섬길 수는 없다. 한 편을 미워하고 다른 편을 사랑하거나 한 편을 존중하고 다른 편을 업신여기게 된다. 너희는 하느님과 재물을 아울러 섬길 수 없다.'(마태오복음 6장 24절) 마태오는 예수 그리스도의 열두 사도 중 한 사람이다. 그의 복음은 신약성경에

첫 번째로 실려 있을 정도로 중요하다고 말할 수 있다. 마태오는 상인이나 농부, 또는 자신이 관할하고 있는 지역을 지나가는 대상隊商들로부터 통행세를 받던 카파르나움(가버나움) 지역의 세리稅吏였다. 당시 세리가 자신의 관할 지역에서 세금을 걷기 위해서는 먼저 로마 당국에 일정한 금액을 지불해야 했다. 당국에 계약 금액을 지불한 세리들은 자신이 지불한 금액 이상의 수입을 얻기 위해 상당한 세금을 징수했고, 그로 인해 유대인들 사이에서 세리는 압제자 로마에 협력하여 동족을 착취하는 파렴치한으로 간주되었다. 그런 마태오가 예수를 따라나서면서 말하기를, 재물과 하느님은 공존할 수 없다고 경고한 것이다.

마태오의 복음서만이 아니다. 당시의 신학자 대부분이 설교를 통해 고리대금이 엄청난 죄악임을 알렸고, 그와 더불어 가난이라는 정신적 가치를 강조했다. 이때의 고리대금은 준 것보다 더 많이 받는 것을 의미했다. '원금 이상으로 요구된 것은 모두 고리이다.' 중세까지 대다수의 사회에서 교환은 이익을 얻기 위한 수단이 아니라 상호성의 관념, 즉 상호 관계와 유대의 강화를 위해 행해지는 것으로 이해되었다. 물론 교환의 종류에 따라 빌려준 것 이상으로 돌려받는 경우도 없지 않았다. 하지만 물건이 아닌 화폐를 빌려주는 경우에는 사정이 달랐다. 중세의 신학자 토마스 아퀴나스Thomas Aquinas(1225?~1274)는 화폐는 '교환을 위해 발명된 것'이라고 주장했는데, 이는 자연에 존재하는 사물들과 달리 화폐에는 생산력이 없다고 생각했기 때문이다.

생산력이 없음에도 불구하고 빌려준 것 이상을 받는 것, 중세 기독교인들은 그것을 고리대금으로 간주하고 종교재판에 회부했다. 그들에게 고리대금은 '죄'였는데, 그것도 단순한 죄가 아니라 신에게 속하는 '시간'을 훔치는 반자연적인 죄악이었다.

'너희 가운데 누가 어렵게 사는 나의 백성에게 돈을 꾸어주게 되거든 그에게 채권자 행세를 하거나 이자를 받지 말라.'(출애굽기 22장 24절)

'너희 동족 가운데 누가 옹색하게 되어 너희에게 의탁해야 할 신세가 되거든, 너희는 그를 몸 붙여 사는 식객처럼 붙들어주고 함께 데리고 살아라. 너희는 그에게서 세나 이자를 받지 못한다.'(레위기 25장 35~36절)

'같은 동족에게 변리를 놓지 못한다. (……) 외국인에게는 변리를 놓더라도 같은 동족에게는 변리를 놓지 못한다.'(신명기 23장 20~21절)

이처럼 중세 기독교는 고리대금을 엄격하게 금지했고, 다양한 예화와 설교를 통해 고리대금업자의 끔찍한 운명을 거듭 환기시켰다. 다만 예외가 있었으니, 동족이 아닌 존재, 외국인, '적' 등의 이방인에게 고리대금을 하는 것은 허용되었다.

중세 서양 경제의 목표는 인간의 생존이었으며, 결코 이것을 넘어서지 않았다. (……) 중세 경제는 본질적으로 필수품을 제공해주는 토지에 기초를 둔 농업 중심적인 경제이다. (……) 중세 서양의 경제적 목표는 '필수적인 것'을 제공하는 것이었다. (……) 필수품을 제공하는 것 이외의 모든 경제적 수지 타산은 혹독한 비난을 받았다.[1]

중세의 경제는 '생존의 경제'였다. 생존에 필요한 정도는 계급과 계층에 따라 상이할 수밖에 없으므로, 생존이라는 개념을 오늘날처럼 지나치게 축소해서 생각할 필요는 없을 것이다. 하지만 이때의 생존이 먹고, 입고, 자는 것, 즉 필수품의 범위에서 크게 벗어나지 않은 것이었음은 분명한 사실이다. 중세인들은 필수품 이외의 경제적 이익에 무관심했으며, 심지어 이익을 얻기 위한 행동에 대해 적대적이었다. 자본주의는 인간의 모든 행위가 이익을 얻기 위한 것(이윤 동기)이라고 설명하지만, 그러한 생각은 자본주의가 등장하기 이전 유럽인들의 사고방식과 완전히 다른 것이었다.

경제사회학자 칼 폴라니Karl Polanyi(1886~1964)는 인간의 경제활동에서 이윤(이익)이 갖는 의미를 이렇게 설명한다. '인간의 일상생활이 일단 각종 시장을 통해서 조직되어 이윤 동기에 기초하게 되고 경쟁적 태도에 의해서 결정되며 공리주의의 가치척도에 지배받게 되면, 그 사회는 모든 본질적인 측면에서 이윤이라는 목적에 적합한 조직체가 되어버리기 때문이다.'[2] 현대 사회에서 인간의 모든 경제활동은 이윤 동기에 의해 지배된다. 이윤 동기라는 네 글자는 자본주의를 설명하는 키워드이면서 현대 사회에서 경제가 무엇을 의미하는가를 명확하게 보여준다.

하지만 중세인들에게 이윤(이익)이라는 개념은 생소한 것이었다. 그들에게 그것은 오히려 부끄러운 것이었고, 더 근본적으로는 종교의 가르침에 위배되는 죄악이었다. 물론 누군가는 그 당시에도 이익을 탐했을 것이다. 하지만 그는 이익을 거둬들이면서도 끊임없이 자신의 영혼이 구원받지 못할 수 있다는 불안감을 떨치지 못했다. 이처럼 이윤(이익)이라는 개념이 낯설었기 때문에 중세의 경제는 발전이나 진보가 아니라 전통을 유지하고 지속하는 것이 목표였고, 이러한 사고방식에서는 자본주의가 싹틀 수 없었다. 자본주의 또는 시장경제가 탄생하려면 사람들이 경제활동을 통해 이윤(이익)을 획득하겠다는 생각이 전제되어야 한다. 그리고 인간이 종교적 구원이 아닌 이익을 위해 활동하고 그것을 적극적으로 추구해도 괜찮다는 정당화의 논리가 있어야 한다. 사유재산에 대한 로크의 사상, 그리고 맨더빌과 애덤 스미스의 이론은 바로 이 정당화의 논리였다.

02

돈과 자본은 어떻게 다른가

자본주의를 이해하기 위한 몇 가지 개념

자본주의를 옹호하거나 비판하는 사람은 많다. 하지만 그들 중 자본주의가 무엇인지 이해하는 사람은 많지 않다. 대상을 이해하지도 못하면서 어떻게 옹호하거나 비판할 수 있을까? 그것은 자본주의에 대한 태도를 자신의 정치적 입장과 구분하지 못하고 자신이 지지하는 정치 세력이 자본주의를 옹호하면 자신도 지지하고, 자신이 지지하는 정치 세력이 자본주의를 비판하면 자신도 비판하는 입장을 취하기 때문은 아닐까? 문제는 이러한 태도가 자본주의 자체에 대해 아무것도 알고자 하지 않는 맹신을 낳는다는 점이다. 좋은 것 또는 나쁜 것이라고 말하기 전에 자본주의가 무엇인지 생각해보자.

많은 사람들이 자본주의를 돈이 지배하는 사회, 돈이면 무엇이든 가능한 사회 정도로 이해하고 있다. 이것을 완전히 틀린 답이라고 할 수는 없으나 '돈'과 '자본'이 동일한 개념이 아닌 이상 정확한 답변이라고 말할 수도 없다. 소위 황금만능주의는 자본주의로 인해 생겨난 사회적 현상의 하나이지 자본주의 그 자체는 아니다. 그렇다면 도대체 자본주의란 무엇일까? 이 질문에 대답하기 위해 먼저 '자본'이 무엇인지 살펴보자.

자본은 돈(화폐)을 포함하지만, 그렇다고 자본과 돈(화폐)이 같은 것은 아니다. '자본'은 영어로 capital(캐피털)이다. 그렇다, 하루에도 몇 번씩 예고 없이 전화를 걸어 다짜고짜 '돈'을 빌려주겠다고 하는, 텔레비전 광고에도 등장하는 그 사업체가 바로 캐피털이다. 반면 '돈'은 영어로 money(머니)라고 쓴다. 글자가 다른 만큼 두 단어의 의미 또한 다르다. 어떻게 다를까? 알다시피 돈(화폐)의 역사는 매우 오래되었다. 화폐의 기원은 기원전 7세기까지 거슬러 올라가며, 고려시대나 조선시대에도 화폐가 활발히 쓰였다는 사실을 생각해보면 최소한 돈(화폐)의 역사가 자본의 역사보다는 길다는 것을 쉽게 이해할 수 있다. 자본의 역사는 자본주의의 시작과 함께 시작되었으니 길게 잡아도 300년 정도이다. 현대인의 상당수는 자본이라는 말에서 돈을 연상하는 경향이 있지만, 이는 현대 사회에서 자본의 대부분이 돈(화폐)의 형태를 띠고 있기 때문에 생겨난 착시현상일 뿐이다.

지금 이 순간, 나와 여러분의 지갑 속에 들어 있는 화폐는 단순한 '돈'일까, '자본'일까? 화폐의 기본적 기능은 교환의 매개, 즉 교환이나 거래에서 '유통수단'으로 사용되는 것이다. 간단하게 말하면 목이 마를 때 편의점에서 생수를 구입하고 건네는 것, 그것이 바로 유통수단으로서의 화폐이다. 이 경우 우리는 당장의 갈증을 해결하기 위해 생수를 구입하고, 그렇게 구입한 생수는 곧장 우리의 입을 통해 소비된다. 그런데 만일 어떤 사람이 대형 마트에서 생수를 개당 500원을 주고 열 개를 구입하여 개당 1,000원에 팔아 5,000원의 이윤을 얻었다고 가정해보자. 이때 이 사람은 자신이 마시기 위해, 즉 단순히 소비하기 위해 돈을 쓴 것이 아니라 이윤을 얻기 위해 사용한 셈이다. 우리는 이때 이 사람이 생수를 구입하기 위해 지불한 5,000원을 가리켜 자본이라고 말한다. 그러니까 자본이란 이윤을 얻기 위해 투자된 '특수한 돈'인 것이다.

자본이란 이윤을 얻기 위한 활동의 과정에 투입된 일체의 것들을 통칭하는 개념이다. 따라서 거기에는 건물, 기계, 설비, 연료, 원료 등 생산수단을 구입하는 데 투하된 자본(불변자본)과 노동력의 구입에 투하되는 자본(가변자본)이 모두 포함된다. 중요한 것은 자본이 형태상의 차이가 아니라 화폐의 특수한 용법을 가리킨다는 사실이다. 다시 반복해보자. 만일 여러분이 3,000만 원을 투하하여 자동차를 구입한 다음 출퇴근을 위한 자가용으로 쓴다면 자동차를 구입하는 데 들어간 돈은 단순한 화폐이다.

반면에 동일한 금액을 사용하여 택시 영업을 하기 위해 자동차를 구매했다면 그때의 3,000만 원은 자본(자본금)이 된다. 칼 마르크스Karl Marx(1818~1883)는 '흑인은 흑인일 뿐이다. 특정한 관계 속에서만 그는 노예가 된다'라고 말한 적이 있다. 이 표현법을 빌리자면 '화폐는 화폐일 뿐이다. 특정한 관계(자본주의) 속에서만 그것은 자본이 된다'라고 말할 수 있다. 거칠게 요약하면, 자본주의는 '화폐를 자본으로 사용하는 방식'을 가리킨다. 자본주의 사회에서 화폐의 효율적인 사용법은 물건이나 서비스를 구입하여 그냥 써버리는 것이 아니라 더 많은 이윤을 얻을 수 있는 방식으로 사용하는 것, 즉 투자하는 것이다. 마르크스는 『자본론』에서 이것들을 각각 '화폐로서의 화폐'와 '자본으로서의 화폐'로 구분했다.

슬라보예 지젝Slavoj Zizek(1949~)은 한 저작에서 '자본가는 자신의 재산을 보존하고 증식시키는 유일한 길은 그것을 소비하는 것이라는 기본적인 역설을 받아들일 줄 아는 주체'[1]라고 말한 적이 있는데, 이것은 '자본'과 '자본주의'의 의미를 정확히 통찰한 주장이다. 전통적인 사회에서 재산을 보존하고 증식시키는 방법은 쓰지 않는 것, 그러니까 구두쇠, 수전노, 자린고비처럼 자신의 수중에 들어온 재산의 지출을 억제하는 것이었다. 반면 초기 자본주의를 주도한 자본가(부르주아)들은 전근대적 방식과 확연히 다른 소비, 즉 '투자'라는 새로운 방법을 고안해냈다. 이 방법은 소비지출이 곧 재산의 보존·축적을 의미한다는 점에서 일종의 역설이라고 말할 수 있다. 그런데 자본주의 사회에서 이런 역설은 자본가(부르주아)에게만 적용되는 것이 아니다. 대형 마트와 인터넷 쇼핑을 이용하여 필요한 물품을 구입하는 일반 소비자들 또한 이러한 역설을 상식으로 간주하며 살고 있다. 우리는 잘 알고 있다. 소비에 있어서 조금이라도 아끼기 위해서는, 그리하여 지출을 줄이기 위해서는 대형 마트에서 가급적 많은 물품을 구입해야 한다는 것을. 또한 인터넷 쇼핑을 하면서도 배송비를 절약하기 위해서는 애초에 자신이 계획한 것보다 더 많은 물품을 구입해야 한다는 것을. 자본주의 사회에서 '현명한' 소비자는 절약하기 위해서는 필요 이상으로 구입해야 한다는 역설을 몸소 실천하는, 아니 그것을 상식으로 받아들이는 존재이다. 그래서 기업가들은 우리의 검약 정신에 호소하면서 이렇게 떠들어댄다고 지젝은 말한다. '이걸 사라, 좀 더 써라. 그러면 당신은 절약하게 될 것이고, 덤으로 주는 공짜도 얻을 수 있다!'

기왕에 말이 나왔으니 자본주의를 제대로 이해하기 위해 필요한 몇 가지 개념을 살펴보자. 자본주의를 이해할 때 빼놓을 수 없는 또 하나가 바로 '상품'이라는 개념이다. 이는 자본주의에 대한 위대한 비판서인 마르크스의 『자본론』이 '상품'과 '화폐'에 대한 분석으로 시작되는 것에서도 확인된다. 상품이란 무엇일까? 앞에서 우리는 화폐와 자본이 같은 것이 아니라고 이야기했다. 동일한 방식으로 '물건'은 '상품'과 같은 것이 아니라고 말할 수 있을 듯하다. 상품이란 간단히 말해서 판매하기 위해 만들어진 물건이라고 할 수 있다. 판매하기 위해 만들어진 것들, 가령 음식, 자동차, 휴대전화, 아파트, 옷, 책, 컴퓨터 등이 대표적이다.

이렇게 말하면 판매하기 위해 만들어진 물건이 아닌 것도 있냐고 반문할 수도 있다. 그런데 잘 생각해보면 판매하기 위해 만들어지지 않은 것이 많다는 것을 알 수 있을 것이다. 집에서 반찬용으로 만드는 각종 양념과 김치, 나의 일상과 생각 등을 표현하고 그것을 타인과 공유하는 소셜 미디어SNS, 출출함을 달래려고 끓이는 라면 등은 판매하기 위한 것이 아니다. 요컨대 어떤 것이 상품이냐 아니냐를 판단하는 기준은 물건의 종류가 아니라 용도, 즉 판매하기 위한 것인가 아닌가이다. 이 경우 '판매하기 위한 것'과 '판매할 수 있는 것'은 구분되어야 하는데, 이 문제에 대해서는 잠시 뒤에 살펴보기로 하자. '욕망'이라는 말을 쓴다면, '상품'은 나의 욕망이 아닌 타인의 욕망을 위해 만들어진 물건에 붙여진 이름이다. 그러므로 끼니를 해결하려고 지은 밥, 친구에게 생일 선물로 주려고 만든 물건, 혹은 산과 들에 피어 있는 꽃은 상품이 아니다. 하지만 나의 끼니가 아니라 누군가에게 팔려고 만든 음식, 불특정 다수의 생일 선물 용도로 만든 물건, 판매를 목적으로 키운 꽃과 나무는 상품이다. '이윤(잉여가치)'을 획득하기 위해 투자된 '특수한 화폐'가 '자본'이었듯이, '판매'라는 목적을 위해 만들어진 '특수한 물건'을 우리는 '상품'이라고 부른다. 물론 어떤 물건(생산물)이 상품이 되려면 일반적 등가물로서의 화폐가 선행해야 하지만 이 문제는 상당히 복잡한 설명이 필요하므로 일단 넘어가자.

자본주의 사회에서 살고 있는 우리는 생활에 필요한 물건의 대부분을 구입해서 쓴다. 과거에는 김치, 양념, 밑반찬 등은 구입하는 것이 아니라 가정에서 만드는 것으로 분류되었지만 최근에는 이것들도 구입하는 것으로 인식되고 있다. 이렇게 보면 자본주의의 역사란 결국 상품의 종류를 늘려온 과정이라고 말할 수도 있다. 분명한 것은 우리가 구입하는 모든 것이 바로 상품이라는 사실이다. 구입하는 것만이 아니다. 우리가 직장에서 월급을 받고 만드는 유무형의 생산물, 예를 들어 음식, 옷, 자동차, 전자기기, 휴대전화, 아파트, 영화, 음악 등도 판매하기 위해 만든 것이므로 상품이라고 말할 수 있다. 거듭 말하지만 '물건'과 '상품'은 종류나 형태의 차이가 아니라 '판매'하기 위해 만들어진 것이냐 아니냐에 따라 결정된다. 그래서 동일한 생산물도 맥락에 따라 다른 것으로 간주된다. 가령 내가 먹기 위해 끓인 라면은 단순한 '물건'인 반면, 같은 라면을 손님에게 팔려고 끓였을 경우에는 '상품'이라고 말해야 한다.

그렇다면 판매가 목적이 아니었는데 결과적으로 판매용이 된 것에 대해서는 어떻게 말해야 할까? 가령 분식점 주인이 점심으로 먹기 위해 라면을 끓였는데 때마침 손님이 들어와 시간이 없으니 그것을 자신에게 팔라고 요구할 때, 그 라면은 상품인가 아닌가? 유명한 화가가 순전히 자신의 모습을 담기 위해 자화상을 그렸는데 그가 죽은 후 엄청난 금액으로 거래된다면 그때 그 그림은 상품일까 아닐까? 평소 내 생각과 일상을 표현하고 소통하기 위해 블로그를 운영했는데 어느 날 유명 출판사에서 출판을 제의해왔을 때, 내가 블로그에 쓴 글은 상품일까 아닐까? 분명한 것은 이들 사례에 등장하는 생산물이 판매를 전제로 만들어진 것이 아니므로 처음부터 상품이었다고 말할 수는 없다는 점이다. 그렇지만 결국 판매 시스템에 편입되었으므로 결과적으로 상품이 된 것은 사실이다. 이처럼 자본주의는 상품이 아닌 것조차 상품으로 만드는 놀라운 힘을 가지고 있으니, 자본주의란 결국 상품이 아닌 것을 상품으로 만드는 시스템이라고 말할 수도 있을 것이다. 자본주의에서 이러한 상품 거래는 철저하게 '화폐'에 의존한다. 즉 상품이란 화폐로 표시할 수 있는 가치를 지닌 것이라고 말할 수 있으니, 어느 누구도 돈을 내고 구입하지 않거나 처음부터 판매가 불가능한 물건은 상품이라고 말할 수 없는 것이다.

화폐와 자본이 다르고 물건과 상품이 다르듯이, '일(활동)'

과 '노동'도 같은 것이 아니다. 근대 이후 철학과 경제학 양편에서는 노동을 인간의 능동적 행위(활동)로 규정하고, 인간의 존엄성을 그 노동의 능동성에서 찾음으로써 노동을 무조건적으로 긍정하려는 움직임이 있었다. 하지만 노동이 마냥 좋은 것이라면 아우슈비츠 수용소 입구에 붙어 있는 '노동이 그대를 자유롭게 하리라Arbeit macht frei'라는 문장을 어떻게 이해해야 할까? 진보적 노동운동가들 중 일부는 자본가를 겨냥하여 '일하지 않으면 먹지도 말라!'고 외쳐댔지만, 사실 그것은 '무노동 무임금'이라는 말로 자본가가 노동자들에게 자주 썼던 공격법이기도 하다. 그러니까 노동은 인간의 능동적 능력이고, 이 능력을 발휘하여 세계를 변화시키는 존재 또한 노동자이므로, 노동자가 세계의 주인(중심)이라는 주장에는 노동에 대한 뭔가 잘못된 인식이 개입하고 있는 듯하다. 핏대를 세워가며 노동의 중요성을 떠들었던 사람들은 노동자가 아니라 근대의 정치경제학자들, 자본가, 그리고 유대인 절멸 수용소를 운영한 히틀러의 독일이었다.

일과 노동은 어떻게 다를까? 이렇게 질문하면 대부분의 사람들은 일은 덜 힘든 것이고 노동은 상대적으로 힘든 것이라고 대답한다. 이 기준에 따르면 집에서 음식을 만드는 행위는 '일'이고 건축 현장에서 일하는 것은 '노동'이어야 한다. 그런데 집에서 음식을 만들고 집 안을 청소하는 행위를 '가사노동'이라고 부르는 것을 보면 무작정 덜 힘든 것을 '일'이라고 말하기는 어려울 듯하다(사실은 가사노동도 매우 힘들다). 문제는 또 있다. 가수가 무대에서 노래를 부르는 것은 일일까 노동일까?

상황이 이렇게 복잡한 까닭은 노동의 개념에 대해 우리가 깊이 고민하지 않았기 때문이지만, 다른 한편으로는 노동에 대해 어떤 이해를 공유하고 있기 때문이다. 꽤 많은 사람들이 노동을 게오르크 빌헬름 프리드리히 헤겔Georg Wilhelm Friedrich Hegel(1770~1831)의 개념, 즉 '세계를 변화시키는 인간의 합목적적 활동'으로 이해하고 있다. 이런 생각은 다음과 같이 요약된다. '노동은 노동자의 합목적적 활동이고, 따라서 그의 본질이다. 부富란 노동자의 활동이 실현된 결과인데, 그것이 자본가에 의해 영유됨에 따라 노동과 대립하는 자본이 되며, 그로 인해 노동자는 더욱더 착취당하게 된다. 즉 노동을 통해 노동자는 자신의 본질과 적대적인 관계에 들어가게 되는 것이다.'[2] 청년기 마르크스의 저작에 등장하는 '소외'라는 개념은 이러한 노동 개념을 전제하고 있다.

하지만 자본주의에서 노동은 이런 것이 아니다. 일과 노동의 가장 분명한 차이점은 후자에 화폐, 즉 임금이 주어진다는 것이다. 쉽게 말하면 일에는 임금이 주어지지 않지만 노동에는 임금이 주어진다는 것, 즉 노동은 돈을 받기 위한, 혹은 돈을 받는 일이라는 것이다. 이때 노동은 '돈을 받는 일'이라는 말 대신 자본에 의해 가치화된 활동이라고 표현할 수도 있다. 임금을 받는 모든 활동은 노동이다. 뒤집어 말하면 임금이 주어지지 않는 일체의 활동은 노동이라고 말할 수 없으니, 상품의 운명이 그러했듯이 노동 또한 결정권은 구매자, 즉 자본가에게 있다. 가령 가수가 출연료를 받고 노래를 부르는 행위는 노동이다. 하지만 그가 노래방에서 혼자 노래를 부르며 즐기거나, 우리가 노래방에서 노래를 부르는 행위는 노동이라고 말할 수 없다. 이것은 노동이 어떤 개인이 가진 능력(활동 능력)이 아니라 자본(자본가)에 의해 구매된 능력(노동력)이라는 것을 의미한다. 따라서 집에서 내가 라면을 끓여 먹는 행위는 노동이 아니지만 분식점 알바를 하면서 라면을 끓이는 행위는 노동이 된다. 마찬가지로 우리가 집에서 청소와 빨래를 하는 행위는 노동이라고 말할 수 없지만 동일한 행위를 남의 집에서 임금을 받고 한다면 그것은 노동이다. 노동자란 다른 것이 아니다. 임금을 받고 일하는 모든 존재, 그들이 바로 노동자인 것이다.

그렇다면 왜 자본가는 노동에 임금을 주는 것일까? 우리의 노동이 '가치'를 생산하기 때문이다. 이때의 가치란 질적인 문제를 떠나 화폐와 교환할 수 있는 것, 화폐로 특정 가능한 것, 한마디로 팔 수 있는 무언가를 의미한다. 마르크스는 이렇게 썼다. '노동력의 사용이 바로 노동이다. 노동력의 구매자는 노동력의 판매자에게 일을 시킴으로써 노동력을 소비한다. 이것에 의해 노동력의 판매자는 실제로 활동하고 있는 노동력이 된다.'[3]

쉽게 설명하면, 자본가는 노동자의 능력(노동 능력)을 구매하여 임금보다 많은 가치를 생산하고, 그것을 통해 자신이 지불한 것보다 훨씬 많은 이윤을 창출한다. 이 일련의 과정에서 지배적인 역할을 수행하는 것은 '화폐'이다. 자본주의에서 화폐가 중요한 이유는 단순히 많이 소유하면 유리하기 때문이 아니라 그것이 모든 가치의 잣대, 즉 척도이기 때문이다. 바꿔 말하면, 자본주의에서는 화폐로 측정되지 않는 물건이나 활동은 무가치한 것으로 간주된다. 따라서 이때의 '가치'란 사실상 '가격'에 해당한다.

이상의 내용을 간략하게 정리하면 다음과 같다. 화폐와 자본, 물건과 상품, 일(활동)과 노동은 서로 같은 것이 아니다. 화폐는 화폐일 뿐이다. 그것은 특정한 관계 아래서 '자본'이 된다. 또한 물건은 물건일 뿐이다. 그것은 특정한 관계 아래서 '상품'이 된다. 일(활동)은 활동일 뿐이다. 그것은 특정한 관계 아래서 '노동'이 된다. 특정한 관계란 바로 자본주의, 그것이다. 자본주의 이전의 사회가 '화폐·물건·일'을 중심으로 작동했다면, 자본주의 사회는 '자본·상품·노동'을 중심으로 작동하는 시스템이라고 말할 수 있다. 하지만 이러한 시스템이 누군가의 강제나 의지, 혹은 우연적 요소만으로 만들어지지는 않는다. 도대체 어떤 변화가 일찍이 존재하지 않았던 낯선 시스템을 탄생시켰을까?

03

호모 이코노미쿠스의 등장

자본주의의 정신적 기원

조선 후기의 실학파 지식인 박지원朴趾源(1737~1805)이 쓴 한문 단편 「허생전許生傳」은 당대의 불합리한 현실을 비판한 풍자소설로 알려져 있다. 사농공상士農工商의 굳건한 위계, 실용적 가치와 무관한 공리공론, 개인의 매점매석에도 쉽게 흔들리는 허약한 경제 제도, 지배계층의 무능력 등을 비판하고 '실학'이라는 새로운 학문의 필요성을 제시했다는 것이 이 작품에 대한 일반적 평가이다. 사실 이러한 평가는 작품의 후반부에서 이상적 세계로 그려지는 '섬', 경제적 이윤을 추구하지 않는 주인공 허생의 태도 등에 대해 관심을 기울이지 않는다는 점에서 일면적이다. 잠시 이 작품의 줄거리와 허생이라는 인물에 대해 살펴보자.

주인공 허생은 남산 아랫마을에 사는 가난한 선비이다. 책 읽기가 주업主業인 그는 조선 후기에 경제적으로 몰락한 양반 계층을 대표하는 인물이기도 하다. 가장임에도 불구하고 허생은 경제적으로 무능력하여, 생계는 항상 아내의 삯바느질 등으로 겨우 해결하며 살아간다. 그러던 어느 날 아내가 허생에게 화를 낸다. 과거를 보지도 않으면서 책은 읽어 무엇 하며, 밑천이 없어서 장사를 못 한다면 도둑질이라도 해서 생계를 해결하라는 것이다. 이에 허생은 '애석하도다. 내 본래 책 읽기를 10년을 기약했더니, 이제 7년 만에 그만 접어야 하다니……'라고 탄식하며 집을 나선다. 집을 떠난 허생은 그 길로 한양 제일의 부자 변씨卞氏를 찾아가 1만 냥을 빌린다. 그리고 허생은 그 돈으로 안성에서 과일 장사를 하여 막대한 이익을 취하고, 제주도에 내려가서는 말총 장사를 하여 상당한 재물을 모은다. 허생이 부를 획득하는 방식은 바로 매점매석이다.

허생의 활약은 이뿐만이 아니다. 소설의 후반부에서 그는 (일본과의) 해외무역을 통해 100만 냥을 벌어들인다. 하지만 그는 그중 50만 냥을 바다에 던져 없애버린다. 그리고 남은 50만 냥 중 40만 냥은 가난한 사람들을 구제하는 데 모두 쓰고, 10만 냥으로 채권자 변씨에게 빌린 돈을 갚는다. 변씨를 만난 허생은 자신이 글 읽기를 중단하고 돈을 빌려 장사를 한 것은 부끄러운 짓이었음을 고백한다. '내가 하루아침의 주림을 견디지 못하고 글 읽기를 중도에 폐하고 말았으니, 당신에게 만 냥을 빌렸던 것이 부끄럽소.' 1만 냥을 빌려주고 10만 냥을 돌려받은 변씨는 이자를 10분의 1만 받겠다면서 빌려준 돈에다 이자만 계산하고 되돌려주려 하지만, 허생은 '당신은 나를 장사치로 보는가?' 라고 도리어 역정을 낸다. 이튿날 변씨가 다시 허생을 찾아가지만 허생은 이번에도 '내가 부자가 되고 싶었다면 100만 냥을 버리고 10만 냥을 받겠소? 이제부터는 당신의 도움으로 살아가겠소. 당신은 가끔 와서 나를 보고 양식이나 떨어지지 않고 옷이나 입도록 하여주오. 일생을 그러면 족하지요. 왜 재물 때문에 정신을 괴롭힐 것이오?'라고 말하면서 돈을 돌려받지 않는다. 허생은 변씨가 내미는 '돈'은 거부하지만 그가 들고 오는 '술병'은 거절하지 않아 그때마다 술잔을 기울여 취하도록 마신다.

이상에서 보았듯이 허생은 부를 획득할 능력이 있는데도 경제활동을 하지 않는다. 아니, 심지어 부끄러운 짓으로 여긴다. 아내의 성화 탓에 장사를 시작하지만 그것은 자신에게 경제적인 능력이 있음을 증명해 보이기 위함일 뿐, 실제로 경제적 이윤을 취하기 위한 것이 아니다. 이를 입증하는 허생의 방식이 바로 벌어들인 막대한 돈을 바다에 던져버리거나 빈민 구제에 모두 쓰는 것이다. 허생에게 돈은 자본이 아니며, 심지어 그는 이윤을 추구하는 것을 부끄러운 행동으로 간주한다. 이러한 태도에는 '이윤 동기'라는 자본주의적인 발상이 들어설 여지가 없다. 자신의 능력을 이상적 세계를 건설하는 데 쓰고, 자신의 부를 가난한 사람들에게 나눠 주는 허생, 그는 돈이 아니라 술과 친구를 더 중요하게 생각한다는 점에서 결코 경제적 인간Homo economicus이 아닌 것이다. 허생과 같은 생각이 지배하는 곳에서는 자본주의가 싹트지 못한다. 자본주의의 기원, 즉 언제 어디에서 자본주의가 시작되었는지는 정확히 알 수 없다. 하지만 한 가지 분명한 사실은 이익을 추구하는 것이 당연하다는 생각, 혈통에 따라 사회적 위치가 결정되는 중세적 신분제의 해체, 그리고 화폐의 일반적 통용 등의 사회제도가 뒷받침되지 않으면 자본주의가 발생할 수 없다는 점이다.

> 이리하여 모든 구석이 다 악으로 가득한데
> 그래도 전체를 보면 낙원이었다.
> 다른 나라에서는 그들을 존경하여
> 평화로울 땐 아첨하고 전쟁을 하면 두려워하니
> 돈과 삶이 풍족한 그곳은
> 모든 벌집의 으뜸이었다.
> 이것이 이 나라의 축복이니
> 저들의 죄악이 저들을 위대하게 만든 것이었다.
> (……)
> 악의 뿌리가 되는 탐욕은

비뚤어지고 해로운 몹쓸 악덕으로서
방탕이라고 하는 고상한 죄악에
종노릇을 하게 되었으니
사치는 가난뱅이 백만에 일자리를 주었고
얄미운 오만은 또 다른 백만을 먹여 살렸다.
시샘과 헛바람은
산업의 역군이니
그들이 즐기는 멍청한 짓거리인
먹고 쓰고 입는 것에 부리는 변덕은
괴상하고 우스꽝스러운 악덕이지만
시장을 돌아가게 하는 바로 그 바퀴였다.
(……)
이렇게 악덕은 교묘하게 재주 부려
시간과 일이 더해지면서
삶을 편리하게 만들어놓았다.
이것이 참된 기쁨이요 즐거움이요 넉넉함이어서
그 높이로 치자면 아주 못하는 놈조차도
예전에 잘살던 놈보다 더 잘살게 되었으니
여기에 더 보탤 것은 없을 것이다.

– 버나드 맨더빌, 『꿀벌의 우화』, 104~107쪽

'자본주의'라는 단어를 들으면 우리는 제일 먼저 애덤 스미스Adam Smith(1723~1790)라는 이름을 떠올린다. 하지만 애덤 스미스가 그의 저서 『국부론』에서 '우리가 저녁 식사를 기대하는 것은 푸줏간, 술집, 빵집(주인)의 자비심이 아니라 그들 자신의 이해利害에 대한 배려이다'라는 유명한 말로 이윤 추구를 정당화하기 이전에 영국에서 그와 유사한 주장을 펼친 사람이 있었다. 네덜란드 출신의 영국인 의사 버나드 맨더빌Bernard Mandeville(1670~1733)이다. 맨더빌의 대표작은 『꿀벌의 우화』이다. 이 책은 애덤 스미스의 『국부론』보다 훨씬 먼저 출간되었지만, 기본적인 생각은 애덤 스미스와 비슷했다. 당연히 이 책은 애덤 스미스의 사상에도 큰 영향을 끼쳤다.

『꿀벌의 우화』에는 '개인의 악덕, 사회의 이익'이라는 부제가 달려 있다. 이 책의 주장을 간략하게 요약하면, 사람들은 욕심이나 사치를 악덕惡德이라고 비난하지만, 사실은 그 악덕으로 인해 나라가 부유해질 수 있으며, 악덕을 억압하고 미덕美德만 떠받들면 오히려 나라는 가난해진다는 것이다. 이것이 바로 인용문에 나오는 '모든 구석이 다 악으로 가득한데 / 그래도 전체를 보면 낙원이었다'라는 문장으로 그가 말하려던 바이다. 맨더빌은 도덕을 강조하는 동시대의 분위기에 맞서 미덕이란 일종의 위선에 불과하다고 주장했다. 오늘날의 현실을 고려하면 이러한 주장에도 일말의 진실은 존재한다. 경제학의 당면 과제가 국부國富의 증대였던 시대, 그는 사람들이 미덕이라는 그럴듯한 가치로 가려버린 현실의 맨얼굴을 직시했으니 그것은 이익(이윤)에 대한 개인의 욕망을 최대한으로 긍정하는 것이 국부의 증대에 가장 유리한 조건이라는 점이다. '사람은 욕망에 사로잡히지 않고서는 힘을 다하지 않는다. 잠자는 욕망을 깨워주는 것이 없다면 사람이 지닌 탁월함과 능력은 언제까지나 드러나지 않을 것이고, 열정이 빠진 몸뚱이는 바람 한 줄기 없는 가운데 육중하게 서 있는 풍차나 매한가지이다.'(『꿀벌의 우화』)

앞의 인용문에 나오듯이, 맨더빌은 '사치는 가난뱅이 백만에 일자리를 주었고 / 얄미운 오만은 또 다른 백만을 먹여 살렸'으니 부자들의 사치와 오만에 대해 불평하지 말라고 충고한다. 사치품에 대한 수요가 시장의 작동에 미치는 영향이 없지 않고, 거리에 버려진 쓰레기 때문에 청소할 인력이 필요해지는 것은 사실이다. 그런데 그의 주장은 이 정도에서 멈추지 않는다. 노동자들이 열심히 일하도록 만들기 위해서는 그들에게 교육의 기회를 주지 말아야 한다고까지 말한다.

읽고 쓰고 셈하는 것은 그런 자격을 갖추어야 되는 일을 하는 사람들에게는 매우 필요한 것이지만 먹고사는 것이 이런 기술에 달려 있지 않은 곳에서는 이런 기술은 하루 일해서 하루 벌어먹어야 하는 가난뱅이들에게는 매우 해롭다.

(……) 이 가난뱅이들이 공부하느라 보내는 시간은 곧 사회에 그만큼 손실이 된다. 일하러 가지 않고 학교에 가는 것은 쓸모없는 짓이며, 아이들이 이런 편한 생활에 더 오래 머물수록 나중에 커서 곧바로 일하게 될 때 힘에서나 기분에서나 더 적응하지 못하게 된다. 힘들고 지루하고 괴로운 삶 속에 하루를 보내고 마쳐야 하는 사람은 일찍 이런 일에 뛰어들수록 나중에 더 잘 참을 수 있게 된다.

- 버나드 맨더빌, 『꿀벌의 우화』, 201쪽

물이 특정한 조건에서 끓듯이, 중규모의 저기압이 특정한 환경과 결합될 때 토네이도가 발생한다. 사회적 현상으로서의 자본주의 또한 특정한 조건이 갖춰지거나 충족되었을 때 시작된다. 문제는 이 조건들 중 몇 가지가 충족된다고 해서 곧장 자본주의가 시작되지는 않는다는 점이다. 유럽 국가들 중 왜 하필이면 영국에서 자본주의와 산업혁명이 가장 먼저 시작되었을까? 마르크스는 자본주의가 가장 발달한 나라에서 자본의 착취가 절정에 도달했을 때 공산주의 혁명이 발생할 것이라고 예측했는데, 왜 최초의 공산주의 혁명이 유럽의 후진국인 러시아에서 발생했을까? 이러한 질문들은 사회적 변화가 기계적으로 발생하지 않는다는 것을 말해준다. 학자들은 이러한 역사적 사건이 발생할 때마다 그 발생 조건과 원인을 놓고 일정한 가설을 제시하곤 하는데, 이는 자본주의에 대해서도 마찬가지이다. 지금까지 수많은 학자들이 이 물음에 대해 독창적인 답변을 내놓았으니, 그것은 대략 이윤에 대한 욕망의 강화, 탐험과 모험 등에 기초한 중상주의적 가치관의 확산, 합리성과 진보에 대한 믿음, 부르주아 계급에 의한 생산수단의 사적 소유 등으로 요약할 수 있다. 그런데 독일의 사회학자 막스 베버Max Weber(1864~1920)는 『프로테스탄트 윤리와 자본주의 정신』에서 청교도의 현세적 금욕주의를 자본주의의 기원으로 지목했다.

앞에서 설명했듯이 유럽의 중세 사회에서 종교는 '이익'보다 '구원'을 강조함으로써 자본주의적 욕망을 억누르는 역할을 했다. 특히 중세의 기독교는 상인이나 기업가, 나아가 이익 자체를 죄악시했고, 이윤을 추구하려는 행동을 반기독교적인 것으로 비난했다. 그러나 장 칼뱅Jean Calvin(1509~1564)의 사상에 기초해 17세기에 등장한 청교도 신학자들의 생각은 이와 달랐다. 칼뱅은 하느님이 초월자이자 절대자라는 구약성경의 사상을 그대로 받아들여 인간 개인의 구원 문제는 인간이 개입할 수 없을 뿐만 아니라 이미 예정되어 있다고 주장함으로써 죄의 사함이나 용서의 가능성을 차단해버렸다. 청교도주의의 가장 큰 특징은 노동, 부富, 덕德 등의 행동을 긍정적으로 평가했다는 점이다. 17세기 영국의 대표적인 청교도 성직자 중 한 명인 리처드 백스터Richard Baxter(1615~1691)는 '일하지 않는 자는 먹지도 말라'는 사도 바울의 말을 받아들여 노동의 중요성을 역설한 것으로 유명하다. 그는 노동과 그에 따른 직업 활동은 하느님의 명령이며, 인간은 노동을 통해서 구원에 대한 불안에서 벗어날 수 있다고 주장하기도 했다. 청교도주의의 등장으로 인해 부에 대한 생각도 바뀌기 시작했다.

막스 베버의 관심은 자본주의 자체가 아니라 자본주의 '정신'에 있었다. 프로테스탄티즘이라는 종교적 이념이 자본주의의 발전을 촉진했다고 주장하면서 자본주의 '정신'의 기원과 실체를 밝히는 것이 베버의 문제의식이었다. 베버는 자본주의가 존재하기 위해서는 자본과 시장이 있어야 하며, 시장이라는 교환경제의 조건 위에서 자본, 곧 이윤 추구를 위한 재화와 생산수단이 존재할 때 자본주의가 시작된다고 생각했다.

> 오늘날 사람들의 경제생활을 철저하게 지배하고 있는 자본주의는 경제적인 '취사선택'을 통해 자신이 필요로 하는 경제 주체들인 기업가와 노동자를 교육하고 만들어낸다. 그러나 바로 이 지점에서 이러한 역사적 현상을 설명하기 위해 '취사선택'이라는 개념을 사용했을 때의 한계가 드러난다. 왜냐하면 직업과 관련해서 자본주의가 특별히 요구하는 조건들에 '최적화된' 특정한 형태의 삶의 방식과 태도가 다른 형태들을 이기고 '선택되기' 위해서는 당연히

그런 형태의 특정한 삶의 방식과 태도는 개개인들에게서만이 아니라 집단들에서 공통적인 것으로 먼저 존재하고 있어야 한다는 점에서, 이 태도의 기원에 대해 알아보지 않고 막연히 그런 개념을 사용하는 것은 문제가 될 것이기 때문이다.[1]

교환경제란 물건을 상품으로, 즉 생산물을 소비의 대상이 아니라 교환의 대상으로 인식하는 태도를 의미하며, 이것이야말로 '시장'이 존재할 수 있는 필요충분조건이라고 말할 수 있다. 이러한 이유로 인해 '자본주의 정신'에 대한 베버의 저작은 마르크스나 애덤 스미스의 저작과 곧잘 비교된다. 하지만 당대의 맥락에서 보면 베버의 저작은 게오르크 짐멜Georg Simmel(1858~1918)이나 베르너 좀바르트Werner Sombart(1863~1941) 등의 자본주의에 관한 주장과 비교하는 것이 한층 타당하다.

독일의 경제사가 좀바르트는 마르크스주의의 열렬한 지지자로 활동을 시작했으나 훗날 강력한 반反마르크스주의자로 입장을 바꿨다. 1902년에 출간된 좀바르트의 『근대 자본주의』는 마르크스주의의 영향을 받아 집필된 그의 초기 대표작이다. 이 책에서 그는 자본주의 정신의 기원을 돈을 벌려고 하는 욕구로 규정한다. 즉 그에게 자본주의 정신은 이윤 추구와 동일한 것으로 이해되었다. 자본주의 정신의 기원을 이렇게 설정함으로써 그는 자본주의 정신의 출발점은 유대인에게 있으며, 프로테스탄티즘은 자본주의 정신의 '원인(기원)'이 아니라 '결과'라는 주장을 펼친다. 좀바르트의 책이 1902년에 출간되었고 베버의 『프로테스탄트 윤리와 자본주의 정신』이 1904~1905년에 출간되었다는 사실을 생각해보면, 베버의 이 책은 좀바르트의 책에 대한 응답으로 쓰였음을 짐작할 수 있다.

이런 시각차에도 불구하고 20세기 초반의 학자들은 자본주의가 왜, 어떻게 시작되었는가를 설명하는 데 관심을 집중하고 있었던 것만은 분명하다. 그렇다면 최근의 학자들은 자본주의의 출현을 어떻게 설명할까? 로버트 L. 하일브로너Robert L. Heilbroner(1919~2005)는 '유랑 상인, 도시화, 십자군 전쟁, 국가권력의 증대, 탐험, 종교적 분위기의 변화, 칼뱅주의, 프로테스탄트 윤리, 장원 체제의 붕괴, 현금 경제의 발생'의 영향으로 자본주의가 시작되었다고 주장한다.[2] 한편 미셸 보Michel Beaud(1935~)는 '부르주아지의 형성과 국민적 행동의 대두, 근대 국가의 형성, 교역의 확대와 세계적 규모의 지배, 수송과 생산기술의 발달, 새로운 생산양식의 등장과 새로운 정신의 출현 등 여러 가지 현상이 상호 관련된 복합적인 과정'[3]에 의해 자본주의가 시작되었다고 말한다. 20세기 초의 지식인들에 비해 이들은 훨씬 다양한 조건을 고려하고 있는 것이다. 자본주의의 기원에 관한 논의는 앞으로도 계속되겠지만, 한 가지 분명한 사실은 영국의 산업혁명을 계기로 자본주의가 지배적 이데올로기로 자리잡기 시작했다는 것이다.

04

매뉴팩처에서 공장으로

증기기관의 발명과 산업혁명

1487년 희망봉을 일주한 바르톨로메우 디아스, 1492년 아메리카를 발견한 크리스토퍼 콜럼버스, 1498년 아프리카를 거쳐 인도에 도착한 바스코 다 가마, 1522년 최초로 세계 일주에 성공한 페르디난드 마젤란……. 이들의 활약은 자본주의 역사에서 상당한 중요성을 갖는다. 오늘날 사람들은 이들이 활동한 시기(15~17세기)를 대탐험의 시대Age of Exploration, Age of Discovery라고 부른다. 하지만 사실 이들의 '탐험'은 교역과 약탈을 완곡하게 표현한 것에 불과했다. 실제로 이들의 탐험은 개인적인 호기심에서 시작된 자발적 행동이 아니라 왕의 후원을 받은 국가적 차원의 프로젝트였다. 이들이 타고 떠난 배 또한 상선이 아니라 함선이었고, 이들에게는 왕실의 인증서가 주어지기도 했다. 이 시기의 탐험은 막대한 황금을 기대한 왕과 미지의 세계에 도달하려는 탐험가의 욕망이 결합되어 시작되었는데, 이는 그때까지 부를 창출하는 방법이 농업과 상업, 그리고 교역과 약탈 등에 머물렀음을 말해준다.

스페인의 군인 에르난 코르테스Hernán Cortés(1485~1547)는 1521년 900명의 부하를 데리고 지금의 멕시코 일대에서 번영하던 아스테카 제국을 정복했다. 당시 유럽인들이 들여온 천연두로 인해 아스테카인들 대부분이 사망한 것은 유명한 역사적 사건이다. 아스테카를 정복한 후 코르테스는 '우리 스페인 사람들은 황금만이 유일한 치유책인 마음의 병을 앓고 있다'라는 말을 남겼다고 한다. 신대륙의 발견자로 유명한 콜럼버스 역시 '황금은 세상에서 가장 좋은 물건이다. 그것은 심지어 사람들의 영혼을 천국으로 보낼 수도 있다'라고 말했다. 당시 유럽인들에게 '부'는 곧 소유하고 있는 '황금'의 양에 비례하는 것이었다.

하지만 산업혁명(1760~1840년)이 시작될 무렵의 부에 대한 관념은 이전과 전혀 달랐다. 그리고 생각의 변화는 곧장 산업구조의 개편으로 나타났다. 18세기 초반까지 영국의 산업은 농업과 수공업이 중심이었다. 이 시기 대부분의 영국인은 토지를 활용한 노동, 즉 농업을 통해 생계를 해결했다. 물론 이 시기에도 소규모의 공장, 이를테면 가내수공업 형태의 공장은 존재했다. 매뉴팩처manufacture라고 불리는 형태가 그것이다. 매뉴팩처는 라틴어로 '손'을 뜻하는 마누스manus와 '만들다'라는 뜻의 파세레facere가 조합되어 만들어진 말이다. 요컨대 그것은 손으로 만드는 수공업의 기술 수준을 넘지 않았고, 규모 면에서는 물론이고 노동 방식도 산업자본주의 시대의 공장과 확연히 다른 형태였다.

매뉴팩처의 작업은 주로 작은 가게의 마당이나 헛간, 노동자들의 집에서 이루어졌는데, 그들을 고용한 제조업자(자본가)가 여러 작업 공간을 돌아다니면서 재료를 공급하고 완성된 제품을 수거하는 방식이 일반적이었다. 이러한 가내수공업 방식의 노동은 인클로저enclosure 운동(종획운동)으로 인해 토지에서 추방된 농민들, 그리고 공업이 농촌지역에까지 확장되면서 줄어든 가계 수입을 벌충하려는 사람들에 의해 농촌에서 비교적 오랫동안 지속되었다. 『로빈슨 크루소』의 저자로 알려진 영국의 작가 대니얼 디포Daniel Defoe(1660~1731)는 1724년 여행 안내서 성격의 『영국 여행기』(1724~1727년)를 출간했는데, 이 책에는 당시 영국 사회의 매뉴팩처 상황이 비교적 자세히 소개되어 있다.

> 매뉴팩처 작업장들 사이에는 고용된 사람들이 거주하는 작은 집들이 흩어져 있다. 그곳에서 노동자와 그의 아내, 아이들이 언제나 숨 쉴 틈도 없이 실을 뽑고 베를 짜는 등의 일을 한다. 제일 어린 아이부터 노인에 이르기까지 놀고

있는 사람은 아무도 없고, 모든 사람이 자기 생활비를 번다. 네 살 넘은 아이는 거의 없지만, 그 어린것들도 일손으로 쓰기에는 충분하다. 그래서 우리는 문밖에 나와 있는 사람을 별로 볼 수 없다. 그러나 일단 집에 들어서기만 하면 염색하는 사람들, 천을 다듬는 사람들, 직기를 다루는 사람들이 북적대면서 활기차게 일하고 있는 모습을 볼 수 있다. (……) 모두 열심히 일하고 있고, 완전히 고용돼 있으며, 모두 충분한 일감을 갖고 있는 듯하다.[1]

매뉴팩처는 기술자(장인)가 작은 공간에서 동료 몇 사람의 도움을 받으면서 작업을 하거나, 혹은 아내나 자녀에 둘러싸인 상태에서 자신의 오두막에서 물건을 만드는 초보적인 형태의 분업이다. 노동과 자본이 분리되었다는 점에서는 중세의 장인匠人 제도와 달랐지만 기계나 인공적 동력에 의존하지 않았고, 특히 노동력이 집중된 형태가 아니었다는 점에서 근대적 공장제도와도 달랐다. 중세의 장인은 자신의 도구를 이용하여 작업했지만 매뉴팩처의 기술자는 도구를 빌려 쓰고 임대료를 지불하는 방식으로 일했다. 그들은 도구, 재료 공급, 판매 등을 모두 제조업자에게 의존하는 대신 임금을 받는 노동자였다. 매뉴팩처가 제조업자(자본가)라는 인격체에 의해 조직되는 초보적인 분업이었다면, 산업혁명의 핵심적인 물적 조건이라고 할 수 있는 근대적 공장제도는 '공장'과 '기계'에 의해 주도되는 분업이라는 점에서 사뭇 달랐다.

1750년대 영국에서 인류 역사상 최초로 산업적인 제조업이 시작되었다. 역사학자 아놀드 조셉 토인비Arnold Joseph Toynbee(1889~1975)가 영국의 경제 발전을 설명하면서 산업혁명이라는 용어로 표현한 이 역사적 변화는 인간이 아닌 '기계', 자연적 힘이 아닌 인공적 '동력'이라는 새로운 조건에 기초한 것이었다. 이 변화는 도구에서 기계로, 그리고 인간에서 기계로 노동의 중심이 변화했음을 의미하는 것이었다. 인간의 노동을 보조하는 수단인 도구와 달리 근대적 공장제도에서 기계는 인간(노동력)을 지배하는 중심이었다. 또한 기계의 동력은 인간, 가축, 바람이나 물에서 기원하는 자연적인 힘이 아니라 증기와 전기 등의 인공적 에너지에서 오는 것이었다.

공장은 사람이 아니라 기계의 공간이다. 근대적 공장제도에서 중요한 것은 사람이 아니라 기계이고, 인간의 노동력은 오직 기계의 정상적인 작동을 관리하는 역할을 수행할 뿐이다. 이러한 이유로 인해 인간의 노동력에는 더 이상 전문적인 지식, 이른바 노하우가 요구되지 않았다. 전문가인 장인의 자리를 기계가 대체하면서 인간은 점차 기계의 부속품으로 전락해갔는데, 그것은 인간이 거대한 기계의 톱니바퀴로 변했다는 의미로 이해될 수 있다. 따라서 근대적 공장에서 노동은 특정한 지식이나 기능 없이도 남녀노소 누구나 할 수 있는 일이었으므로 노동력의 가치는 낮을 수밖에 없었고, 그것은 얼마든지 대체 가능한 것으로 인식되었다. 근대적 공장제도에서는 거대한 공장 자체가 하나의 기계였고, 이러한 환경에서 노동자는 거대한 기계를 구성하는 또 하나의 작은 기계이거나 부품에 불과했다.

산업혁명은 생산수단의 집중화를 가능하게 한 근대적 공장제도, 제임스 와트James Watt(1736~1819)의 증기기관과 리처드 아크라이트Richard Arkwright(1732~1792)의 수력방적기로 요약되는 기계와 기술의 진보, 그리고 이윤 추구를 당연한 것으로 생각하는 자본주의적 인간 등이 결합하여 발생했다. 먼저 기계와 기술의 진보에 대해 살펴보자.

제임스 와트의 증기기관은 산업혁명을 가능하게 한 최고의 발명품으로 평가된다. 제임스 와트는 스코틀랜드 출신으로 글래스고에서 기계와 부속을 수리하는 기술자였다. 그는 글래스고 대학교의 기구들을 수리하는 일을 맡은 것이 계기가 되어 대학 내에 공업소를 세우기도 했다. 그리고 그곳에서 이산화탄소를 발견한 화학자 조지프 블랙Joseph Black(1728~1799)을 알게 되어 증기기관에 관심을 갖기 시작했다. 1763년 와트는 글래스고 대학교로부터 뉴커먼 엔진(광산의 침수된 갱도에서 물을 퍼내는 데 사용되었던 초기 형태의 증기기관)을 수리해달라는 요청을 받았고, 이 일을 계기로 본격적인 엔진 개발에 착수했다. 뉴커먼 엔진은 증기를 압축하기 위해 물이 분사될 때마다 실린더 전체가 냉각되기 때문에 열 손실과 석탄 사용량이 많은 기관이었다. 와트는 이러한 단점을 해결하기 위해 증기를 실린더 내부가 아니라 그것과 연결되어 있는 별도의 응축기에서 응축하는 새로운 엔진을 개발하고 특허를 획득했다. 하지만 그의 발명품은 실린더의 정확성 문제에 있어서 불완전한 것이었고, 기술 개발을 위해서는 막대한 자금이 필요했으므로 당장에 상품화할 수가 없었다.

이런 상황을 알게 된 매슈 볼턴Matthew Boulton(1728~1809)이라는 사업가가 와트에게 투자를 제안해왔다. 그리하여 그들은 곧장 '볼턴 앤드 와트'라는 공동 회사를 설립하여 개발에 필요한 자금은 볼턴이, 기술 개발은 와트가 담당하기로 했다. 동시에 이들은 증기기관에 필요한 피스톤 제작을 당대 최고의 기술자인 존 윌킨슨John Wilkinson(1728~1808)에게 맡겼다. 그리하여 1776년 마침내 두 개의 상품이 탄생했다. 당시 이 기계의 시연은 윌킨슨의 제철소에서 행해졌다고 한다. 와트가 증기기관을 만들기 전에는 공장에서 필요한 동력을 주로 수력에 의존했다. 강물의 흐름이나 낙차를 이용하여 수차를 돌게 하고 거기에서 동력을 얻는 방식이었다. 와트의 증기기관은 탄생하자마자 매우 빠른 속도로 공장의 동력장치를 대체했다.

와트의 증기기관과 더불어 산업혁명을 상징하는 발명품으로 평가되는 것이 바로 아크라이트의 방적기이다. 아크라이트의 방적기는 와트의 증기기관이 없었다면 평범한 기계장치에 불과했을 것이다. 동력 문제가 해결되지 않는 한, 실을 대량 생산하는 것은 불가능했을 것이기 때문이다. 당시 영국의 방직 산업은 1733년 존 케이John Kay(1704~1764)가 기계로 옷감을 짜는 방직기를 발명한 덕분에 면직물의 대량생산이 가능해졌지만, 상대적으로 실을 짜는 방적 분야의 기술이 낙후해 뒤를 받쳐주지 못하는 상황이었다. 그런 점에서 아크라이트의 방적기야말로 증기기관의 최대 수혜자라고 할 수 있다. 실의 대량생산이 가능해지자 면직물의 가격이 급속히 낮아지고 수요는 크게 증가했다.

산업혁명에 대해 이야기할 때, 아크라이트는 '스스로의 노력과 발명에 의해 부유해진 위대한 제조업자일 뿐더러 근대적 공장제도의 진정한 창시자'[2]라고 평가된다. 그는 1732년 랭커셔의 항구도시인 프레스턴에서 가난한 대가족의 막내로 태어났다. 젊은 시절에 이발사와 가발 제조공의 도제로 경제활동을 시작한 그는 농촌 여성들에게서 모발을 사들여 염색한 후 가발 제조자에게 납품하는 방식으로 자금을 마련하여 기계 제조업에 뛰어들었다. 출세에 대한 욕망은 있었으나 그것을 뒷받침해 줄 경력이나 자본을 갖고 있지 못했던 그에게 유일한 자산은 오랜 장사 경험을 통해 얻은 흥정 수완이었다.

이 무렵 영국에서는 제임스 하그리브스James Hargreaves(1702?~1778)가 만든 다축방적기(제니 방적기)가 널리 쓰이고 있었는데, 1769년 아크라이트는 그것보다 품질이 좋은 실을 자아낼 수 있고 생산성도 높은 방적기를 목표로 친구들과 함께 니드 스트래트 앤드 아크라이트 상회를 창립했으며, 마침내 수력방적기를 발명했다. 그런 한편으로 그는 하그리브스의 방적기를 개량하고, 다른 한편으로 제임스 와트의 증기기관을 동력으로 사용하는 새로운 방적기를 개발하여 특허를 획득하기에 이르렀다. 아크라이트는 경영자로서의 출중한 능력을 발휘함으로써 근대적 공장제도를 탄생시키기도 했다. 그는 자본 형성을 위한 네트워크, 시장의 움직임 등에도 밝았고 상품 생산에서 품질관리가 중요하다는 사실도 일찍 깨달았다. 중세적인 생산방식이나 매뉴팩처 방식에서 품질관리는 완성품이 나왔을 때 흠결의 유무를 판단하는 방식으로 행해질 수밖에 없었다. 하지만 아크라이트는 공장을 설립하여 매 단계마다 품질을 체크했고 공장 전체를 통제함으로써 일정한 품질을 유지할 수 있었다.

그런데 산업혁명은 왜 영국에서 처음 시작되었을까? 역사학자들은 오랫동안 이 질문에 대한 해답을 찾는 데 몰두했다. 그리고 몇 가지의 요인을 발견했다. 학자들의 연구에 따르면 1750년대에 영국은 세계에서 가장 부유한 나라였으며, 특히 국가의 부가 일부 귀족만이 아니라 상업 부르주아지, 즉 중상류층에도 돌아갔기 때문에 산업혁명이 영국에서 처음으로 시작될 수 있었다. 역사학자들은 18세기를 '계몽주의 시대'라고 명명한다. 계몽주의라는 용어를 들으면 우리는 자연스럽게 장 자크 루소, 볼테르, 콩도르세 같은 사상가와 로베스피에르, 당통, 마라가 등장하는 프랑스 대혁명(1789년)을 떠올리게 되어 18세기 유럽의 중심이 프랑스였다고 생각하곤 한다. 물론 프랑스 혁명이라는 극적인 사건과 여러 영웅적인 인물의 등장으로 인해 영국보다 프랑스가 더 계몽주의의 중심처럼 느껴지는 것은 사실이다. 그러나 프랑스에 앞서 영국은 1688년의 명예혁명으로 스튜어트 왕가를 몰아내고 의회의 제한을 받는 군주정을 수립했다. 또한 영국은 뉴턴으로 대표되는 과학적 전통과 로크, 흄, 페인, 벤담 등 개인주의를 강조하는 사상적 전통, 그리고 애덤 스미스에서 정점에 도달한 자유주의적 경제관념에 이르기까지 프랑스를 능가하는 계몽주의 사상의 또 하나의 강력한 중심이었다. 예술과 사상에 초점을 맞추면 18세기 유럽의 중심을 프랑스라고 말할 수 있지만 철학과 사상, 정치, 그리고 경제에 초점을 두면 이 시기에 영국이야말로 유럽에서 가장 진보적인 국가였다고 말할 수 있다.

당시 영국에 존재했던 생산기술의 혁신을 자극하는 요인들 또한 산업혁명을 가능하게 만든 주요 원동력이었다. 대표적인 것이 새로운 기계 발명에 내걸린 각종 장려금이다. 다른 유럽 국가와 달리 영국은 1660년에 설립된 왕립협회를 시작으로 국가적 차원에서 과학과 공학을 권장하는 분위기를 유지하고 있었다. 18세기 중반 영국에서는 옷감을 짜는 방직기계가 기술적인 우위를 점하고 있었기 때문에 실을 짜는 기계, 즉 방적기가 개선되어야 할 상황이었다. 이에 1760년 기술공업장려협회Society for the Encouragement of Arts and Manufactures는 성능이 뛰어난 방적기 개발자에게 50파운드의 상금을 주겠다고 제안했다. 이 사실을 안 아크라이트는 당시 방적기에 대한 아이디어는 있었으나 자금이 부족하여 실행하지 못하고 있던 시계공 존 케이John Kay(방직기 발명자와는 동명이인)를 고용하여 방적기를 제작하기에 이르렀다. 그런데 당시 존 케이는 토머스 하이스Thomas Highs(1718~1803)와 공동으로 방적기 발명을 준비하고 있었기에, 훗날 아크라이트는 토머스 하이스로부터 아이디어를 표절했다고 고소당한다. 그리고 1785년 법원은 아크라이트의 방적기가 토머스 하이스의 아이디어를 표절했음을 인정하고, 아크라이트의 특허를 취소한다.

한편 18세기 중반의 영국이 세계에서 가장 성공적으로 봉건 사회에서 상업 사회로 바뀐 국가라는 사실도 빠뜨릴 수 없다. 유럽 봉건 사회의 핵심은 장원莊園제도에서 찾을 수 있다. 그런데 산업혁명의 초기와 시기적으로 중첩되는 인클로저 운동(종획운동)은 이러한 봉건적 질서의 해체를 가속화함으로써 영국이 상업 사회로 급속히 변화하는 계기가 되었다.(제 5~6장 참조) 토지와 농업을 중시한 대륙의 귀족들과 달리 영국의 토지 귀족들은 상대적으로 과학은 물론이고 과학을 활용한 영농법 등에 지대한 관심을 갖고 있었다.

영국이 석탄과 철광석이 풍부한 나라였다는 자연적 요인과 국가적 차원에서 기술혁신과 발명을 권장했다는 사실도 최초의 산업혁명이 영국에서 시작되는 데 중요한 역할을 했다. 하지만 이 모든 조건을 압도하는 핵심적인 특징이 존재했으니, 그것은 역사가 '신新인류'라고 평가하는 사람들에게서 찾아져야 한다. 산업혁명을 주도한 신인류에게는 흥미로운 공통점이 존재한다. 그것은 이들 중 누구도 귀족 출신이 아니라는 것과 대다수가 화폐자본을 소유하지 않았다는 사실이다.

강력한 신분제는 유럽의 중세적 질서를 떠받치는 근간이었다. 하지만 산업혁명이 일어날 무렵 영국에서는 전통적 지배계급인 귀족이 아니라 중산층 이하의 혈통을 지니고 태어난 몇몇 사람이 산업과 경제 분야에서 두각을 나타내기 시작한다. 이는 우연하고 예외적 사건에 의해서가 아니라 중세적 질서가 스스로 힘을 잃어가고 있음을, 그리하여 계층과 계급의 질서가 이전보다 한층 유연해졌음을 의미한다.

05

그 많은 노동자는 어디서 왔을까?

두 번의 인클로저

18세기 영국에서 시작된 산업혁명은 산업자본주의 시대를 불러왔다. 이것은 매뉴팩처(가내수공업)에서 대규모 공장제 공업으로의 이동, 교역 중심의 상업자본주의에서 상품 생산 중심의 산업자본주의로의 이동이라고 요약할 수 있다. 당연한 얘기겠지만, 이러한 이동은 일정 규모의 자본과 근대적 공장제도가 존재해야 가능하다. 산업자본주의는 공장이라는 새로운 공간에서 자본, 기계, 노동력이 결합됨으로써 시작된다. 하지만 이 결합이 처음부터 순조롭게 진행되었다고 생각하면 착각이다. 거대한 시간의 흐름을 배경으로 살펴보면 결국 이 결합이 성취됨으로써 근대적 공장제도가 완성되었지만, 산업자본주의가 시작될 무렵의 풍경은 조금 달랐다. 그리고 그

사소한 차이를 살피는 일이 곧 중세적 인간과 근대적 인간의 다름을 이해하는 하나의 출발점이 된다. 알다시피 근대적 공장제도는 기계를 중심으로 작동하되, 기계만으로는 작동될 수 없다. 기계가 존재해도 그것을 작동시키고 원료를 공급하는 등의 작업을 담당할 수 있는 존재, 즉 노동자가 없으면 공장은 작동되지 못한다. 그런데 산업자본주의 초기에 이러한 노동자를 구하기가 생각보다 어려웠다.

산업혁명 기간에 공장에서 기계를 작동시킨 그 엄청난 노동력, 즉 노동자는 도대체 어떻게 만들어졌을까? 아니, 어디에서 온 사람들일까? 이 문제에 관해 우리가 놓치지 말아야 할 것은 중세가 해체되는 동안 영국인들이 공장 노동에 결코 호의적이지 않았다는 사실이다.

> 전통적인 수공업자나 가내 노동자들은 공장에 나가서 일하는 것을 싫어했다. 공장에서는 '엄격한 규율에 복종해야 했고 영혼이 없는 기계들의 가차 없는 움직임 속에서 톱니바퀴처럼 다루어졌던 것이다. 공장에 들어간다는 것은 병영이나 감옥에 들어가는 것과 같았다'. 그러므로 처음에 산업가들은 농촌을 떠나온 빈민 프롤레타리아에게서 노동력을 확보했다.[1]

중세가 해체되는 시기를 살았던 사람들이 '공장'이라는 낯선 공간에 대해 어떤 반응을 보였는지는 중세 시대 장인의 노동과 근대 노동자의 노동을 비교해보면 쉽게 짐작할 수 있다. 중세의 장인은 물건을 만드는 전 과정을 자신이 주도한다. 가령 가정용 소小가구를 만드는 목수의 노동과정을 상상해보자. 그는 아침에 눈을 뜨면 매일 가구 제작에 필요한 나무를 구하기 위해 산에 올랐을 것이다. 나무에 대해 그가 갖고 있는 지식은 전적으로 자신의 경험, 그리고 도제 수업 과정에서 물려받은 노하우에서 나온 것이다. 그는 산을 돌아다니며 자신이 만들고자 하는 가구에 적합한 나무를 구하느라 많은 시간을 쓸 것이고, 좋은 나무를 발견한 후에도 그 나무를 벌목하고 작업장으로 옮기는 데 더 많은 시간을 소진해야 할 것이다. 힘들게 구한 나무를 다듬은 후 적당한 크기로 절단하는 작업도, 뒤틀림과 좀을 방지하기 위해 소금물에 삶아 그늘에 말리는 일 등의 준비 과정도 모두 그의 몫이다. 이 모든 과정을 거친 후에야 비로소 본격적인 가구 제작이 시작된다. 하지만 이것이 끝이 아니다. 완성된 가구에 색을 칠하는 일도, 그것을 주문자에게 배달하거나 장터에 가져가서 판매하는 일도 그가 해야 한다. 이처럼 장인은 나무를 구하는 일에서부터 가구를 판매하는 일까지의 전 과정을 자신이 주도하며, 이 과정을 반복할수록 그에게는 상당한 숙련도가 생긴다. 여기에서 중요한 것은 가구를 제작하는 데 소요되는 모든 시간을 자신의 리듬에 맞춰 조절할 권한이 그에게 있다는 것이다. 다만 하나의 물건을 만드는 데 상당한 시간이 소요되는 이런 시스템에서 대량생산은 불가능하다.

공장에서 행해지는 노동자의 노동은 장인의 그것과 정반대이다. 찰리 채플린의 영화 「모던 타임스」에 등장하는 공장의 장면에서 잘 드러나듯이, 공장 노동에서 인간과 기계 간의 위계는 뒤바뀐다. 증기기관이나 전기 등에서 동력을 공급받는 기계의 장점은 휴식을 필요로 하지 않는다는 것이다. 기계의 필요 혹은 상태에 따라 원료를 공급하고 부속을 교체하기 위해, 때로는 고장 난 부분을 수리하기 위해 기계를 멈춰야 하는 경우가 있지만, 이때 모든 과정은 '인간'이 아니라 '기계'에 의해 결정된다. 노동자가 쉬기 위해 기계를 멈추는 것이 아니라 기계가 멈춤으로써 노동자가 쉴 수 있게 되는 것이다. 근대적 공장제도에서는 공장 자체가 하나의 거대한 기계처럼 움직이며, 거기에서 인간(노동력)은 기계를 구성하는 또 하나의 부품처럼 기능한다. 자신의 의지와 상관없이 진행되는 노동과정은 중세적 노동과 농사 등에 익숙한 신체적 리듬을 지니고 있던 사람들에게 곤혹스러운 것일 수밖에 없었다.

산업혁명을 상징하는 아크라이트의 방적기계 역시 같은 운명에 처했다. '그는 기계를 다룰 직공을 구하기가 쉽지 않다는 것을 알게 되었다. (……) 임금노동은 여전히 경멸받았고, 노동자들은 기계에 대한 맹목적인 증오로 일부 자본가가 새로 세운 공장에 불을 질러 잿더미로 만들기도 했다. 아크라이트는 어쩔 수 없이 어린이에게 눈을 돌렸다.'[2] 찰리 채플린의 영화는 인간이 기계의 부속품으로 기능하는 공장의 풍경을 자신의 의지와 상관없이 나사(혹은 그것과 비슷한 것)를 돌려대는 노동자의 모습을 통해 비판한다. 기계의 작동 과정에는 인간적 요소라고 말할 수 있는 것이 존재하지 않는다. 그렇기 때문에 기계를 다루는 일은 물론이고 인위적인 방식으로 분절된 노동과정과 노동시간을 경험한 사람들은 공장의 규율을 상당한 억압으로 느꼈다. 장인과 노동자의 차이는 노동의 강도가 아니라 규율의 강도, 그리고 노동을 능동적인 과정으로 느끼는가, 수동적인 과정으로 느끼는가에 따라 결정된다. 중세적 사람들에게 공장은 결코 선호되는 공간이 아니었지만, 노동자를 구하지 못하면 근대적 공장은 제대로 작동할 수 없는 상황이었다.

영국의 공장에서 기계를 작동시키는 데 필요한 노동력, 즉 노동자는 농촌에서, 토지에서 왔다. 이 문제를 이해하기 위해서는 소위 '울타리 치기'라는 역사적 사건이 가난한 농민들을 토지에서 추방 또는 분리시킨 과정을 알아야 한다. 유럽 봉건제의 기초이자 근간은 장원제莊園制, manorialism인데, 이는 일종의 경제적 제도라고 말할 수 있다. 중앙집권적 권력 형태를 갖춘 근대 사회와 달리 중세 유럽의 지방은 귀족이 지배했다. 이들은 장원의 주인인 영주로서 정치적·경제적으로 막강한 권력을 누렸다. 중세 장원의 토지는 영주의 직영지, 농민의 보유지, 그리고 공유지로 구성되었다. 말 그대로 영주의 직영지는 땅의 소유주이자 지배자인 영주가 직접 경영하는 토지이고, 농민의 보유지는 주로 소규모 농장으로 구성되며 그 보유자들은 영주에게 부역과 공납을 이행할 의무를 지니고 있었다. 농민들은 대개 1주일에 3일 정도는 자신의 보유지를 경작했고 나머지 시간에는 영주의 직영지에서 일을 하거나 영주가 지시하는 잡다한 일을 했다. 그리고 장원의 토지 가운데 세 번째는 공유지인데, 여기에는 주로 경작하지 않는 들이나 삼림 등의 임야가 포함되었다. 중세의 가난한 농민들이나 농노라고 불린 예속적 농민들은 장원에 존재하는 이 비경작용 토지를 개간하여 생계를 해결했다.

그런데 15세기 후반부터 유럽에서는 섬유 산업, 그중에서도 양털을 가공해 옷감을 만드는 모직공업이 크게 발달한다. 이러한 변화는 곧장 양털의 수요 증가와 그에 따른 양털 가격의 폭등을 가져왔고, 이에 땅을 소유한 대지주들은 공유지와 황무지 등에 울타리를 치고 그곳을 사유화하기 시작했다. 농사보다 양을 키우는 것이 더 이익이라고 판단한 지주들이 공유지를 사유화하여 목초지로 바꾸기 시작한 것이다. 이 조치로 인해 오랫동안 그곳을 개간하여 생계를 해결하던 가난한 사람들이 한순간에 경작지를 잃고 토지에서 축출되기 시작했다. 튜더 왕조 시절인 15~16세기에 발생한 이 사건이 바로 제1차 인클로저 운동1st enclosure movement이다.

토지 소유자들이 높은 수익을 얻기 위해 농민을 땅에서 몰아냄으로써 빈곤이 증가하고 사회가 불안해지는 등 심각한 부작용이 발생하자 왕은 인클로저 금지령을 발표하기도 했다. 하지만 법의 집행자들이 인클로저(울타리 치기) 운동으로 이익을 얻고 있던 젠트리gentry 계층인 까닭에 이 법은 실효를 거두지 못하고 1622년에 결국 폐지된다. 『유토피아』의 저자인 토머스 모어Thomas More(1478~1535)는 양 때문에 사람들이 땅에서 쫓겨나 빈민으로 전락하는 현실을 보고 '예전에는 사람이 양을 잡아먹었지만 지금은 양이 사람을 잡아먹는다'라고 표현하기도 했다. 제1차 인클로저 운동 시기는 튜더 왕조의 여섯 번째 군주이자 마지막 군주인 엘리자베스 1세의 재위 기간(1558~1603년)과 겹치기도 한다. 엘리자베스 1세는 헨리 8세와 그의 두 번째 왕비인 앤 불린(헨리 8세는 앤 불린과 결혼하기 위해 종교개혁을 일으켜 잉글랜드 교회를 로마 가톨릭교회와 결별시킨 것으로 유명하다) 사이에서 태어났으며, 1601년 빈민 구제, 취로의 강제, 부랑자의 구제 등을 목적으로 구빈법을 만들기도 했다.

유럽에서 인클로저 운동은 18세기 말까지 약 300년간 지속되면서 수많은 농민들을 토지에서 추방했다. 그런데 17세기 중반 이후 인클로저 운동의 성격이 달라지기 시작했다. 제1차 인클로저 운동이 더 많은 이윤을 획득하기 위해 공유지에 울타리를 치고 농지를 목축지로 바꾸는 것이었다면, 제2차 인클로저 운동은 경작의 능률을 높이기 위해 기존의 경지와 공유지에 울타리를 치고, 경작지의 면적을 더욱 넓히기 위해 미개간지까지 둘러싸는 방향으로 전개되었다. 특히 18세기 중엽 이후 산업혁명으로 인해 농산물 수요가 늘어나자 이러한 경향은 한층 강해졌다. 문제는 이 과정의 속도가 이전보다 훨씬 빨랐다는 것이다. 제1차 인클로저 운동 당시에는 튜더 왕조가 급속한 빈민 발생을 우려하여 금지령을 내리기도 했지만, 제2차 인클로저 운동 때에는 이미 이 운동의 주도 세력인 중간계급(부르주아)이 정부와 의회를 장악한 상태였고, 따라서 의회는 인클로저를 합법화함으로써 그것을 촉진하는 역할을 수행했다. 이러한 성격 때문에 제2차 인클로저 운동을 흔히 '의회 인클로저'라고 부르기도 한다. 의회 인클로저는 1760년대에 급격히 증가해 1840년대까지 계속되다가 1845년 이후 쇠퇴했다.

제2차 인클로저 운동은 농업 개량, 농업 경영의 능률화를 통해 농업혁명을 이루었는데, 그것은 산업혁명으로 인해 농업의 기계화가 가능해졌기 때문이다. 경작지가 부족해져서 양털 가격이 아니라 곡물 가격이 상승하자 자본가들이 소농민의 토지를 흡수해 '대농장'을 경영하기 시작했으며, 농업에도 자본주의적 경영방식이 도입되었다. 이 과정에서 토지에서 추방된 농민들은 자신의 몸뚱이, 즉 노동력을 팔아 생계를 해결할 수밖에 없는 처지에 놓이게 되었으니, 그들이 자신의 노동력을 팔 수 있는 도시로 몰려가 임금노동자로 흡수되는 것은 정해진 수순이었다. 토지로부터 추방된 다수의 농민이 도시로 몰려들자 도시에서는 공장에 필요한 노동력을 싼 가격에 구입할 수 있게 되었다. 이처럼 두 차례에 걸쳐 진행된 인클로저 운동을 통해 농민들은 산업노동자로 전락했고, 그 결과 영국은 농업에서의 기계화만이 아니라 산업혁명을 본격적으로 밀고 나갈 인력을 확보하게 되었다.

06

삶의 터전이냐, 경제개발이냐

두 번의 인클로저, 두 가지 논점

300년 동안 두 차례에 걸쳐 진행된 인클로저 운동은 농민들을 토지에서 추방해 빈민과 부랑자로 만들었다. 삶의 터전에서 쫓겨난 농민의 대다수는 공장이 있는 도시로 몰려가 임금노동자가 되었는데, 18세기의 산업자본주의와 근대적 공장제는 이처럼 '토지'에서 추방된 사람들을 '공장'으로 보냄으로써 가능했다. 이 추방 장면은 자본주의 역사를 설명할 때 상당한 논쟁의 대상이 된다. 자본주의의 출현을 긍정적으로 생각하는 사람들은 자본주의가 산업혁명을 주도한 몇몇 발명가의 사례처럼 이윤에 대한 합리적인 사고와 노동에 대한 성실성, 그리고 도전 정신 등에 힘입어 시작되었다고 설명한다. 반면에 자본주의에 대해 비판적인 시선을 지닌 사람들은 수공업자들을 몰락시키고 가난한 농민들을 토지에서 내쫓아 프롤레타리아로 만든 이 과정이야말로 시초 축적 혹은 본원적 축적의 폭력성을 단적으로 보여주는 사례라고 지적한다.

본원적 축적primary accumulation이란 자본주의의 기원, 즉 자본과 노동의 관계 그 자체의 역사적 형성 과정을 일컫는 말이다. 마르크스는 『자본론』에서 이 과정을 '생산자와 생산수단과의 역사적 분리 과정'[1]이라고 정의했는데, 실제로 그것은 생산수단이 소수의 자본가에게 집중되는 과정, 그리고 토지를 근거로 살고 있던 농민들을 토지로부터 추방함으로써 생산수단을 빼앗은 약탈 과정이라고 말할 수 있다. 이런 맥락에서 영국의 역사학자 에드워드 팔머 톰슨Edward Palmer Thompson(1924~1993)은 『영국 노동 계급의 형성』에서 인클로저를 '계급적 강도짓a plain enough case of class robbery'이라고 공공연하게 비난하기도 했다.

18세기 영국의 노동 계급을 탄생시킨 인클로저 운동과 관련하여 생각해볼 문제가 있다. 하나는 경제사회학자 칼 폴라니가 『거대한 전환』(1944년)에서 지적한 '삶의 터전이냐, 경제개발이냐'라는 문제이다. 여기에서 폴라니는 근대 사회의 정치경제적 기원을 찾기 위해 18~19세기 영국 산업혁명 시기의 상황에 주목한다. 산업혁명과 종획운동(인클로저 운동)에 대한 그의 주장의 핵심은 경제적 자유주의가 그 특유의 그릇된 시선으로 인해 산업혁명의 역사를 잘못 이해하고 있다는 것이다. 무슨 말일까?

오늘날 이렇게 정의의 이름으로 종획운동을 막으려던 법률이 결국 현실 세계에서 다양한 사적 이익들에 압도당했다는 사실 자체가 바로 그러한 입법이 애초부터 효과를 가질 수 없었음을 분명히 보여주는 표시였다고 여겨지고 있다. 또 그러한 방해가 모두 실패하고 종획운동의 경향이 결국 승리를 거두었다는 것은 바로 사람들이 흔히 말하는 이른바 '반동적 개입주의'라는 것이 얼마나 헛된 것인가를 증명해주는 결정적인 증거로서 인용되고 있다. 하지만 이러한 관점은 핵심을 완전히 놓치고 있는 것으로 보인다. 어떤 경향이 궁극적으로 승리를 거두었다는 것이 그 경향으로의 진보 속도를 늦추어보려는 노력이 별 효과를 거두지 못했다는 증거가 된다는 말인가? 그러한 조치들은 실제로 그러한 변화 속도를 늦추는 데 성공하지 않았던가? 그리고 바로 이렇게 속도를 늦추는 것이야말로 그러한 조치들의 진정한 목표였다고 볼 수 없는 것인가?[2]

이 인용문에 적혀 있듯이 일반적으로 경제사가들은 튜더 왕조 시기의 반反인클로저 정책을 '반동적 개입주의'라고 평가한다. 경제가 근대적 패러다임, 즉 시장경제로 발전하는 과정에서 봉건제 아래서 특권을 누리던 봉건 세력(대표적으로는 왕조)이 시장경제로 향하는 역사적 흐름을 저지하기 위해 반동적으로 개입했다는 것이다. 이런 시각에서 보면 엘리자베스 1세 시기에 발효된 인클로저 금지령 등은 근대 사회로의 진입을 가로막는 적폐일 따름이다. 경제적 자유주의자들은, 역사는 이러한 봉건적 잔재의 반동적 개입에도 불구하고 결국 자본주의의 방향으로 흘러왔고, 따라서 인클로저를 방해하려는 봉건 세력의 시도는 결국 실패하고 말았다고 주장한다. 자본주의의 출현이 역사의 필연적 과정이고, 당대의 모든 이들이 그러한 과정을 적극 지지하는 것이 당연한 이치라고 생각하면 그러한 평가도 가능하다. 세상은 왕족이나 귀족이 지배하던 봉건 사회에서 부르주아가 지배하는 근대 사회로 바뀔 수밖에 없었고, 그렇다면 인클로저 금지령 같은 조치는 봉건적 잔재의 최후의 발버둥으로 볼 수도 있기 때문이다.

하지만 칼 폴라니의 생각은 이들 자유주의자와 달랐다. 그는 산업혁명을 기계와 동력, 즉 생산도구의 개선이라는 관점에서만 바라보지 않는다. 그가 산업혁명에서 관심을 갖는 것은 '보통 사람들의 삶은 망가지고 뒤죽박죽되는 파국'이 함께 도래했다는 사실이다. 자유주의자들이 생산도구의 개선에 주목했다면, 폴라니는 역사적 사건이 평범한 사람들의 삶에 미친 영향에 관심을 두었다. 이런 입장에서 그는 산업혁명 이전에 영국에서 발생한 인클로저를 '사탄의 맷돌satanic mill'이라고 표현한다. 일련의 역사적 전개 과정이 오랫동안 유지되던 질서를 한꺼번에 뒤섞어버림으로써 민중의 삶에 파탄을 불러왔다는 의미일 것이다. 물론 폴라니도 '변화'의 가치를 부정하지 않는다. 하지만 변화에 대해 판단할 때에는 그것이 무엇을 위한 변화인지 살피지 않을 수 없다. 변화變化는 바뀐다는 뜻이다. 그런데 만일 그 변화가 오늘날의 기후변화처럼 지구 전체에 심각한 문제를 불러오는 것이라면, 그때에도 무작정 변화는 좋은 것이라고 말할 수 있을까? 폴라니는 변화와 관련하여 중요한 문제를 제기한다. '어떤 변화가 나타났을 때 만약 그것이 방향도 통제할 수 없고 속도도 지나치게 빠르다면 가능한 한 그 속도를 늦추어서 공동체의 안녕을 보호해야 한다'라는 주장이 그것이다. 어떤 경우, 그러니까 '방향'을 통제할 수 없는 경우라면 '속도'라도 늦추어야 공동체를 보호할 수 있다는 말이다. 그의 이런 생각은 다음과 같은 결론에 이른다.

> 만약 튜더 왕조와 초기 스튜어트 왕조에서 나랏일을 맡아본 이들이 종획(인클로저)운동에 제동을 걸 정책을 일관되게 유지하지 않았더라면 그러한 진보 속도가 파멸적일 만큼 가속화되어 마침내 진보 과정 자체가 건설적 사건이 아니라 오히려 사회 전체의 퇴락을 가져오는 것으로 변할 수도 있었다. (……) 영국이 심각한 피해 없이 종획운동의 재난을 견뎌낼 수 있었던 것은 오로지 튜더 왕조와 초기 스튜

어트 왕조가 왕의 권력을 발동하여 경제개발의 속도를 사회가 견더낼 수 있을 만큼 늦춘 덕분이다.[3]

영국에서 인클로저 운동은 15세기 후반부터 18세기 말까지 약 300년 동안 두 차례 발생했다. 제1차 인클로저 운동 때에는 농민들이 땅에서 내쫓기고 빈민이 급증하는 등 심각한 부작용이 생겨서 왕이 인클로저 금지령을 발동하기도 했다. 하지만 제2차 인클로저 운동 때에는 근대 사회로의 이동이 상당히 진척되어 권력은 왕이 아닌 부르주아에게 있었다. 의회 역시 마찬가지 상황이어서 제2차 인클로저 운동 당시 의회는 그것을 금지하기는 커녕 촉진시키는 역할을 했다(그래서 '의회 인클로저'라는 이름을 얻었다).

두 차례의 인클로저 운동은 그 속도도 상당히 달랐다. 제1차 운동 때에는 왕이 금지령을 내림으로써 속도가 늦춰졌지만, 제2차 운동 때에는 속도를 늦출 아무런 장애물이 없었기 때문에 엄청난 속도로 전개되었다. 그런데 폴라니는 다른 학자들과 달리 속도를 늦추려 한 튜더 왕조의 조치를 부정적으로 평가하지 않는다. 앞에서도 언급했지만, 경제적 자유주의자들은 튜더 왕조가 속도를 늦추는 바람에 변화의 속도가 더뎌졌다고 비판한다. 하지만 폴라니는 '변화의 속도가 변화의 방향 그 자체만큼 중요할 때가 있'다는 사실을 강조한다. 변화의 유무, 혹은 그것의 성패보다 '속도'가 중요하다는 것이다. 물론 이렇게 가정할 수도 있다. 인클로저 운동이 더 빠른 속도로 진행되었다면 토지 소유자들의 수입이 더 늘어나고, 그 늘어난 수입이 다시 양모 산업에 투입되어 일자리가 늘어날 수도 있었을 것이라고 말이다. 아니, 자신의 땅을 소유하지 못한 농민들이 땅에서 추방된 것은 안타까운 일이지만, 결국 그들이 도시로 이동하여 공장에 취직해서 생계를 안정적으로 꾸려나갈 수 있지 않았느냐고 주장할 수도 있다. 칼 폴라니의 경제학자로서의 날카로움은 경제적 자유주의자들의 이러한 가정과 싸울 때 탁월하게 발휘된다.

하나의 산업이 성장함으로써 다른 산업들이 위축되는 현상, 그 결과 한 산업이 불황을 맞으면 해당 산업의 종사자들이 다른 산업으로 이동하는 현상은 자본주의, 즉 시장경제의 법칙이 작동하고 있을 때에만 가능하다. 제1차 인클로저 운동이 진행된 튜더 왕조 시대의 영국에는 그러한 조건이 존재하지도 않았다. 그럼에도 불구하고 경제적 자유주의자들은 인류의 역사 전체, 특히 제1차 인클로저 운동에 대해 이야기할 때 시장경제가 당연히 존재하고 있었던 것처럼 말한다. 그러나 '이렇게 경제개발이 이루어지면 결국 보상 효과들이 벌어진다는 것은 시장경제라는 틀이 있을 때에만 당연시할 수 있는 사실이다'. 그것은 마치 라면이 존재하지 않던 시절에 벌어진 사건에 대해 이야기하면서 '쌀'이 부족하면 '라면'이라도 먹으면 되지 않느냐고 말하는 것과 비슷하게 몰역사적이다. 20세기 이후에 태어난 사람들은 인류의 역사에 대해 이야기할 때 시장경제의 법칙이 어느 사회에나 존재하고 있었던 것처럼 가정하는 경향이 있는데, 자본주의를 마치 자연적인 조건처럼 전제하는 이러한 태도야말로 자본주의가 우리에게 심어놓은 대표적인 허상 중 하나이다.

사람들은 종종 유사 이래 인류가 이미 언제나 지금과 같은 사고방식을 가졌다고, 그러니까 자신의 경제적 이해관계에 따라 움직여왔다고 생각한다. 하지만 그것은 현재의 질서와 욕망을 과거에 투사한 상상의 결과일 뿐, 역사적인 실제 사실과는 상당히 차이가 난다. 학자마다 자본주의의 기원을 다르게 설정하지만, 분명한 사실은 자본주의 사회, 시장경제의 법칙이 시작되기 이전에 인류는 지금과 같이 생활하지 않았다는 것이다. 심지어 자본주의가 발전을 거듭한 19~20세기에도 인류는 경제의 논리로 접근할 부분과 그렇지 않은 부분을 매우 엄밀하게 구분했다. 미국의 철학자 마이클 샌델Michael Sandel(1953~)은 『돈으로 살 수 없는 것들』(2012년)에서 '시장경제'와 '시장사회'를 구분한다. 전자가 근대 자본주의라면, '모든 것을 사고팔 수 있는 사회'로 요약되는 후자는 시장지상주의, 시장만능주의라고 말할 수 있다. 이처럼 시장의 경계는 최근까지도 매우 엄격하게 인식되고 있다. 이런 관점에서 폴라니는 인간의 모든 경제활동을 '시장'이라는 제도 하나만으로 설명하고, 나아가 자기 조절 시스템으로서의 시장을 강조하는 것은 유토피아적 망상에 가깝다고 주장한다.

인클로저 운동과 관련하여 또 하나 생각해볼 문제는 토지에서 쫓겨난 농민들이 도시와 공장으로 흘러 들어가는 과정에서 발생한 역사적 현실의 의미이다. 오늘날에는 만약 농민이 어떤 이유 때문에 농경지를 잃어버린다면, 그는 곧장 공장에 취직하여 노동자가 되거나 일용직 노동자, 아르바이트, 자영업 등 자신의 능력이 허락하는 온갖 일에 뛰어들려고 시도할 것이다. 우리에게는 생계를 해결하기 위해 돈이 절대적으로 필요하기 때문이다. 이때 그 돈을 마련하기 위해 어떤 일을 할 것인지는 부차적인 문제로 간주된다. 하지만 앞에서 설명했듯이 인클로저 운동 당시에는 상황이 전혀 달랐다. 평생 농사를 지으면서 살았던 사람들, 그리하여 노동의 강도는 높지만 노동의 리듬만큼은 자신이 주도한다는 느낌을 갖고 있던 사람들에게 공장노동자로서의 신체, 즉 공장의 규율에 순응해야 하는 신체에는 거부감이 생길 수밖에 없었다. 이런 이유 때문에 농지에서 추방된 상당수의 농민이 부랑자나 실업자로 남았고, 그들 중에는 각지를 떠돌면서 구걸을 하거나 도둑질을 하는 사람이 적지 않았다. 마르크스는 자본주의가 노동자에게 이중적 의미의 자유를 약속했다고 말했다. 한편으로는 누구를 위해 일할 것인지 선택할 수 있는 자유가 있으며, 다른 한편으로는 노동하지 않고 굶어 죽을 자유가 있다는 것이다. 이것은 인클로저 운동으로 인해 삶의 터전인 토지에서 쫓겨난 농민들에게도 동일하게 적용될 수 있었다.

한편 토지에서 추방된 농민들이 부랑자가 되어 각지를 떠돌게 되자 15세기 말부터 유럽 각국에서는 부랑자를 처벌하는 법이 제정되기 시작했다. 이 법들은 흔히 빈민법The Poor Law, 구빈법 등으로 불리면서 사회복지의 초기 형태로 평가되지만, 빈민을 돕기 위해 만들어졌을 것이라는 우리의 예상과 달리 그 본질은 부랑자들이 집단을 형성하여 폭동을 일으키는 것을 방지하는 국가 통제의 일환이었다. 가령 1532년 영국에서는 걸인과 부랑자를 처벌하는 법이 만들어졌는데, 이 법에 따르면 노동할 능력이 없는 사람은 구걸할 수 있는 권한을 부여하는 '거지면허'를 발급받아야 했고, 면허가 없는 걸인과 부랑자는 태형, 감금, 강제 추방, 강제 노동 등의 처벌을 받았다. 1536년에 제정된 부랑자와 걸인 처벌법the Act for Punishment of Sturdy Vagabonds and Beggars의 내용은 한층 가혹했는데, 부랑자가 두 번 체포되면 매질을 하고 귀를 잘랐고, 세 번째로 체포되면 사형에 처했다. 1547년에 제정된 법에서는 노동을 거부하는 사람(부랑자)이 그를 고발한 사람의 노예가 되어야 했고, 도주하다 붙잡히면 인두로 낙인을 찍어 평생을 노예로 살게 만들었다.

> 1547년 제정된 법령에서는, 노동을 거절하는 사람은 그를 게으름뱅이라고 고발하는 사람의 노예가 되어야 했다. 주

> 인은 채찍과 쇠사슬로 노예가 아무리 싫어하는 일이라도 시킬 수 있는 권리를 가지게 된다. 만약 노예가 도주해 2주일이 지나면 종신 노예의 선고를 받았고, 이마나 뺨에 S자의 낙인이 찍히며, 만약 그가 세 번 도주하면 반역자로 사형을 당했다. 누구나 부랑자의 자녀를 빼앗아 남자는 24세, 여자는 20세까지 도제로 사용할 권리를 가질 수 있었다. 엘리자베스 여왕 시절인 1572년 제정된 법령에서는 14세 이상의 면허 없는 거지들은, 만약 2년간 그들을 사용하려는 사람이 없는 경우 매를 맞고 귀에 낙인이 찍혔다. 심한 경우에는 물론 사형에 처해졌다.[4]

1576년에 제정된 빈민규제법의 핵심은 빈민을 강제로 노동하게 만드는 것이었다. 이 시기에 만들어진 다양한 빈민법을 튜더 빈민법Tudor Poor Laws이라고 통칭하는데, '빈민법'이라는 명칭이 붙어 있지만 이 법의 본질은 빈자貧者를 구제하는 것이 아니라 구걸하지 못하도록 막는 것, 그리고 강제로 노동하게 만드는 데 있었다. 절대왕정에서 통치자들은 '무無노동'을 일종의 정신적 질병 상태와 유사한 것으로 인식했고, 나아가 법률의 강제를 통해 치료해야 할 것으로 간주했다.

1601년에는 튜더 왕조의 마지막 군주인 엘리자베스 1세가 또 하나의 빈민법을 제정했다. 14~16세기에 만들어진 튜더 빈민법과 구분하기 위해 이때 만들어진 법을 엘리자베스 빈민법 Elizabethan Poor Laws이라고 부른다. 엘리자베스 1세가 재위하고 있던 16세기 말에는 인클로저 운동과 대흉년, 해상무역의 발달로 인해 금과 은의 유입이 많아져서 발생한 인플레이션 탓에 부랑자와 걸인 등 빈민의 숫자가 급증했다. 이전의 빈민법이 빈곤의 원인을 개인의 나태함에서 찾았다면, 엘리자베스 빈민법은 조금이나마 사회구조적인 원인을 고려하려고 했다. 이러한 시선의 변화는 결국 빈민을 분류해야 한다는 새로운 발상을 불러왔다. 이 분류법에 따라 엘리자베스 빈민법은 노동 능력이 없는 빈민은 구빈원으로, 노동 능력이 있는 빈민은 교정원으로 보내고 아동 빈민은 도제로 삼는 방안을 담았다. 빈곤 문제를 정부의 책임으로 인식했다는 점에서 이 빈민법은 진일보한 것이었으나 실제 현장에서 적용되지는 않았다.

한편 빈곤 구제를 표방하면서 사실상 빈민들에게 노동을 강제하는 이런 내용의 법률은 유럽의 여러 나라에서 목격된다. 가령 건강한 사람이 일정한 직업이 없는 경우에는 갤리선에서 노를 젓는 형벌에 처할 수 있다는 프랑스의 칙령 등이 대표적이다. 이 시기에 유럽의 법률은 가난한 사람들, 노동하지 않는 신체에 대해 노동, 태형, 감금 등 신체에 직접 작용하는 형벌을 적용했고, 나아가 걸인, 정신병자, 빈민 등을 감금하는 다양한 장소, 가령 병원이나 수용소 등을 건설했다. 그리고 이들에게는

'형벌'로서 노동이 강제되었으니, 이는 중세적 신체를 근대적인 노동하는 신체로 바꾸는 개조의 과정이기도 했다. 동시에 이러한 개조 과정에 선惡과 악善의 이분법이 적용되어, 이제 노동하지 않는 신체는 악이고 노동하는 신체는 선이라는 사고방식이 자리잡기 시작했다. 요컨대 두 차례에 걸친 인클로저 운동이 농민들을 토지로부터 추방했다면, 빈민법이라는 이름으로 등장한 다양한 법적 장치는 빈민과 부랑자 등을 노동하는 신체, 노동하는 인간으로 개조함으로써 근대적 노동자를 생산하는 역할을 수행했다. 이러한 이중의 역사적 과정을 거친 후에야 근대적 공장제는 본격적으로 시작될 수 있었다. '사회적 기반을 빼앗긴 자들은 분업을 만병통치약으로 삼는 효율적 생산의 희생자가 되었다.'[5]

07

경제학의 탄생

애덤 스미스의 『국부론』

애덤 스미스가 살았던 18세기의 서유럽은 역사상 전례 없는 성장을 거듭하고 있었다. 산업혁명의 전야인 이 시기의 유럽, 특히 영국에서는 봉건적인 방식의 수공업이 급속하게 해체되고 새로운 자본 관계가 형성되기 시작했다. 근대 경제학의 기원이라고 할 수 있는 애덤 스미스의 『국부론』은 바로 이 시대의 경제성장을 설명하려는 의도에서 집필되었다. 애덤 스미스의 이 책은 자본주의의 바이블로 평가되지만 이 책 이전에 이미 영국 사회에서는 자본주의적 현상이 출현했다. 그러므로 이 책이 자본주의를 낳은 것이 아니라 인류 역사상 존재한 적이 없는 자본주의라는 새롭고도 낯선 현상을 이론화하기 위해 이 책이 쓰인 것이다.

애덤 스미스는 1723년 스코틀랜드의 작은 항구도시 커콜디에서 태어났다. 그는 글래스고 대학교와 옥스퍼드 대학교에서 공부했고, 1751년 글래스고 대학교의 교수로 임명되었다. 오늘날 애덤 스미스는 '경제학의 아버지'로 불리지만, 당시 대학에서 그가 맡은 강의는 주로 논리학과 도덕철학(윤리학)이었다. 1759년에 출간된 그의 첫 저작 『도덕감정론』은 이러한 초기의 학문적 관심에서 나온 것이다. 이 책에서 그는 이기적 존재인 인간이 어떻게 이기심을 억제하고 도덕적 판단을 할 수 있는가에 대해 탐구했다. 애덤 스미스의 이 책은 상당히 좋은 평가를 받았다고 알려지는데, 그런 평가를 해준 사람 중에는 당대의 유명한 정치인 찰스 타운센드Charles Townshend(1725~1767)도 있었다.

애덤 스미스의 『도덕 감정론』을 읽고 흥미를 느낀 타운센드는 애덤 스미스에게 상당한 금액의 후원과 함께 자신의 양아들 헨리 스콧의 개인 교사직을 제안했다. 이것이 계기가 되어 1764년 애덤 스미스는 대학을 그만두고 헨리 스콧과 함께 유럽 여행을 떠났다. 애덤 스미스는 이 여행에서 루이 15세의 궁정의사인 프랑수아 케네François Quesnay(1694~1774)를 만났다. 케네는 직업은 의사이지만, 최초의 체계적인 정치경제학파인 중농학파의 창시자이며, 『경제표』(1758년)의 저자로도 유명하다. 그의 사상은 '농업은 국부의 원천'이라는 주장으로 요약할 수 있다. 중농주의의 약점은 농업 노동만이 진정한 부를 생산한다고 주장하는 것인데, 이는 공장, 즉 제조업 노동을 근거로 학설을 펼친 스미스로서는 받아들일 수 없는 주장이었을 것이다. 애덤 스미스는 '자연'이 아니라 '노동'이 가치의 원천임을 강조했다.

애덤 스미스가 살았던 18세기 유럽에서는 중상주의가 지배적인 학설이었다. 중상주의는 흔히 콜베르주의라고도 불리는데, 이는 루이 14세가 지배하던 17세기 프랑스의 재무총감 장 바티스트 콜베르Jean Baptiste Colbert(1619~1683)의 사상이 대표적이기 때문이다. 콜베르는 국가의 강력한 통제 하에 공업 생산량을 늘리고 무역을 발전시킨 인물로, 국가의 힘은 곧 그 나라가 보유하고 있는 금과 은의 양에 따라 결정된다고 생각했다. 그런데 당시 한 나라의 부가 소유한 금과 은의 양에 따라 결정된다는 말은 곧 군사력이 국부와 밀접한 관계라는 것을 의미한다. 강력한 군사력을 보유한 국가가 금과 은의 양을 늘리는 가장 손쉬운 방법은 다른 나라를 정복하는 것이기 때문이다. 이는 중상주의를 표방한 인물들의 면면을 살펴보아도 알 수 있다. 16세기에는 영국의 엘리자베스 1세가, 17세기에는 영국의 크롬웰이, 18세기에는 프랑스의 루이 14세가 대표적인 인물이다. 당연히 이 정복과 약탈의 대상은 군사력이 약한 비유럽 지역이 될 수밖에 없었고, 이때 군사력은 해군에 의해 좌우되었다.

그런데 17세기 말에서 18세기 중반에 이르는 동안 중상주의 이론으로는 설명하기 어려운 일들이 벌어지기 시작했다. 유럽 국가들 중에서 중상주의에 가장 충실했던 스페인이 천연자원 등이 적은 네덜란드에 압도된 것이 대표적 사례이다. 강력한 군사력을 앞세운 스페인은 남아메리카를 정복하여 금과 은을 약탈했지만, 네덜란드는 1602년 세계 최초의 주식회사인 동인도회사를 설립하여 무역을 통해 막대한 부를 축적했고, 그것을 이용하여 군사적 권력을 키워나갔다. 17세기에 세계무역 항로 가운데 최고의 이익을 발생시키는 항로는 인도, 중국, 동남아로 향하는 항로였다. 당시 유럽에서는 이들 나라에서 가져온 후추, 차, 도자기 등이 고가高價로 팔렸는데, 이전까지 포르투갈이 독점하고 있던 이 무역업에 네덜란드가 진출한 것이다. 이러한 유럽 사회의 변화는 스미스에게 유럽 국가들이 군사력이 아니라 상업에 기초한 경제 발전의 단계에 진입했음을 일깨워주었다. 부란 국가권력을 휘두른다고 늘어나는 것이 아니라 개인들(혹은 회사들)이 자신의 이익을 추구하는 과정의 결과물로 창출된다는 것을 깨달은 것이다.

애덤 스미스의 '국부론'은 후대 사람들이 만든 약칭이고, 그 책의 정식 이름은 '국민의 부의 성질 및 원인에 관한 연구(국가적 부의 본질과 원천)'이다. 책 제목만 보아도 지금까지 존재하지 않은 새로운 사상이 등장했음을 알 수 있는데, 여기에는 '금'이나 '왕' 등 이전 시대와의 관계를 표시하는 단어가 일체 등장하지 않는다. 애덤 스미스는 경제, 더 정확하게는 정치경제학이라는 관점을 이용하여 한 사회가 유지·발전되는 방식을 설명하려고 한다. 따지고 보면, 정치와 경제가 합쳐져서 만들어진 정치경제학이라는 개념 자체가 근대적인 발상을 담고 있다. 오늘날 우리가 사용하고 있는 정치politics와 경제economy는 그리스어에서 각각 폴리스polis와 오이코스oikos로 표기된다. 그런데 근대 이전에 이것들은 '와and'로 대등하게 연결될 수 있는 것이 아니었다. 아리스토텔레스의 '정치학'에는 먹고사는 문제가 빠져 있으며, 한나 아렌트에 이르기까지 정치를 아리스토텔레스적인 관점에서 이해하는 모든 이들에게 정치 문제는 경제, 즉 먹고사는 문제와 별개의 것으로 간주되었다. 앞서 우리는 근대 이전의 인류가 이익을 추구하지 않았고, 심지어 '생활비를 번다'는 말 자체가 존재하지 않았다는 사실을 살폈다. 요컨대 근대 이전에는 정치와 경제는 대등한 것이 아니었기에 그것들을 '와'로 연결할 수 있다는 발상 또한 없었다.

> 경제economie라는 말은 그리스어로 가정을 뜻하는 '오이코스oikos'와 법을 뜻하는 '노모스nomos'에서 유래했으며, 본래 모든 가족의 공동선을 위한 지혜롭고 정당한 가사 관리만을 의미했다. 이 말은 후에 대가족, 곧 국가의 통치라는 뜻으로 확대되었다. 이 두 가지 의미를 구분하려고 후자는 일반 경제économie générale 또는 정치경제économie politique라

고 부르고, 전자는 가정경제économie domestique 또는 개별 경제économie particulière라고 부른다. 이 논문에서 문제 삼는 것은 오직 전자이다. 가정경제에 관해서는 (『백과전서Encyclopédie』의) '가장Père de Famille' 항목을 보라.[1]

1755년 장 자크 루소Jean Jacques Rousseau(1712~1778)는 디드로, 달랑베르 등 계몽주의자들이 공동 편집한 『백과전서』의 '도덕적·정치적 경제'라는 항목을 집필했고, 1758년에는 이것을 『정치경제론De l'économie politique』이라는 이름의 단행본으로 출간했다. 이 책에서 루소는 일반의지를 공공경제의 최고 원리로 제시하면서 빈부 격차의 최소화, 공공복지, 부자의 재산과 사치품에 대한 세금 부과의 필요성 등을 주장하고 있다. 또한 루소는 경제가 정치의 하위 영역으로서 공익에 이바지해야 한다는 고대의 전통을 이어받음으로써 정치를 경제의 상위 영역으로 간주하려는 당대의 정치경제학과 다른 관점을 제시한다. 루소는 국민경제의 의미를 설명하기 위해 공적인 정치경제économie générale, ou politique와 사적인 가정경제économie domestique, ou particuliere를 구분하고, '국가'에 해당하는 정치사회societé politique와 '시민사회'와 유사한 특수 사회들sociétés particulieres을 구분하며, 민중과 지도자의 관심 및 의지가 일치하는 국가의 경제를 의미하는 민중 경제économie populaire와 정부와 민중의 의지가 대립하는 곳에 존재하는 참주 경제économie tyrannique를 구분한다. 이처럼 루소의 시대에 신조어로 등장한 '정치경제(정치경제학)'라는 용어는 이후 애덤 스미스와 마르크스를 거치면서 경제학을 의미하는 개념으로 굳어졌는데, 그 핵심은 근대 이전에는 불가능했던 정치와 경제의 대등함, 또는 정치를 경제의 하위 영역으로 간주하려는 인식이었다.

애덤 스미스의 『국부론』은 상업 사회의 세 가지 구성 요소(생산요소, 시장, 국가)와 그것들 간의 상호 관계 분석을 통해 중농주의 사상을 제조업에 적용한다. 『국부론』은 산업자본주의, 즉 근대적 공장제가 본격화하기 이전에 쓰였지만, 시장의 작동 방식과 분업의 원리 등 자본주의에 대한 종합적 분석을 시도한 최초의 저작이라고 말할 수 있다. 이 책은 '분업'에 대한 찬사를 담은 다음 문장으로 시작된다. '노동생산력의 가장 큰 개선과, 그것이 적용되었을 때의 숙련도와 솜씨, 판단력의 대부분은 분업의 결과였다고 생각된다.' 노동의 세분화와 전문화가 생산성을 크게 상승시켰다는 주장이다. 핀 공장에 관한 아래의 인용은 『국부론』에서 가장 유명한 대목이기도 하다.

> 한 사람은 철사를 펴고, 다음 사람은 그것을 똑바로 다듬고, 세 번째 사람은 그것을 자르고, 네 번째 사람은 그것을 뾰족하게 갈고, 다섯 번째 사람은 머리(바늘귀인용자)를 붙이

기 위해 그 끝을 깎는다. 머리를 만드는 데도 두세 가지 다른 작업이 필요하다. 그것을 붙이는 것도 하나의 독자적인 일이며, 핀을 하얗게 빛나도록 하는 것도 별개의 일이다. 그리고 그것을 종이로 포장하는 일조차, 그것만으로 하나의 작업이다. 핀을 만드는 중요한 일이 이렇게 약 18가지의 각각 다른 작업으로 분할되어 있는데, 그 모든 것이 각각 다른 일손에 의해 이루어지는 제조소도 있고, 때로는 같은 사람이 그 가운데 두세 가지 작업을 하는 경우도 있을 것이다. 나는 이런 종류의 작은 제조소를 본 적이 있는데 (……) 열심히 일하면 하루에 12파운드의 핀을 만들 수 있었다. 1파운드면 중형 핀이 4,000개가 넘는다. 그러므로 이 열 사람은 하루에 4만 8,000개 이상의 핀을 만들 수 있는 셈이다. (……) 그러나 만약 그들이 각자 독립하여 따로따로 모든 일을 하고, 또 아무도 이런 특정한 일을 위한 교육을 받지 않았다면, 그들은 틀림없이 혼자서 하루에 20개의 핀은커녕 한 개의 핀도 만들 수 없었을 것이다.[2]

애덤 스미스는 자연이 아니라 노동이 가치의 원천임을 주장한 경제학자이다. 중농주의를 따라 가치의 기원이 노동에 있음을 주장했으나, '농사 노동'을 강조한 중농주의와 달리 그는 '공장 노동'을 중심으로 그 주장을 펼쳤다. 경제학자들은 가치가 노동에서 만들어진다는 이 주장을 노동가치설이라고 부른다. 스미스는 국부, 즉 한 나라의 부는 황금의 양이 아니라 국민들이 소비할 물건, 곧 상품의 총량에 의해 결정된다고 생각했다. 그러므로 그의 관심은 어떤 방식의 노동이 제한된 시간 안에 더 많은 물건을 생산할 수 있는가의 문제에 집중될 수밖에 없다. 이 물음에 대한 그의 해답은 바로 '분업'이다. 요컨대 애덤 스미스의 분업 예찬은 그것의 놀라운 생산력에 대한 예찬이었다.

현대 사회는 분업이 사회 구성의 원칙으로 자리잡고 있으므로 현대인에게 분업은 특별한 의미로 경험되지 않는다. 하지만 애덤 스미스가 살았던 시대, 무엇보다도 자본주의가 처음으로 등장한 시기에는 사정이 전혀 달랐다. 앞에서 우리는 중세의 장인들이 어떤 방식으로 작업했는지, 그 과정에서 자신의 노동과 행동을 스스로 결정하고 주도한다는 것이 어떤 의미였는지에 대해 자세히 살폈다. 하지만 분업은 그 장인적인 방식의 노동과 공존할 수 없을 뿐만 아니라 노동자를 기계의 부속품으로 만듦으로써 종속적 위치로 격하시키고, 나아가 노동자에게서 자신의 신체에 대한 모든 권한을 박탈한다는 점에서 문제적인 것으로 인식되었다. 분업이 지닌 문제점에 대해서는 마르크스의 자본주의 비판에서 다시 살펴보기로 하고 분업에 대한 애덤 스미스의 주장을 조금 더 들어보자.

애덤 스미스에게 분업은 단순히 공장에서 물건을 만들 때의 역할 분담 정도에 그치지 않는다. 중세와 달리 그것은 시장을 중심으로 한 근대 사회의 작동 원리 중 하나이기도 하다. 여기에서 분업은 두 가지의 의미 모두를 포괄한다. 하나는 근대적 공장제에서 생산력을 높이기 위해 공정 자체를 세분화하는 것, 곧 우리가 공장 노동에서 흔히 목격하는 의미의 분업이다. 그리고 다른 하나는 사회의 구성 원리로서 분업은 곧 직업이라는 문제와도 연관된다. 사실 근대 이전 사회에서 사람들은 생활에 필요한 대부분의 것을 자신이 직접 생산했다. 식량은 직접 농사를 지어서 얻었고 부족한 물건은 주변 사람들에게 빌렸다. 당연히 이러한 사회구조에서는 이웃 관계나 친인척 관계가 결정적으로 중요하다. 또한 난방 재료인 땔감은 산에서 구해야 했고, 신발과 옷은 각자가 만들어야 했다. 이러한 삶의 방식에서는 부모로부터 물려받는 지식과 경험이 상당히 중요하다.

물론 생활에 필요하지만 개인의 능력으로 만들 수 없는 것도 있었다. 가령 화장품, 소금, 화약 같은 특별한 물품이나 금, 은, 비단 같은 고가품·귀중품은 개인이 만들 수 있는 것이 아니었다. 중세 시대에 시장은 이러한 물품을 제한적으로 거래하는 공간이었다. 이것들은 수입품이거나 특정한 전문가가 만들어서 공급한 것으로서 일반적으로 거래되는 것은 아니었다. 이처럼 자본주의 이전 사회에도 시장은 존재했지만 그 역할은 매우 제한적이었다. 시장이 사회 전체를 포괄하는 것이 아니라 매우 제한적인 기능만 수행했으므로 시장은 존재했으나 그 사회를 시장경제 사회라고 부르지는 않는다. 마찬가지로 근대 이전 사회에도 화폐는 존재했지만 당시의 화폐는 오늘날과 달리 제한적으로만 통용되었다. 제한적으로 통용되었다는 것은 화폐의 기능에 제한이 있다는 것, 즉 화폐로 모든 것을 구매하거나 지불할 수 있는 것이 아니었다는 의미이다. 따라서 이 시대에 화폐는 존재했지만 그 사회를 화폐경제 사회라고 부르지는 않는다.

오늘날은 사정이 다르다. 지금은 시장에서 생활에 필요한 모든 것을 구입할 수 있다. 아니, 시장에서 생활에 필요한 것을 구매하지 않으면 사실상 일상생활 자체가 유지되기 어려우므로 시장은 선택할 수 있는 대상이 아니다. 이처럼 시장을 중심으로 삶의 방식이 재편되자 이제 직업을 갖고 화폐, 즉 생활비를 벌어야 하는 시대가 되었다. 시장은 생활에 필요한 모든 것을 제공하지만, 시장에서 물건을 구매하기 위해서는 다른 무엇보다도 화폐가 있어야 한다. 시장이란 결국 '화폐'와 '상품'이 교환되는 곳이므로 이곳에 들어가기 위해서는 그 둘 중 하나를 소유하고 있어야 한다.

(1) 이익을 낳는 이 분업은, 본디 그것이 가져오는 전반적인 부를 예측하고 의도한 어떤 인간의 지혜의 결과는 아니다. 그것은 그런 드넓은 유용성을 고려하지 않은 인간 본성

속의 어떤 성향, 즉 어떤 물건을 다른 물건과 거래하고 교환하고 교역하는 성향의 매우 완만하고 점진적이긴 하나 필연적인 결과이다.

(2) 타인에게 어떤 교역을 제안하는 자는 누구라도 그렇게 하려고 한다. '내가 원하는 것을 나에게 주시오, 그러면 당신이 원하는 이것을 드리겠소' 하는 것이 바로 그런 모든 제안의 의미이고, 우리는 그런 식으로 해서 자신들이 필요로 하는 호의의 압도적인 대부분을 서로 손에 넣고 있다. 우리가 저녁 식사를 기대하는 것은 푸줏간, 술집, 빵집(주인-인용자)의 자비심이 아니라 그들 자신의 이해利害에 대한 배려이다. 우리가 호소하는 것은 그들의 인류애에 대해서가 아니라 자애심自愛心에 대해서이며, 우리가 그들에게 말하는 것은 결코 우리 자신의 필요에 의해서가 아니라 그들의 이익에 의해서이다.

(3) 우리가 협의, 교환, 구매에 의해 자신들에게 필요한 상호 원조의 대부분을 서로 획득하는 것처럼, 본디 분업을 일으키는 것도 거래한다는 것과 같은 성향이다. 수렵이나 목축의 종족 중에서 어떤 특정한 사람들은, 이를테면 활과 화살을 다른 누구보다도 쉽고 교묘하게 만든다. (……) 이런

식으로 세 번째 사람은 대장장이나 놋갓장이가 되고, 네 번째 사람은 미개인들의 옷의 주요 부분인 짐승 가죽의 무두장이나 마무리공이 된다.[3]

분업에 대한 애덤 스미스의 생각을 정리해보자.

첫째, 스미스는 분업이 교환하고 교역하는 '인간 본성 속의 어떤 성향'의 결과라고 주장한다. 한마디로 분업은 인간의 본성에 속하는 성향의 결과로서 그것이 역사 속에서 완만하고 점진적으로 드러나긴 했지만 필연적인 결과라는 것이다. 핀 공장의 사례에서 분업은 흔히 포드주의Fordism의 특징으로 손꼽히는 컨베이어벨트처럼 작업 공정이나 역할 등을 세분화하여 노동하는 것을 가리켰다. 하지만 사회의 운영 원리라는 넓은 맥락에서 보면, 특히 시장이라는 새로운 조건을 중심에 놓고 생각해보면, 사회는 전문적인 직업을 갖고 있는 수많은 사람들의 집합이기도 하다. 노동 방식에서 분업은 작업 공정이나 역할의 세분화를 뜻하지만, 사회 구성의 원리에서 분업은 직업을 의미한다고 말할 수 있다. 앞에서 살폈듯이 전자는 중세에서 근대로 넘어오는 시기에 처음 등장했지만, 후자는 근대 이전의 사회에서도 어느 정도 분화되어 있었다. 가령 유럽에서는 베이커(빵 만드는 이), 카펜터(목수), 테일러(옷 만드는 이), 밀러(방앗간 주인)처럼 조상의 직업을 자신의 성姓으로 쓰는 사례가 빈번했다. 우리의 경우에도

의원, 백정, 갖바치 등의 직업은 대를 이어 물려받는 것이었다. 즉 하나의 공동체가 유지되기 위해 필요한 특정한 일을 가족 단위로 나눠 맡는 이러한 방식은 사회적 분업이라고 말할 수 있다. 스미스는 사회적 분업을 포함한 일체의 분업을 인간 본성의 필연적 산물로 생각하는데, 이를 첫 번째 가설로 간주하는 것이 타당해 보인다.

둘째, 이익 가설이다. 스미스에게 인간은 자신의 이익을 추구하는 존재이다. 유럽 계몽주의자들과 마찬가지로 애덤 스미스는 인간을 합리적인 사고능력을 지닌 존재로 이해했는데, 그는 이 합리적인 사고능력을 이익의 문제와 연결시킨 것이다. 인간은 자신에게 이익이 되지 않는 행동을 하지 않으며, 따라서 인간의 모든 행동은 자신에게 이익이 된다는 판단에서 나온 것이라는 주장이다. 『국부론』에서 '보이지 않는 손'이라는 개념과 더불어 가장 유명한 문장, 그래서 가장 자주 인용되는 '우리가 저녁 식사를 기대하는 것은 푸줏간, 술집, 빵집(주인)의 자비심이 아니라 그들 자신의 이해에 대한 배려이다'라는 문장의 의미도 이와 다르지 않다. 스미스는 인간 행동의 동기는 자비심이나 인류애가 아니라 자애심自愛心, 즉 자신의 이익에 대한 고려라고 생각했다. 그런데 놀랍게도 그는 이 이익 가설에서 출발하여 정반대의 결론에 도달한다. 인간은 자신의 이익을 위해 행동하지만 결국 타인을 위한, 사회 전체의 이익을 위한 결과를 산출하는 데

도달할 수 있다는 것이다. 그에게 이 주장이 가능한 이유는 바로 '시장'이 존재하기 때문이다. 여기에서 드러나는 애덤 스미스의 탁월함은 개개인이 자신의 이익을 추구하는 데 열중하지만 그것이 결국 타인(사회 전체)에게 도움이 되는 결과를 가져온다는 발상이다. 그에 따르면 시장은 개인이 자신의 이익을 추구하는 열정과 행위가 사회 전체의 이익과 조화를 이루는 방향으로 나아가도록 만드는 시스템이다. 그리고 이때 사회를 특정한 방향으로 향하도록 만드는 힘을 가리켜 '보이지 않는 손'이라고 명명했다.

가령 애덤 스미스가 생각하는 시장은 이런 모습에 가깝다. 쌀 한 가마니를 10만 원에 파는 농부 A가 있다. 그는 자신이 농사일에 쓴 원가와 비용, 그리고 자신이 받아 마땅하다고 생각하는 일정량의 이윤을 합쳐서 쌀 한 가마니의 가격을 10만 원으로 결정했다. 쌀이 필요한 사람들은 그의 가게로 몰려들었다. 그런데 어느 날부터 농부 B가 동일한 쌀 한 가마니를 9만 5,000원에 팔기 시작했다. 그는 농부 A보다 원가와 비용이 낮게 쌀을 생산했을 수도 있고, 자신에게 돌아올 이익을 줄였을 수도 있다. 분명한 것은 그가 9만 5,000원에 쌀을 팔기 시작하자 소비자들이 모두 그의 가게로 몰려왔다는 사실이다. 만일 농부 B가 농부 A와 동일한 원가와 비용을 들여 쌀을 생산했다면 그는 박리다매를 통해 이윤을 획득하는 전략을 쓴 것이고, 품종개량이나 기술혁신을 통해 비용 대비 생산량을 늘렸다면 시장에서 지속적인 우위를 점할 가능성이 높다. 당연히 농부 A는 고민에 빠지게 될 것이다. 원가나 비용과 상관없이 경쟁에서 이기기 위해 쌀 가격을 9만 5,000원으로 내릴 수도 있고, 아니면 10만 원으로 유지하면서 적게 팔기로 결심할 수도 있다.

그러던 어느 날 이번에는 농부 C가 나타나서 쌀 한 가마니를 9만 원에 판매한다. 이 소식을 접한 소비자들이 이제부터는 일제히 농부 C의 가게로 몰려가기 시작한다. 이런 상황에 직면한 농부 A와 B는 모두 이익을 얻기 위해 노력할 것이고, 따라서 그들 또한 조만간 가격을 내릴 가능성이 있다. 애덤 스미스는 이처럼 아무런 제약이 없는 상태에서의 무한 경쟁, 자유방임 상태의 자본주의가 경쟁을 통해 상품의 가격을 원가에 근접하게 끌어내릴 것이라고 믿었다. 사람들은 누구나 자신이 생산한 물건이 팔리기를 원하는 법이며, 시장에서 동일한 물건을 다른 판매자보다 비싸게 내놓으면 경쟁에서 이길 승산이 없다는 것을 알고 있기 때문이다. 요컨대 자유방임 상태에서는 공급과 수요의 곡선에 따라 가격이 결정되며, 경쟁은 이 원리를 통해 상품의 가격을 끝없이 끌어내릴 것이라고 생각한 것이다. 그렇다면 상품의 가격은 어디까지 떨어질까? 이론상으로는 원가에 가장 근접한 가격까지, 아니 그 이하로 내려갈 가능성도 있다(밑지고 판다).

그런데 현실에서는 좀처럼 이런 상황이 발생하지 않는다.

왜 그럴까? 그것은 소비자만 합리적인 것이 아니라 판매자 또한 소비자만큼 합리적인 존재이기 때문이다. 실제로 자본주의가 시작된 후 애덤 스미스가 생각한 경쟁 시스템은 거의 현실화되지 않았다. 경쟁이 존재한다고 해도 모든 사람이 모든 종류의 상품을 만들어 판매할 수 있는 것은 아니므로, 상품의 종류에 따라 자유경쟁이 불가능하고 제한적인 경쟁만 발생할 수밖에 없는 경우도 있고, 이때 판매자들이 담합을 하면 사실상 시장은 경쟁이 아니라 집단적인 독점 상태가 된다. 이러한 담합과 제한적 경쟁은 오늘날 우리 주변에서 얼마든지 찾아볼 수 있다. 가령 제조사에 따라 휘발유, 휴대전화, 통신비, 신발, 자동차, 가전제품 등을 만드는 데 소요되는 원가와 비용은 제각각일 수밖에 없을 터인데, 실제로 그 상품이 시장에서 판매되는 가격은 거의 동일한 경우가 대부분이다. 정부는 공정거래위원회 등 다양한 기구를 만들어 기업들의 담합행위를 감시하고 처벌하고 있지만 사실상 임시적인 사후 조처에 불과하다. 애덤 스미스는 시장이 경쟁을 통해 발전할 것이라고 믿었으나 우리가 경험하는 자본주의는 그와 정반대, 그러니까 독점과 담합을 통해 지금에 이르렀다. 이는 시장이 경쟁의 공간이라고 주장하는 자유주의자들의 생각이 이론적으로만 가능한 것임을 말해준다.

현대 사회에서는 담합이 아니라도 자본의 규모가 차이 나서 자유경쟁 자체가 불가능해질 수도 있다. 만일 오늘날 시장이 애덤 스미스의 주장처럼 완전한 방임 상태에서의 자유경쟁에 의해 운영된다면 몇몇 대기업을 제외한 나머지 중소기업은 사실상 전멸하거나 대기업의 하청기업으로 전락할 가능성이 높다. 아니, 이것은 가능성이 아니라 우리가 목격하고 있는 현실이다. 휴대전화 한 대를 판매할 때마다 수십만 원의 보조금을 지급할 수 있는 자금력을 지닌 기업과 휴대전화를 잘 만들 수 있는 기술력은 지니고 있지만 보조금 경쟁을 할 수 없는 작은 기업이 시장에서 자유경쟁을 한다면 어떤 결과가 초래될까? 휴대전화만이 아니다. 이러한 사례의 대표적인 경우가 동일한 상품이 대형 마트와 동네 편의점에서 각각 다른 가격으로 판매되는 것이다. 사람들은 흔히 동일한 상품, 가령 500밀리리터 용량의 생수 한 병의 판매 가격이 대형 마트에서는 300원 정도인 데 반해 동네 편의점에서는 500원이 넘는 가격에 팔리는 상황을 놓고 편의점이 폭리를 취한다고 비난하곤 한다. 대형 마트에 비해 편의점의 판매 가격이 비싼 것은 분명한 사실이다. 그런데 소비자는 동일한 제품이 대형 마트와 동네 편의점에 각기 다른 가격으로 납품된다는 사실, 그러니까 원가 자체가 다르다는 데에는 관심이 없다.

일반 소비자가 생수 한 병의 입고 가격을 정확히 알 수는 없다. 하지만 편의점에서는 생수를 400원에 공급받아 500원 정도에 판매하는 반면에 대형 마트는 동일한 제품을 250원에 공급받아 300원 정도에 판매한다고 보면 된다. 그러니까 대형 마트는 그 생수를 300원에 팔아도 이익이 발생하지만 편의점이 그것을 300원에 판매하면 망하는 것은 시간문제일 것이다. 이런 경우 생수 시장에서 자유경쟁을 한다면 막대한 자본력과 유통 권력을 앞세운 대형 마트가 시장을 독점할 것은 뻔하다(그렇지만 편의점은 소비자와의 접근성 면에서 유리하기 때문에 유지될 수 있다). 특히 그렇게 해서 독점적인 위치를 점했을 때에도 대형 마트가 생수를 예전처럼 300원에 판매할지는 의문이다(대형 마트 간의 경쟁이 가격 상승을 억제할 수는 있다).

셋째, 분업은 한 사회나 공동체 내에서 개인이 맡은 역할, 특히 직업의 문제와 직결되어 있다. 이 경우 분업에는 교환이 전제되어야 한다. 사회 구성원들은 자기(직업)의 생산물을 교환함으로써 과거에는 각자 책임져야 했던 일상의 많은 일을 비교적 손쉽게 처리할 수 있다. 이러한 직업의 분화는 자본주의 체제가 등장하기 이전에도 존재했다. 다만 그때의 직업은 개인의 선택이나 경쟁의 산물이 아니라 물려받는 것이었다는 점에서 오늘날의 직업 개념과 사뭇 다르다. 과거의 역할 분담에도 사회적 인정의 정도 등 위계는 존재했다. 자본주의 이전의 사회라고 해서 공동체 내에서 개인에게 할당된 역할이 평등한 것으로 간주되지는 않았다. 하지만 자본주의 사회에서 직업의 위계화는 한층 심해졌다. 경제적 이익 등에 유리한 직업의 수가 제한되어 있기 때문에 사람들은 그 자리를 차지하기 위해 필사적으로 경쟁한다. 애덤 스미스는 '수렵이나 목축의 종족 중에서 어떤 특정한 사람들은, 이를테면 활과 화살을 다른 누구보다도 쉽고 교묘하게 만든다'라고 말함으로써 마치 직업이 타인에 비해 뛰어난 능력을 지닌 사람이 자연스럽게 선택하는 일처럼 기술하고 있지만, 자본주의 사회에서 활과 화살을 다른 누구보다 쉽고 교묘하게 만드는 능력은 선천적인 것이라기보다 그것을 반복함으로써 길러진 능력이다. 즉 자본주의 사회는 직업을 통한 사회적 분업의 방식으로 작동하지만, 그때의 직업은 그 일을 유능하게 처리하기 때문에 맡겨지는 것이 아니다. 반대로 우리가 특정한 일에서 뛰어난 능력을 발휘하는 것은 그것을 직업으로 삼음으로써 오랫동안 반복했기 때문에 생긴 결과이다.

> 분업을 일으키는 것이 교환하는 능력인 것처럼, 분업의 정도도 그 능력의 정도에 따라, 다시 말하면 시장의 크기에 따라 항상 제한되지 않을 수 없다. 시장이 매우 작으면, 아무도 한 가지 일에 전념하고자 하는 마음이 생기지 않는다.[4]

분업의 정도는 각 사회마다 다를 수밖에 없다. 이때 분업의 정도를 결정하는 것은 시장의 크기이다. 시장이 크다는 것은 소비자가 많이 존재한다는 의미이다. 그런데 자본주의 역사에서 시장의 크기는 점차 세분화하는 분업(직업)과 같은 방향으로 흘러왔다. 최근에는 대형 쇼핑몰이나 대형 마트처럼 집중화된 판매 방식도 등장했지만, 산업혁명기부터 최근에 이르기까지 판매 방식의 변화를 살펴보면 다양한 종류의 상품을 취급하던 종합 판매(백화점) 방식에서 특정한 물품만 판매하는 이른바 '전문점'의 형태로 바뀌어왔음을 알 수 있다. 전문점이 등장하기 위해서는 조건이 필요하다. 소비자의 취향이 전문점을 선호할 정도로 세분화되어야 하며, 특히 전문적인 물건을 판매하면서도 이익을 얻을 수 있을 만큼 일정한 규모의 소비자가 존재해야 한다는 것이다. 이러한 조건이 갖춰진 곳은 주로 대도시이므로 도시가 클수록 분업의 정도 또한 한층 세분화된다고 말할 수 있다. 지방의 소도시나 관광지를 여행하다 보면 온갖 상품을 판매하는 작은 가게를 목격하게 된다. 기념품은 물론이고 옷, 식품, 심지어 음식까지 한 가게에서 판매하는 경우가 많은데, 이처럼 전문화가 덜 진행된 곳은 시장의 크기가 상대적으로 작다는 것을 의미한다. 달리 말해 특정한 상품만 전문적으로 판매하는 가게를 운영해서는 이익을 기대하기 어려울 정도로 손님이 적다는 뜻이다.

이상에서 살폈듯이, 애덤 스미스는 『국부론』을 통해서 중농주의적 시각에 기초하여 분업과 교환을 중심으로 자본주의적 시장원리를 설명했다. 그에게 분업은 제한된 시간에 더 많은 상품을 생산함으로써 결국 국가의 부를 증대시키는 유일무이한 방법으로 인식되었다. 그리고 이러한 사고방식은 시장만이 아니라 국가를 운영하는 데도 중요한 원리로 제시되었다. 그런데 애덤 스미스의 주장에서 가장 중요한 것은 시장에서의 교환 척도일 것이다. 스미스의 주장에 따르면 시장은 교환의 공간이고, 그곳에서 교환의 척도는 노동이다. 즉 시장에서 물건과 물건을 교환하는 것은 '노동'과 '노동'을 교환하는 것과 같다는 것이다. 그는 시장에서의 교환 과정에서 '이용'과 '구매력'을 기준으로 사용가치와 교환가치를 구분했고, 교환의 가치척도를 '노동'으로 정의했다. 훗날 경제학자 데이비드 리카도David Ricardo(1772~1823)는 여기서 한 걸음 더 나아가 '투하노동가치설'을 주장했다. 시장에서 교환되는 상품의 가치는 투하된 노동의 양에 비례한다는 것이다. 애덤 스미스에서 리카도로 이어지는 노동가치설의 기본적인 이론은 이후 마르크스에게 비판적으로 계승되었으며, 마르크스의 잉여가치 개념이 등장하는 계기가 되었다.

08

자본의 얼굴을 한 야만

칼 마르크스의 『자본론』

애덤 스미스의 『국부론』이 출간되고 약 90년이 지난 후 칼 마르크스의 『자본론』(1867년) 1권이 출간되었다. 마르크스는 이미 「헤겔 법철학 비판 서설」(1844년)에서 '부르주아 사회의 해부학은 정치경제학에서 찾아야 한다는 결론'[1]에 이르렀다고 말한 바 있는데, 역시 『자본론』에는 '정치경제학 비판'이라는 부제가 달려 있다. 근대 경제학의 역사에서 정점에 위치한 이 두 권의 책은 자본주의에 대해 전혀 다른 입장을 보여준다. 『국부론』이 자본주의를 옹호하며 이론적으로 정초한 책이라면, 『자본론』은 자본주의의 문제점을 지적하고 자본주의 이후에 대한 상상을 자극한 책이라고 평가할 수 있다.

앞에서 밝혔듯이 애덤 스미스가 『국부론』을 쓸 무렵의 유럽, 특히 영국은 전례를 찾기 어려운 경제적 호황을 누리고 있었고 자본주의가 태동하는 시기였다. 애덤 스미스는 이 현상을 설명하고자 한 것이다. 한편 마르크스가 『자본론』을 쓸 무렵에는 유럽 전체에서 공장제 기계공업으로 인해 노동자의 수가 기하급수적으로 증가한 반면에 그들의 생활이나 처우 등은 크게 나아지지 않거나 오히려 악화되는 시기였다. 게다가 1840년대에는 유럽 전체에 심각한 경제위기와 흉년이 발생해서 그 어느 때보다 가난한 사람들의 불만이 컸으며, 여기에 봉건적인 권력을 밀어내고 정치적 주도권을 잡으려는 부르주아와 자유주의자들의 움직임 또한 본격화되고 있었다. 한마디로 말해 마르크스의 『자본론』은 이러한 혁명적 분위기 속에서 집필되었으며, 그 책의 핵심 내용은 자본주의가 왜 문제이고, 그것을 어떻게 넘어설 것인가에 대한 실천적 고민이었다.

칼 마르크스는 1818년 독일의 교양 있는 소시민 가정에서 태어났다. 그의 아버지는 변호사였다. 마르크스는 본과 베를린에서 법학과 철학을 전공했으나 실제 그의 관심은 당시 지배적인 철학자였던 헤겔과 젊은 헤겔주의자들에게 집중되어 있었다. 그는 1841년 예나 대학교에서 박사학위를 취득했다. 마르크스가 활동하던 19세기 중반의 유럽은 혁명의 시대였다. 1848년 유럽 전역에서 발생한 혁명을 '국민국가들의 봄Spring of Nations'이라고 부르기도 한다. 역사학자들은 당시 유럽 전체를 혁명의 소용돌이에 몰아넣은 이 변화의 원인을 프랑스 혁명으로 달성된 근대적 시민 사상의 정착, 영국에서 시작된 산업혁명의 진전에 의한 자본주의 경제의 급속한 발전, 노동자 계급의 등장에 따른 사회주의의 광범한 전개 등에서 찾는다. 이러한 변화의 중심에는 무엇보다도 프랑스의 2월 혁명이 있었다. 마르크스는 이 혁명의 한가운데에서 자신의 생각을 만들어나갔고, 프리드리히 엥겔스Friedrich Engels(1820~1895)와의 만남 이후에는 본격적으로 공산주의자의 길을 걸었다.

잠시 마르크스가 살았던 1840년대, 정확히는 1848년의 유럽 상황을 살펴보자.[2] 그해에 프랑스를 시작으로 독일, 오스트리아 등 유럽 국가들에서 연쇄적으로 혁명의 깃발이 등장했다. 1848년의 혁명은 대략 두 가지의 방향에서 이해할 수 있다. 하나는 유럽에 잔존하고 있던 봉건적 지배 세력과 새롭게 사회의 주도 세력으로 성장한 부르주아의 대립, 즉 정치적 측면이다. 다른 하나는 산업혁명 이후 급속하게 확대·발전된 자본주의와 그로 인한 노동자들의 불만, 특히 노동자들의 목소리가 점차 조직화되기 시작함에 따라 생겨난 사회경제적 측면이다. 이 두 요인은 개별 국가의 상황에 따라 다른 방식으로 조합되면서 1848년 혁명의 주요 원인으로 기능했다.

1848년 혁명의 출발점은 프랑스였다. 프랑스 대혁명으로 구체제의 왕정이 무너지고 나폴레옹이 권좌에 오른 이후, 나폴레옹의 득세는 유럽 전체를 뒤흔드는 결과를 초래했다. 워털루 전투(1815년)에서 나폴레옹을 제압한 유럽 열강의 권력자들은 이를 계기로 자신들의 나라에서도 혁명이 일어날 수 있다는 위기감을 느꼈다. 그래서 그들은 1815년 오스트리아의 수도 빈에 모여 유럽을 프랑스 혁명 이전의 상태로 되돌리자는 결정을 한다. 흔히 이 결정을 '빈 체제'라고 부르며, 당시 이를 주도한 사람은 오스트리아의 재상 클레멘스 벤첼 로타어 폰 메테르니히Klemens Wenzel Lothar von Metternich(1773~1859)였다.

하지만 봉건적인 권력자들의 기대와 달리 유럽 각지에서는 민족주의와 자유주의의 움직임이 가시화되고 있었다. 가장 먼저 움직인 것은 이탈리아였다. 1848년 1월 이탈리아 남부의 시칠리아가 나폴리 왕국으로부터의 독립을 선언한 것이다. 2월에는 프랑스에서 혁명이 발발했다. 당시 프랑스는 대혁명의 결과로 입헌군주제를 도입한 상태였으나 민중은 왕정을 종식시키고 공화정을 수립한다는 목표를 내걸고 다시 혁명을 일으켰다. 프랑스는 1830년에 성립한 7월 왕정 이후 은행가와 대상인 등의 대大부르주아가 중소 부르주아, 노동자, 농민 등을 부당하게 억압하고 있었다. 하지만 산업혁명의 진전은 중소 부르주아와 노동자 계급에 힘을 실어주는 계기가 되었고, 결국은 대부르주아의 지배에 불만을 품은 중소 부르주아와 노동자들의 반反정부 투쟁을 불러일으킨 것이다. 프랑스의 2월 혁명은 유럽의 많은 나라를 자극했다.

이어서 3월에는 프로이센과 오스트리아에서 혁명이 일어났다. 독일 혁명은 민족주의와 자유주의를 억압한 반동적인 지배층에 대항한 자유주의자들의 저항이라는 성격이 강했다. 하지만 그 밑바닥에는 농민과 노동자, 도시민의 생존을 위기에 빠뜨린 1840년대의 경제위기가 있었다. 즉 독일 혁명은 정치적 성격과 경제적 성격이 동시에 있었으나 전자는 주로 사회의 소수였던 부르주아의 관심사였던 반면에 후자는 1840년대의 경제위기로 인해 굶주림을 피하기 어려웠던 대다수 기술자와 노동자의 문제였던 것이다. 혁명은 부르주아의 저항으로 시작되었으나 대중을 동원하고 지지를 획득하지 못하는 한 그들의 저항은 무력할 수밖에 없었다. 영국과 달리 당시 독일은 농업이 중심인 사회였다. 1840년대에 시작된 경제위기, 특히 1847년에 발생한 흉작은 농민들이 혁명에 참여하는 계기가 되었다. 1848년 독일과 오스트리아에서 발생한 혁명은 역사에서 실패한 혁명으로 평가받지만 빈 체제를 주도한 메테르니히가 총리직에서 물러나는 결과를 가져왔다.

오스트리아 혁명은 동유럽의 질서에 변화를 가져왔다. 오스트리아는 합스부르크 왕가가 지배하는 곳으로, 동유럽 전체를 자신들의 영향권 안에 두고 있었다. 그런데 오스트리아에서 혁명이 일어나자 오스트리아의 지배를 받던 헝가리가 독립 전쟁을 선포하고 나섰다. 민족주의에 자극받은 이러한 독립 전쟁은 합스부르크 왕가가 지배하고 있던 이탈리아 북부 지역에서도 발생했고, 6월에는 체코 등지에서 분리주의 운동이 시작되었다. 7월에는 영국의 지배를 받던 아일랜드에서 봉기가 발생했다. 여기에 1849년 덴마크가 입헌군주제를 받아들인 사건, 그리고 비슷한 시기에 영국에서 노동자 계급이 주체가 되어 발생한 정치적 권리, 특히 보통선거권의 획득을 위한 참정권 운동 등을 추가하면 당시 유럽의 정치적 상황을 쉽게 떠올릴 수 있다. 영국에서 발생한 이 운동은 흔히 '차티스트 운동Chartist Movement'으로 명명되는데, 보통선거를 바탕으로 한 의회 민주주의 실시를 주장한 최초의 노동운동이라는 점이 핵심이다.

마르크스는 이처럼 혁명의 기운이 전 유럽을 휩쓸고 있는 시기에 본격적인 활동을 시작했으니 그가 남긴 저작들, 가령 『경제학 철학 수고』(1844년), 『독일 이데올로기』(1845년), 『공산당 선언』(1848년) 등은 모두 혁명적인 분위기에서 집필되었다고 말할 수 있다.

마르크스는 1848년 독일 혁명이 실패한 후 독일을 떠나야 했다. 그는 당시 유럽 자본주의의 중심이라고 말할 수 있는 런던으로 이주하여 활동을 이어갔다. 1850년대 이후 마르크스의 주된 관심사는 경제, 특히 자본주의에 대한 근본적인 분석이었다. 이 시기에 집필된 책인 『정치경제학 비판 요강(그룬트리세)』

(1857~1858년), 『잉여가치론』(1861~1863년)의 면면을 살펴보아도 그것을 금세 알 수 있다. 마르크스는 1859년에 『정치경제학 비판을 위하여』의 첫째 권을 출판했으나 이 기획은 이어지지 않았고, 대신 1867년에 『자본론』의 첫째 권을 출간했다. 마르크스는 1883년에 사망했으며, 『자본론』의 둘째 권과 셋째 권은 각각 마르크스 사후인 1885년과 1894년에 친구이자 동지인 엥겔스에 의해 편집·출판되었다.

마르크스는 자본주의적 생산이 인간의 참된 욕망을 충족시키는 생산이 아니라고 생각한다. 요컨대 그것은 사용가치의 창조가 아니라 교환가치를 지닌 상품을 생산함으로써 그것을 이용하여 화폐적 이윤을 실현하는 데만 몰두하는 경제체제인 것이다. 실제로 자본주의에서 사용가치는 교환가치를 추구하는 수단의 위치로 전락한다. 또한 자본주의는 시장에서의 교환, 법적인 형식을 띤 교환이 자유로운 상태에서 진행되는 것처럼 이야기하지만 실상은 그 자유로움이 불평등한 교환을 은폐하는 가면에 불과하다고 지적한다. 마르크스가 활동하던 당시 이러한 자본주의적 생산의 중심지는 영국, 특히 런던이었다. 이런 이유에서 그는 『자본론』의 서문에 이렇게 쓰고 있다.

'내가 이 책에서 연구해야 하는 대상은 자본주의적 생산양식과 그 양식에 상응하는 생산관계, 그리고 교환관계이다. 그것들이 전형적으로 나타난 장소는 지금까지는 영국이다. 이것이

바로 나의 이론적 논의에서 주로 영국의 사례가 사용되는 이유이다.'

또한 자본주의 자체에 대한 마르크스의 시각은 자본의 본원적 축적 과정을 설명하는 부분에 등장하는 다음의 진술에서 명시적으로 확인된다. '오지에Augie(19세기에 활동한 프랑스의 극작가)가 말하듯 화폐가 뺨에 자연의 핏자국을 묻히고 이 세상에 태어난다면, 자본은 발끝까지 모든 털구멍에서 피와 오물을 흘리면서 태어난다.'[3]

> 노동이 배분되기 시작하자마자, 모든 개인은 그들에게 강요되는, 그들이 벗어날 수 없는 특정한 배타적인 활동의 영역을 갖게 된다. 그는 한 사람의 사냥꾼이거나 한 사람의 어부, 목동, 비판적 비판가일 뿐이며, 생계 수단을 잃지 않으려면 계속 그렇게 살아야 한다. 반면에 아무도 하나의 배타적인 활동의 영역을 갖지 않으며 모든 사람이 그가 원하는 분야에서 자신을 도야할 수 있는 공산주의 사회에서는 사회가 전반적 생산을 규제하게 되고, 바로 이를 통하여 내가 하고 싶은 그대로 오늘은 이 일, 내일은 저 일을 하는 것, 아침에는 사냥하고 오후에는 낚시하고 저녁에는 소를 치며 저녁 식사 후에는 비판하면서도 사냥꾼으로도 어부로도 목동으로도 비판가로도 되지 않는 일이 가능하게

된다. (……) 이와 같은 '소외'는 당연히 오직 두 가지 실제적 전제하에서만 지양될 수 있다. 이 소외가 하나의 '견딜 수 없는' 힘으로 되기 위해서는, 다시 말해서 그것에 대항하여 인간이 혁명을 일으키는 그러한 힘으로 되기 위해서는, 이 소외가 완전한 '무산자'로서의 인간 대중을 산출하되 이와 동시에 현존하는 부의, 그리고 문명의 세계와 모순된 채로 산출하는 것이 필요한데 이 양 전제는 생산력의 거대한 상승-고도의 생산력 발전을 전제한다.[4]

마르크스의 『자본론』은 자본주의적 생산양식에 대한 분석이 목표이다. 마르크스는 상품과 화폐의 관계에서 시작해 경제학적 관점에서 자본주의적 생산양식을 분석하고 있으며, 산업자본주의는 잉여가치와 착취 등으로 인해 궁극적으로 이윤율이 급락해 붕괴될 것이라고 예고한다. 마르크스는 노동자들이 읽기를 바라는 마음으로 이 책을 썼다고 알려져 있지만, 이 책은 당대의 경제학자들, 특히 마르크스가 '정치경제학'이라고 표현한 지배적인 학자들의 학설에 대한 비판의 성격을 띠고 있어서 경제학 지식이 부족한 독자들은 사실상 이해하기가 어렵다. 그래서 이 시기에 마르크스가 자본주의에 대해 갖고 있었던 비판적인 문제의식, 그리고 자본주의 이후에 대한 그의 생각을 살피는 데에는 프리드리히 엥겔스와 함께 쓴 『독일 이데올로기』의 전반부를 읽어보는 것이 한층 손쉬운 접근법이다.

『독일 이데올로기』를 쓸 무렵 마르크스는 벨기에의 브뤼셀에 머물고 있었다. 그 직전 시기인 1843~1845년 마르크스는 프랑스 파리에서 급진 좌파 언론인 〈독불연보〉의 편집자로 활동하면서 프랑스와 독일 좌파들의 다리 역할을 맡았다. 하지만 이 매체는 창간호에 하인리히 하이네Heinrich Heine(1797~1856)가 바이에른의 국왕 루드비히 1세를 풍자한 작품을 게재한 것이 문제가 되어 곧바로 폐간되었다. 〈독불연보〉가 폐간되자 마르크스는 파리에 근거를 두고 있던 독일의 좌익계 매체인 〈전진〉에 글을 기고하면서 활동을 모색했으나, 1845년 프로이센의 요청을 받은 프랑스는 그 매체를 폐간시키고 마르크스를 국외로 추방했다. 프랑스에서 추방된 마르크스는 현실 정치에 관한 글을 일체 쓰지 않겠다는 서약서를 제출하고 벨기에에 입국할 수 있었고, 브뤼셀에 머물면서 유럽 각지에서 망명해온 사회주의자들과 친분을 나누었다. 이때 엥겔스도 마르크스를 뒤따라왔으며, 그들은 그곳에서 『독일 이데올로기』를 함께 집필했다.

이 책에서 마르크스는 노동의 배분, 즉 사회적 분업이 인간에게 가져다주는 문제를 집중적으로 비판한다. 앞에서 살폈듯이 애덤 스미스는 분업과 교환이 자본주의는 물론 인간의 본성에서 기원하는 행동이라고 주장했고, 국가에 막대한 부를 가져다준다는 점에서 분업을 예찬했다. 하지만 앞의 인용에 나오듯이 분업에 대해 이야기할 때 마르크스의 관심은 생산량이 아니라 노동자, 즉 인간에게 맞춰져 있었다. 마르크스는 노동의 사회적 배분, 그러니까 오늘날처럼 특정한 일(직업)이 특정한 사람에게 배분되고, 그로 인하여 그 사람들이 특정한 배타적 활동의 영역을 갖게 되는 문제를 부정적으로 보았다. 반면에 그는 인간이 특수한, 배타적인 영역에 묶이지 않고 자신이 원하는 모든 일을 마음껏 하는 사회, 가령 '아침에는 사냥하고 오후에는 낚시하고 저녁에는 소를 치며 저녁 식사 후에는 비판하면서도 사냥꾼으로도 어부로도 목동으로도 비판가로도 되지 않는 일'을 이상적 상태로 제시한다. 모든 사람이 저마다 하고 싶은 일을 하는 사회, 한 사람이 '사냥'에서 '비판'에 이르는 모든 활동을 수행하는 사회에는 직업이라고 부를 만한 것이 존재하지 않는다. 그 사회에는 '직업'은 존재하지 않고 대신 다양한 '활동'만 존재한다고 말할 수 있다. 앞에서도 언급했듯이 실제로 인류의 역사를 거슬러 올라갈수록, 현대 사회에서 점점 멀어질수록 인간은 배타적인 직업이 아닌 다양한 활동으로 자신의 일상을 구성했다.

여기서 오해하지 말아야 할 것은 마르크스가 비판하고 있는 핵심이 분업 그 자체가 아니라 그것이 '자유의지에 따른 것이 아니'라는 사실이다. 오늘날 우리가 직업을 갖는 방식에서도 알 수 있듯이, 자본주의 사회에서 사회적 분업으로서의 직업은 '자유 선택'이라는 형식을 지니고 있긴 하지만 사실상 개인에게 강요되고 있다는 것이 그의 주장이다.

마르크스는 또한 다른 글에서 '노동자에게는 일할 자유와 굶어 죽을 자유밖에 없다'라는 말로 자유라는 언어의 환상을 비판했는데, 토지에서 쫓겨난 빈농들이 보여주었듯이 근대 자본주의 사회에서 자유는 경제적인 부를 쌓아두고 있는 일부 특권층만 누릴 수 있는 것이라고 보았다. 자신의 의지와 무관하게, 그렇지만 마치 자신의 자유의지에 따라 선택한 것처럼 주어진 직업에 종사하며 근대인들은 하루 종일, 평생, 특정한 행위만 반복해야 하는 운명에 직면하게 된다는 것인데, 채플린의 영화 「모던 타임스」에 등장하는 노동자들이 대표적이다. 그들은 왜, 무엇을 만들기 위해 나사를 돌려야 하는지도 모른 채 하루 종일 나사를 돌린다. 그리고 점점 미쳐간다. 그 결과 나사와 유사하게 생긴 것을 보면 무엇이든 돌려야 한다는 강박에 사로잡힌다.

노동자는 부를 보다 많이 생산하면 할수록, 그의 생산이 힘과 범위에 있어 더욱 증대되면 될수록 더욱더 가난해진다. 노동자는 상품을 보다 많이 창조하면 창조할수록 더욱더 값싼 상품이 된다. 사물 세계의 가치 증식에 인간 세계의 가치 절하가 정비례한다. 노동은 단지 상품만 생산하는 것이 아니다. 그것은 자기 자신과 노동자를 하나의 상품으로서, 게다가 그것이 일반적으로 상품을 생산하는 것에 비

> 례하여 생산한다. 이 사실은 다음의 것을 표현할 따름이다. 노동이 생산하는 대상, 즉 노동의 생산물이 하나의 낯선 존재로서, 생산자로부터 하나의 독립적인 힘으로서 노동과 대립한다는 것. 노동의 생산물은 하나의 대상 속에 고정된, 사물화된 노동인 바, 이는 노동의 대상화이다. 노동의 현실화는 노동의 대상화이다. 노동의 이러한 현실화는 국민경제학적 상태에서는 노동자의 탈현실화로서, 대상화는 대상의 상실과 대상에 대한 예속으로서, 전유專有는 소외疎外로서, 외화外化로서 나타난다.[5]

특히 마르크스는 분업에서 소외alienation라는 개념을 이끌어낸다. 위의 인용은 자본주의적 생산이 발생시키는 '소외'를 네 가지의 맥락에서 설명하고 있다. 첫째, 노동 생산물로부터의 소외. 이것은 자본주의적 노동에서 생산물은 생산 주체인 노동자의 것이 아니라 자본가의 소유물이라는 것을 의미한다. 둘째, 노동(생산활동) 그 자체로부터의 소외. 이것은 자본주의적 노동에서 노동자는 자신의 노동에서 아무런 의미를 발견해내지 못하며, 따라서 노동은 오직 고통스럽고 지겨운 것으로만 경험된다는 것을 의미한다. 셋째, 유적類的 소외. 마르크스는 인간을 유적인 존재species-being, 그러니까 특정 집단 안에서 사회적 관계를 맺으며 살아가는 존재로 이해했다. 하지만 분업은 인간에게서 이러한 유적인 특징을 박탈하고 기계적 노동의 한 부분으로 전락시킨다. 넷째, 타인으로부터의 소외(사회성으로부터의 소외). 자본주의적 생산에서 우리는 고용된 존재로 타인과 접촉하며, 이 과정은 타인과 자유롭게 관계 맺을 가능성을 박탈한다. 공장에서 노동자들의 관계는 긍정적인 의미에서의 인간적·사회적 관계라기보다는 경쟁적·사무적 관계인 경우가 대부분이다.

소외에 대한 이런 설명이 지나치게 어렵게 느껴진다면 앞에서 설명했던 중세 장인의 작업 과정과 자본주의 시대 노동자의 작업 과정을 비교해보면 좋을 듯하다. 산업자본주의 시대에 근대적 공장제의 대표적인 사례는 자동차 공장이다. 19~20세기에 자동차를 만드는 과정은 수많은 공정으로 분할되어 진행되었다. 각 공정마다 다수의 노동자가 기계에 들러붙어 자신을 향해 밀려드는 물량을 처리한 후 다음 공정으로 넘겨야 했고, 이러한 공정의 분할과 반복적인 노동과정으로 인해 기술이 전혀 없는 사람도 시간이 지나면 노하우를 습득하게 되었다. 문제는 그 공정에 대한 노하우가 아무리 쌓여도 자동차에 대한 지식은 물론이고 자동차를 만드는 일에 대한 전반적인 노하우로 연결되지 않는다는 사실이다. 자동차를 만드는 공정에 투입된 노동자는 자신이 지금 하고 있는 노동이 자동차가 움직이는 데 어떻게 기능하는지, 또는 자신이 어떤 부분을 만들고 있는지 알기 어렵다. 설령 자신이 맡은 부분에 대해 상당한 지식을 쌓는다고 해도, 그것은 자동차에 대한 지식이 아니라 특정 부분에 대한 지식일 뿐이다. 출고를 앞둔 자동차에 타이어 끼우는 작업을 20년 이상 한다고 해서 그가 자동차에 대해 알 수 있는 게 얼마나 될까?

이처럼 분업은 작업 과정을 분할함으로써 생산량을 높일 수는 있지만 생산물에 대한 노동자의 이해에는 아무런 도움을 주지 못한다. 특정 부분을 맡은 노동자는 죽을 때까지 그 작업을 해도 부분만 알 수 있을 뿐이다. 마르크스가 '분업'의 대척점으로 '내가 하고 싶은 그대로 오늘은 이 일, 내일은 저 일을 하는 것, 아침에는 사냥하고 오후에는 낚시하고 저녁에는 소를 치며 저녁 식사 후에는 비판'하는 행위를 제시한 까닭도 이것이다. 마르크스는 유적 존재로서의 인간이 자유의지에 따라 다양한 활동으로 자신의 일상을 살아나갈 때, 그리하여 특정한 직업에 배타적으로 묶이지 않을 때가 진정한 해방의 순간이라고 생각한 것이다. 애덤 스미스는 분업과 교환을 인간 본성의 차원에까지 올려놓았지만, 마르크스가 보기에 자본주의에서의 분업은 오히려 인간 소외를 생산할 뿐이다. 마르크스는 이러한 자본주의적 모순을 극복해나가는 과정을 '공산주의'라고 불렀으니, 오해와 달리 그것은 하나의 이상적 상태가 아니라 부조리한 현실을 극복하는 과정 자체에 부여된 이름이었던 것이다.

화폐를 통하여 나에게 존재하는 것, 내가 그 대가를 지불하는 것, 즉 화폐가 구매할 수 있는 것, 그것이 나, 즉 화폐 소유자 자신이다. 화폐의 힘이 크면 클수록 나의 힘도 크다. 화폐의 속성들은 나(화폐 소유자)의 속성들이요 본질력들이다. 따라서 내가 무엇이고 무엇을 할 수 있는가는 결코 나의 개성에 의해서 규정되지 않는다. 나는 추하다. 그러나 나는 아름답기 그지없는 여자를 사들일 수 있다. 따라서 나는 추하지 않은데 왜냐하면 추함의 작용, 즉 추함이 갖고 있는 사람들을 질색케 하는 힘은 화폐에 의해서 없어지기 때문이다. 나는 (나 개인으로 보아서는) 절름발이다. 그러나 화폐는 나에게 24개의 다리를 만들어준다. 따라서 나는 절름발이가 아니다. 나는 사악하고 비열하고 비양심적이고 똑똑하지 못한 인간이지만 화폐는 존경받으며, 따라서 화폐의 소유자 또한 존경받는다. 화폐는 지고의 선善이며, 따라서 그 소유자도 선하다. (……) 만약 내가 여행할 돈이 없다면, 나는 여행의 욕구, 즉 자기실현을 위한 현실적인 여행 욕구를 가지고 있지 못한 것이다. (……) 화폐는 현존하며 활동하고 있는 가치의 개념으로서 만물을 혼동시키고 전도시키기 때문에, 화폐는 만물의 보편적 혼동이요 전도이며, 따라서 전도된 세계요, 모든 인간적·자연적 질質들의 혼동이요 전도이다. 용감함을 구매할 수 있는 사람은 비록 그가 비겁하다 할지라도 용감한 사람이다.[6]

화폐경제, 즉 자본주의에 대한 마르크스의 시각을 잘 보여주는 대목이다. 화폐가 존재하는 사회와 모든 것이 화폐에 의해 매개되는 사회는 구분되어야 한다. 알다시피 화폐는 인류 사회에서 아주 오래전부터 존재했으며, 우리의 경우에도 근대 이전의 조선시대나 고려시대에 화폐가 활발히 사용되었다. 따라서 화폐가 존재한다고 해서 곧 '화폐경제 사회'라고 말할 수는 없다. 반면에 자본주의에서 모든 가치는 화폐로 측정되고 매개된다. 우리의 삶이 증명하듯이, 우리는 화폐로 측정되지 않는 것은 가치가 없는 것으로 간주한다. 자본주의 사회에서 모든 것은 화폐의 승인을 얻어야만 가치 있는 것으로 인식된다. 마르크스는 화폐를 갖고 있다는 것, 즉 화폐 소유자와 한 인간의 고유한 능력이나 자질이 등치되는 현상을 통해 자본주의를 비판한다. 근대 이전 사회에서 개인의 재능이나 능력, 가령 현명함이나 용감함 등은 돈으로 살 수 있는 것이 아니었다. 현명한 사람이 되기 위해서는 많은 독서와 깊은 사색 등의 노력이 필요했고, 마찬가지로 용감한 사람이 되기 위해서는 수많은 전투에 참전하거나 특정한 행동을 통해 사람들의 인정을 받아야 했다. 수련과 수양을 통한 개인의 성장이라는 모토는 고대 철학부터 줄곧 강조된 중요한 가치였다.

하지만 화폐경제 사회에서는 그러한 수련과 수양 없이도 동일한 역량(능력)을 소유할 수 있다. 오늘날이라면 성형수술 같은 것을 떠올리겠지만, 외모가 추한 인간은 아름다운 사람을, '절름발이'는 24개의 다리를, 사악하고 비열하고 비양심적인 사람은 화폐를 소유함으로써 정반대의 가치를 소유한 사람과 같아지는 효과를 얻을 수 있으며, 마르크스는 그것이 부당하다고 생각한다.* 그는 화폐의 일반화, 아니 화폐가 만물의 가치척도가 됨으로써 세계의 질서가 전도되는 것이 자본주의 사회의 문제점이라고 보았다. 마르크스의 주장처럼 여행비가 없는 것과 여행할 의사가 없는 것은 분명히 다른 것임에도 불구하고 화폐경제 아래에서는 결과가 동일하므로 같은 것으로 판단된다. 사회가 이러하므로 이제 사람들은 현명해지거나 용감해지려고 노력하기보다는 돈(화폐)을 소유함으로써 그 능력을 소유한 것과 동일한 결과를 얻으려 하는 것이다. 마르크스는 이것을 가치의 전도轉倒라고 부른다.

* 마르크스는 19세기의 인물이므로 '여자를 사들일 수 있다'거나 '절름발이' 같은 표현을 사용하고 있지만 이 부분은 시대상을 감안해서 읽어야 할 것이다.

09

바보야, 문제는 분배야!

존 스튜어트 밀과 헨리 조지

18~19세기 자본주의에 대한 이야기는 대개 애덤 스미스 아니면 마르크스의 몫이다. 시장, 분업, 교환이 엮어젖힌 자본주의라는 새로운 세계를 예찬하는 자본주의 옹호자들에게는 애덤 스미스가, 자본주의가 초래한 끔찍한 장면들, 특히 노동자에 대한 착취나 빈부 격차 등에 대해 비판적인 입장을 지닌 사람들에게는 마르크스가 이 시기 역사의 주인공이다. 이 구도는 동서 냉전의 시대였던 20세기를 거치면서 한껏 증폭되었고, 그 결과는 오늘날까지도 지속되고 있다. 하지만 18~19세기는 서구 사회가 급속히 변화하던 시기였기에 그만큼 다양한 사상이 등장했고, 이는 경제 분야도 다르지 않았다. 마르크스가 세상을 떠난 해(1883년)에 태어난 케인스와 조지프

알로이 슘페터Joseph Alois Schumpeter(1883~1950), 영국의 고전주의 경제학을 완성했다는 평가를 받는 데이비드 리카도, 인구론으로 유명한 영국의 고전파 경제학자 토머스 로버트 맬서스Thomas Robert Malthus(1766~1834), 그리고 현대 경제학의 창시자이자 최초의 '경제학' 교수인 앨프레드 마셜Alfred Marshall(1842~1924)에 이르기까지 많은 사상가가 경제에 관한 독창적인 학설을 발표했다. 마르크스를 제외하면 18~19세기의 경제학은 애덤 스미스-데이비드 리카도-토머스 맬서스-존 스튜어트 밀 순으로 이어진다고 정리할 수 있는데, 사람들은 이 계열을 가리켜 흔히 고전경제학이라고 부른다. 그런데 현대 사회의 문제의식에 비추어 살펴보면 고전경제학의 전통적인 사상과 결을 달리하는 두 인물이 한층 흥미로운 주장을 제시하고 있음을 알 수 있다. 한 사람은 고전경제학의 노동가치론과 공리주의적 시각을 통합했다는 평가를 받는 존 스튜어트 밀John Stuart Mill(1806~1873)이고, 다른 한 사람은 고전경제학과는 다른 관점에서 경제를 사유한 재야의 경제학자 헨리 조지Henry George(1839~1897)이다.

부를 생산하는 일과 관련되는 조건이나 법칙은 물리학적 진리와 동일한 성격을 가진다. 거기에는 선택이나 재량에 따라 좌우되는 일이 없다. 인간이 생산하는 것은 무엇이든지 외부적 물체들의 구성, 그리고 인간 자신의 물리적·정신적 구조에 의해서 부과되는 조건과 양식에 따라서 생산될 수밖에 없다. 싫든 좋든 인간의 '생산'이란 그때까지 이뤄진 축적의 양에 따라 제한받을 것이고, 축적된 양이 일정하다고 하더라도 인간의 정력과 솜씨와 사용하는 기계의 완성도와 분업의 이득을 얼마나 치밀하게 활용하는지에 비례하게 될 것이다. (……) 부를 분배하는 일은 그렇지 않다. 이는 순전히 인간 제도의 문제이다. 분배해야 할 것이 일단 저기 있으면, 인간은 개인 차원에서든 집단 차원에서든 인간 스스로 좋아하는 대로 처분할 수 있다. 누구에게 얼마나 무슨 조건으로 주든지 말든지를 인간이 원하는 대로 정할 수 있는 것이다. (……) 그러므로 부의 분배란 사회의 법과 관습에 의존한다. 분배를 결정하는 규칙은 공동체를 주도하는 일부가 생각하고 느끼는 대로 정하기 나름이다. 따라서 시대와 나라에 따라서 많이 다르고, 미래에도 인류가 선택하기만 하면 더욱 많이 달라질 수 있다.[1]

존 스튜어트 밀과 헨리 조지의 주장은 인문학 저작들이 시간의 결을 거슬러 오랫동안 거듭 회자되는 이유의 대표적 사례라고 말할 수 있다. 알다시피 밀은 공리주의자로 알려져 있고, 대부분의 사람들은 그를 『자유론』의 저자로 기억한다. 그가 마르크스와 같은 시대에 활동했으며, 『정치경제학 원리』라는 유명한 저작을 집필한, 고전경제학의 계보에 속한다는 사실을 알고 있는 사람은 많지 않다. 밀은 1848년에 『정치경제학 원리』를 출간했다. 그는 1873년까지 여러 차례 판을 거듭하며 이 책을 다듬었는데, 이 책의 도입부에 제시된 '분배'에 관한 주장(앞의 인용문)은 '생산이 분배 문제를 해결해줄 것'이라고 생각한 다른 경제학자들과 확연하게 달라서 주목할 필요가 있다. 애덤 스미스 등이 '교환'을 경제학의 중심으로 생각한 반면, 그는 '교환은 단지 분배를 이루게 하기 위한 기구의 일부'일 뿐이라고 주장했다.

밀은 19세기 영국, 빅토리아 시대를 대표하는 사회개혁가이자 철학자이다. 그는 학자인 동시에 노동자의 지위 향상과 여성참정권 운동에 참여한 실천적인 지식인이었다. 밀은 공리주의와 자유주의를 자신의 철학적 이념으로 삼았고, 한때는 제러미 벤담Jeremy Bentham(1748~1832, 벤담은 밀의 아버지 친구였다)의 공리주의를 충실히 받아들였으나 훗날 전통적인 공리주의가 물질중심주의로 흘러간다고 비판하면서 질적 공리주의를 표방한 것으로 알려져 있다. 밀의 사상에서 가장 흥미로운 지점은 그가 공리주의를 표방하면서도 정작 공리주의의 원칙에서 벗어나는 주장을 한다는 것, 그리고 노동가치설을 충실하게 계승하면서도 노동가치설과 정면으로 충돌하는 주장을 일삼았다는 것이다. 이 때문에 그는 절충주의자라는 평가를 받기도 한다. 그래서 경제사가 E. K. 헌트는 밀을 '궁극적으로는 공리주의도, 노동가치론의 옹호자도 아니었다'라고 평가하기도 했다.

왜 이런 평가가 나왔을까? 『정치경제학 원리』의 서두 부분인 앞의 인용문에 잠시 주목해보자. 이 글에서 밀의 주장은 매우 분명하고 단호하다. 생산의 법칙과 분배의 법칙은 전혀 다르다는 것이다. '생산'은 선택이나 재량, 즉 임의성보다는 '물리학적 진리'와 유사한 필연적 조건에 의해 결정되지만, '분배'는 사회의 법과 관습, 그러니까 공동체 내에서의 결정에 따라 얼마든지 달라질 수 있다는 것이다. 또한 밀은 이 책에서 '사적 소유권'이 신성불가침한 것이라는 당대 경제학자들의 주장에도 반대했다. 이는 '분배'를 경제학의 중심 문제로 설정하는 것과 연결되어 있는 주장이다.

고전경제학은 물론이고 공리주의는 경제를 교환의 관점에서 이해했다. 벤담의 공리주의는 두 가지의 공리에 근거하고 있다. 첫째는 인간의 모든 동기는 자기의 이해를 위한 쾌락 추구로 환원될 수 있다는 것이고, 둘째는 각 개인이 자신의 쾌락에 관한 유일한 판단자라는 것이다. 이 주장에 따르면 상호 간의 쾌락을 비교하는 것은 원칙상 불가능하다. 그런데 밀은 벤담의 이러한 생각을 그대로 따르지 않았다. 그는 인간의 모든 동기가 자기 이익을 위한 쾌락이라는 생각을 부정한다. 오히려 그는 경쟁 중심의 자본주의에서 생각이나 성향이 형성된 사람들은 경쟁 행위에서 이기심에 따라 행동한다고 생각했다. 그리고 사회주의 사회에서는 그보다 고상한 동기에 의해 사람들이 행동할 것이라고 믿었다. 이러한 생각의 연장선에서 그는 어떤 쾌락은 다른 쾌락에 비해 도덕적으로 더 우위에 있다고 주장했다. 즉 밀은 각각의 쾌락에 대해서 도덕적 우열을 판단할 수 있다고 생각했다. 그는 '어떤 종류의 쾌락은 다른 것보다 바람직스럽고 가치 있다'고 주장했다. 그가 남긴 '만족한 바보가 되기보다는 불만족한 소크라테스가 되는 것이 더 낫다'는 유명한 경구 역시 이런 맥락에서 나온 것이다. 그런데 이는 쾌락이 최상위의 판단 기준이 아니라는 것, 쾌락보다는 도덕적 판단이 더 상위의 기준임을 주장하는 것이어서 공리주의의 공리公理를 벗어나는 생각이다.

> 나는 노동하지 않는 어떤 '계급', 즉 노동할 수 없는 사람이나 과거의 노력에 의해 정당하게 안식을 획득한 사람을 제외하고 그 밖에 인간 생활에 필요한 자신의 노동 몫을 면제받은 어떤 사람이라도 존재하는 사회 상태를 정당하거나 유익하다고 생각하지 않는다. 그러나 비非노동 계급의 거대한 사회악이 존재하는 한 노동자 역시 하나의 계급을 형성한다.[2]

또 하나, 밀은 이 책에서 '사적 소유권'이 신성불가침한 것이라는 당대 경제학자들의 주장을 수용하지 않는다. '근대 유럽의 사회체제는 근로에 의한 획득이나 정당한 분배의 산물이 아니라 정복과 폭력의 산물인 그런 재산 분배로부터 시작했다. 폭력의 작용을 완화하기 위하여 근로가 해왔던 모든 것에도 불구하고 이 체제는 아직도 그 기원상의 많은 잔재가 여전히 남아 있다. 재산법은 사유재산을 정당화시켜주는 그 원칙과 한 번도 부합된 적이 없었다'[3]라는 그의 비판은 사실상 자본의 본원적 축적 과정에 대한 마르크스의 주장과 동일하다. 자본주의 옹호자들이 주장하듯이 초기의 자본이 자본가들의 노력에 의해 형성된 것이 아니라 폭력과 약탈에 의해 만들어진 것이라는, 그리하여 정당한 분배의 산물이 아니라는 주장은 지금 읽어도 급진적이다.

또한 그는 극단적인 부와 빈곤의 대립, 그리고 세습적으로 두 계급으로 분할된 사회를 긍정하지 않았을 뿐만 아니라 그것이 지속될 것이라고 생각하지도 않았다. 나아가 그는 불평등하고 불합리한 자본주의보다는 공산주의나 사회주의가 도덕적으로 더 우월하다고 생각했다. 물론 이러한 주장만으로 그가 사회주의자였다고 말할 수는 없다. 어디까지나 그는 자본주의가 도덕적인 관점에서 개혁되기를 바라면서 그런 주장을 한 것이기 때문이다. 밀의 이러한 생각들은 그 시대를 휩쓴 사회주의의 영향을 받은 것이라고 설명된다. 사후에 발표되기는 했지만, 실제로 밀은 『사회주의론』(1879년)을 쓰기도 했다. 밀의 사회주의적 성향은 흔히 말해지는 자유주의적 사회주의 또는 사회주의적 자유주의라는 용어처럼 그의 '자유주의'가 19세기 영국이라는 현실과 만나서 생긴 것이고, 특히 클로드 앙리 드 루브루아 생시몽Claude Henri de Rouvroy Saint-Simon(1760~1825) 등 당대의 공상적 사회주의자들로부터 영향을 받은 것으로 알려져 있다. 이러한 이유로 인해 밀은 고전경제학을 계승하고 자유주의를 견지하면서도 사회주의의 영향을 수용하여 사회개혁을 위한 실천적 사상을 제시한 사상가로 평가된다.

다음으로 살펴볼 사람은 『진보와 빈곤』의 저자 헨리 조지이다. 헨리 조지는 19세기 후반 미국에서 활동한 경제학자로 알려져 있지만, 실제로 그는 인쇄공에서 출발하여 언론인으로, 저술가로, 경제학자로, 정치인으로 나아간 독특한 이력의 소유자이다. 존 스튜어트 밀의 문제의식이 '분배'에 있었다면, 헨리 조지의 문제의식은 '가난'에 있었다. 구체적으로 말하면, 왜 어떤 사람은 잘살고 어떤 사람은 아무리 열심히 일해도 가난할까, 사회가 발전하여 부의 총량이 늘어나는데도 왜 가난한 사람들은 더 가난해지는 것일까 등이 그의 근본적인 물음이었다. 사실 그때까지 경제학은 '분배'는 물론이고 '가난'에 대해 생각한 적이 없었다. 애덤 스미스 시대의 사람들은 가난을 도덕적인 나태와 게으름에서 생긴 문제로 간주했고, 그에 대한 사회적 대책은 가난한 사람들의 구걸 행위를 법으로 금지하고 그들을 강제로 노동하게 만들거나 감금하는 것이 전부였다. 이런 점에서 헨리 조지의 질문은 경제학적 질문이라고 말하기 어렵지만, 빈부 격차가 심각한데도 경제학이 이 문제에 관심을 기울이지 않았다는 사실은 '경제학'이라는 학문이 누구의 시선으로 세상을 바라보고 있었는가를 잘 보여준다고 하겠다.

(1) 땅 주인은 생산을 하지도 않고 생산물을 받는 반면에 노동자들은 생산물을 받지도 못하면서 생산을 한다. 땅 주인은 부당하게 부자가 되고 노동자는 수탈을 당한다. 우리는 이런 근본적인 잘못의 원인이 부의 불공정한 분배 때문임을 알아냈는데 이것이 현대 사회를 아주 부자인 사람과 아주 가난한 사람으로 양분하고 있다. 문제의 근본적 원인은 지대地貸의 꾸준한 상승이다. 노동은 토지를 사용하는 대가(지대)를 지불해야 하고 이것이 많은 노동자들로부터 그들이 정당하게 번 것을 빼앗아가며, 결국에는 생산물을 얻기 위해 아무것도 한 게 없는 소수의 사람들 손에 부가 집중되게 된다.[4]

(2) 돼지를 요리하기 위해 집을 불태워야 할 필요가 없듯이, 사람들에게 토지를 개선시키기 위해 소유권을 부여해

> 야 할 필요는 없는 것이다. 집을 불태우는 것이 돼지를 구워 먹는 데 부적절하고 낭비적이고 불확실한 방법인 것처럼, 토지 사유제는 토지를 개선하는 데 있어서 부적절하고 낭비적이고 불확실한 방법일 뿐이다.[5]

헨리 조지가 중점적으로 지적하는 것은 지대 문제이다. 19세기 당시 '지대'는 토지를 사용할 때 내는 돈을 의미했지만, 자본주의가 발달한 오늘날에는 건물 임대료는 물론이고 프랜차이즈의 상표권까지도 지대에 속한다. 위의 인용문에서 헨리 조지는 세상이 발전하여 부가 지속적으로 늘어나는데도 가난한 사람들이 계속 가난할 수밖에 없는 이유가 토지를 많이 가진 부자들이 생산물의 대부분을 가져가기 때문이라고 지적한다. '땅 주인은 생산을 하지도 않고 생산물을 받는 반면에 노동자들은 생산물을 받지도 못하면서 생산을 한다'는 것이다. 그는 이 문제가 해결되지 않으면 사회적으로 부가 아무리 많이 생산되어도 그것은 부자의 배를 불리거나 빈부 격차의 심화만 가져올 것이라고 생각했다. 그래서 그는 지대 전체를 국가가 세금으로 회수해야 한다고 주장한다.

헨리 조지가 살았던 시대에 토지 소유자들은 토지에 대한 투기로 막대한 부를 획득했고, 그것이 산업 불황의 원인으로 작용했다. 이러한 현실은 오늘날에도 크게 달라지지 않았으니, 아파트나 토지에 대한 투기 열풍을 떠올려보면 쉽게 이해할 수 있다. 산업에 투자되어야 할 자본이 토지나 아파트에 유입되면 산업은 불황에 빠질 수밖에 없다. 아니, 산업이 호황을 맞이한다고 해도 이 경우에는 산업에서 발생한 부의 상당 부분이 결국 '지대'의 방식으로 빠져나가게 된다. 이는 불공정한 분배, 즉 지대를 가져가는 사람은 막대한 부를 챙기지만 정작 부의 창출에 기여한 노동자에게는 그 부가 분배되지 않는 결과를 초래한다. 헨리 조지는 이러한 문제점을 해결하기 위해 모든 토지를 국민 모두의 공동재산으로 만들어야 한다고 주장한다.

그런데 일반의 오해와 달리, 토지를 공동재산으로 만들자는 그의 주장은 토지 사유제를 부정하는 것이 아니다. 토지의 소유권자는 자신의 토지를 마음대로 처분할 수 있다. 다만 그 토지에서 발생하는 지대(그러니까 토지를 직접 사용하지 않고 벌어들이는 돈) 전체를 국가가 세금으로 환수하자는 것이다. 그러면 어떻게 될까? 토지의 '소유권'은 개인에게 주어지지만, 토지의 '사용권'은 국민 모두에게 주어지게 된다. 그 결과 토지의 최선의 사용, 즉 모든 토지가 적절하게 사용되는 이상적 상태에 도달하게 된다는 것이 헨리 조지의 생각이다.

부동산이 황금알을 낳는 거위로 인식되는 오늘날, 사용하지 않은 토지에서 발생한 지대를 모두 국가가 환수하고, 토지에 대한 사용권을 국민 전체가 공유하자는 헨리 조지의 주장은 공상적인 이야기로 치부되기 쉽다. 하지만 역사상 그 어느 때보다 '토지'를 이용한 재산 증식이 일반화된 지금의 상황은 역설적으로 정당한 노동을 통해 이윤을 창출한다는 자본주의의 주장이 반드시 옳은 것은 아니라는 사실을 잘 보여준다. 최근 한국에서는 부동산 투기 문제를 해결하기 위해 토지공개념을 말하는 사람이 많아졌고, 그때마다 헨리 조지의 이름도 함께 거론된다. 헨리 조지의 주장을 들은 많은 사람들이 허무맹랑하다고 빈정거리거나 공산주의 아니냐고 정색을 하기도 하는데, 사실은 토지에 대한 이런 관점을 사회주의라고 생각하는 것 자체가 훨씬 위험하다.

보수적인 입장으로 유명한 자유주의 경제학자 밀턴 프리드먼Milton Friedman(1912~2006)은 '세금 가운데 가장 덜 나쁜 것은 오래전 헨리 조지가 주장한 바, 미개량 토지의 가치에 부과되는 재산세이다'라고 말했다. 또한 1987년 노벨 경제학상을 받은 로버트 솔로Robert Merton Solow(1924~)는 '토지 사용자가 단 한 번 값을 치르고 무한정한 기간의 권리를 획득하도록 해서는 안 된다. 효율성을 위해, 적절한 세입을 위해, 그리고 정의를 위해 모든 토지 사용자는 다른 사람들이 그 땅을 사용하지 못하도록 혼자 점유한 토지의 현행 임대 가치만큼의 값을 지역 정부에 매년 납부하도록 해야 한다'라고 주장했다. '자동차왕'으로 유명한 거대 자본가 헨리 포드Henry Ford(1863~1947)의 말은 이렇다. '헨리 조지가 지적한 대로 놀리는 모든 땅에 높은 세금을 매겨야 한다. 그래야 땅 소유자들이 이 땅을 가지고 생산적인 일을 시작할 것이다.' 여기에서 언급된 어느 누구도 사회주의자가 아니다. 그들은 헨리 조지와 마찬가지로 토지를 가장 효율적으로 사용하기 위한 방법을 고민했을 따름이다.

10

잃어버린 영혼

18~19세기 문학에 나타난 '자본'의 맨얼굴

어머니가 돌아가셨을 때 전 아주 어렸습니다.
그리고 아버지는 저를 팔아버렸습니다.
제 혀가 "'닦으!' '닦으!' '닦으!' '닦으!'" 소리도
제대로 내지 못할 때였습니다.
저는 굴뚝 청소를 마치고 검댕 속에서 잠이 듭니다.

톰 데이커라는 꼬마가 있는데,
양털처럼 곱슬곱슬한 머리칼이 잘릴 때 울었습니다.
그래서 제가 말했습니다.
"울지 마, 톰! 신경 쓸 거 없어, 머리칼이 없으면
검댕이 네 하얀 머리칼을 더럽힐 일도 없잖아."

그러자 톰은 울음을 그쳤습니다.

바로 그날 밤 톰은 잠을 자다가 꿈에서 굉장한 광경을 보았습니다!

수천 명의 청소부와, 딕이랑, 조랑, 네드랑 그리고 잭이 모두 검은 관 속에 갇혀 있는 게 아니겠습니까.

그런데 한 천사가 반짝이는 열쇠를 가지고 와서

관들을 열어주었고, 그들 모두를 자유롭게 해줍니다.

그때 초록 들판 아래로 폴짝거리고, 웃으며 아이들은 내달립니다.

강에서 멱을 감았고, 태양 아래서 빛났습니다.

벌거벗은 하얀 몸으로, 다들 청소 가방을 팽개친 채

아이들은 구름 위로 올라가 바람을 타고 놀았습니다.

그러자 천사가 톰에게 말했습니다. 착한 아이가 되면

하느님을 아버지로 모시니, 더 이상 기쁨을 바랄 일이 없게 된단다.

그러다 톰은 잠을 깼고, 우리는 어둠 속에서 일어나.

모두들 가방과 솔을 챙겨 일터로 향했습니다.

아침이 추울지라도, 톰은 행복하고 따뜻했습니다.

모두가 맡은 일을 한다면 그들은 해를 두려워할 필요가 없습니다.

– 윌리엄 블레이크, 「굴뚝 청소부」(1797년)

18~19세기 영국의 시인이자 화가인 윌리엄 블레이크William Blake(1757~1827)가 쓴 「굴뚝 청소부」의 전문이다. 산업혁명 시대를 배경으로 하고 있는 이 시에서 화자인 아이는 채 말도 배우지 못한 상태에서 팔려가 굴뚝 청소부가 되었다. 여기에서 '굴뚝'은 산업 시대의 상징이니, 시인은 산업혁명 초기의 노동 현실을 아동노동을 통해 고발하고 있는 셈이다. 산업혁명으로 상징되는 산업자본주의는 많은 사람들의 희생 위에서 발전했다. 그 가운데에는 어린아이도 많았다. 대략 4~8세의 아이들이 하루 열두 시간 이상, 많게는 열여덟 시간까지 노동을 했다고 한다. 당시 자본가들이 아동노동을 선호한 이유는 무엇보다도 임금이 쌌기 때문이다. 그뿐만이 아니다. 성인 노동자와 달리 아이들은 조직을 결성하지도 반항하지도 않았다. 당시 런던에서는 엄청나게 많은 아이들이 성인 노동자의 10분의 1 정도의 임금을 받고 노동했다.

찰스 디킨스의 소설 『올리버 트위스트』(1838년)는 당시 고아원과 구빈원 같은 아동보호시설이 아동노동의 주요 공급지였음을 적나라하게 보여주었다. 산업혁명 기간에 어린아이를 선호하는 몇몇 노동이 있었다. 좁은 기계 사이에 들어가 고장 난 부분을 수리해야 하는 방직·방적 공장, 그리고 몸집이 작은 아이가 상대적으로 유리한 굴뚝 청소 분야가 대표적이었다. 당시 공장주들은 구빈원 등에서 자란 아이들을 특히 선호했다고 하는데, 그 이유는 영양 공급이 부족한 아이일수록 몸집이 작아서 노동에 유리하기 때문이었다. 찰스 디킨스의 주인공 올리버 트위스트가 바로 그런 아이였다. 그는 부모의 얼굴도 알지 못한 채 구빈원에서 태어나 고아원에서 성장한다.

역설적이게도 산업혁명으로 인한 노동의 기계화는 노동자의 임금을 점차 낮추는 결과를 초래했고, 그 결과 성인 남녀는 물론 아이들까지 일을 해야 굶주림에서 벗어날 수 있었다. 경제학자들이 묘사했던 자본주의 경제체제의 장점과 달리 산업혁명 당시 노동자들의 노동환경은 상당히 열악했고, 공장의 열악한 환경과 아동노동 문제는 당시에도 상당한 사회문제로 대두되었다. 올리버 트위스트가 살았던 19세기 영국은 산업혁명으로 인해 눈부신 성장을 거듭하며 부유한 국가로 발돋움했지만, 작가 찰스 디킨스의 눈은 가난한 사람들이 비참하게 살고 있는 런던의 뒷골목을 주의 깊게 응시하고 있었다.

영국에 윌리엄 블레이크와 찰스 디킨스가 있었다면, 프랑스에는 오노레 드 발자크Hororé de Balzac(1799~1850)와 에밀 졸라Émile Zola(1840~1902)가 있었다. 19세기 프랑스 소설의 주제, 아니 주인공은 사실상 '돈'이었다. 전통적인 사회가 붕괴되면서 자본주의가 급속하게 영향력을 키워나가고, 그 와중에 돈이 사람들의 욕망을 뒤흔드는 과정, 발자크와 에밀 졸라의 문학은 각각 19세기 전반기와 후반기의 파리를 배경으로 당대의 도덕적 가치가 타락해가는 모습을 비판적으로 조망한다.

발자크의 『고리오 영감』(1834~1835년)은 법학을 공부하기 위해 시골에서 파리로 상경한 청년 으젠 드 라스티냐크의 이야기이다. 가난한 그는 파리의 누추한 하숙집에 기거하고 있는데, 그곳에는 예순아홉 살의 고리오 영감도 살고 있다. 고리오 영감에게는 두 명의 딸이 있다. 델핀 드 뉘싱겐 남작 부인과 아나스타지 드 레스토 백작 부인이 그들이다.

한때 제면업자로 제법 성공한 고리오 영감은 딸들을 귀족과 결혼시키기 위해 자신의 전 재산을 결혼자금으로 제공하고 누추한 하숙집에서 살다가 숨을 거둔다. 그러나 딸들을 지극히 사랑하는 아버지와 달리 신분 상승을 이뤄 사교계에서 화려한 삶을 살고 있는 딸들은 자신이 고리오 영감의 딸이라는 사실을 숨기며, 그럼에도 불구하고 돈이 필요할 때마다 고리오 영감을 찾아와 얼마 남지 않은 그의 재산을 가져간다.

이 소설에서 고리오 영감은 부르주아를 상징하는 인물이다. 전통적 가치인 명예보다 돈을 중시하는 귀족, 돈으로 신분 상승을 꾀하는 부르주아의 욕망이 뒤엉킨 타락한 세계, 발자크는 그 세계에 순진무구한 청년을 던져놓고 그의 운명을 관찰한다.

> 천오백 프랑과 마음대로 입을 수 있는 의상! 이 가난한 남부 청년은, 큰돈을 손에 쥔 청년들처럼, 형언할 수 없는 태도로 아침 식사를 하려고 아무런 거리낌 없이 내려갔다. 주머니 속으로 돈이 미끄러져 들어간 순간, 이 학생은 마음속에 자기를 지탱할 환상의 기둥을 일으켜 세웠다. 그는 예전보다도 더 잘 걸었다. 그는 자신이 지렛대의 버팀점이라고 느꼈다. 그의 시선은 충만하고 직선적이었으며 동작은 경쾌했다.[1]

라스티냐크는 법학을 공부하여 출세하려고 파리에 왔지만 세속적 현실에 곧바로 눈을 뜨고 사교계를 통해 출세하기 위해 귀족 부인에게 접근하는 방법을 선택한다. 자신이 사교계에 한 걸음 근접했다는 것을 느낄 때마다 그의 머릿속에선 엄청난 돈이 굴러 들어오는 장면이 떠오른다.

부녀 관계, 결혼, 출세, 그리고 사랑, 발자크는 이 모든 인간적 가치가 '돈'에 의해 매개되어 있음을 폭로한다. 결말부에서 고리오 영감은 병에 걸려 죽어가면서도 돈의 중요성을 환기시킨다. '돈이 바로 인생이야. 돈이면 무엇이든지 할 수 있지.' 이것은 고리오 영감만의 생각이 아니라 발자크 소설에 등장하는 인물들이 모두 가지고 있는 생각이며, 그들은 그것을 위해 고귀한 가치를 손쉽게 저버린다. 그들에게는 모든 관계가 성공을 위한 수단일 뿐이다.

자본주의가 불러온 타락상, 자본주의 사회에서 돈이 상징하는 바에 대한 문학적 접근은 에밀 졸라의 소설에서 절정을 이루는 듯하다. 자본주의의 괴물성은 그것이 가장 발달했을 때가 아니라 처음 등장했을 때, 그리하여 사람들의 일상이 그것의 영향을 받기 시작했을 때 가장 눈에 띄는 법이다. 그런 점에서 자본주의가 최첨단으로 발전한 것은 지금이지만 사람들이 자본주의의 문제점을 심각하게 받아들인 것은 19세기였다고 말할 수 있다.

발자크의 소설은 대개 19세기 전반기, 즉 왕정복고기를 전후한 시기를 배경으로 하고 있어서 인물들이 귀족적 삶과 부르주아적 삶이 혼재된 세계에서 움직일 수밖에 없었다. 따라서 그 세계에서도 '돈'은 중요하지만 신분 상승이나 출세 등의 우회로 또한 중요한 목표로 설정된다. 말하자면 최소한의 심리적 안전장치 같은 것이 존재했던 것이다.

반면에 에밀 졸라의 소설은 프랑스에서 자본주의가 꽃을 피운 19세기 후반, 그러니까 나폴레옹 3세가 지배한 제2제정기 직후(1851~1852년)를 배경으로 하고 있다. 이때는 이미 오스만 남작의 파리 재정비 사업이 끝나서 백화점, 오페라극장 등을 비롯하여 화려한 자본주의적 세계가 펼쳐진 이후여서 부르주아적 욕망이 사회 전체를 지배하고 있었다. 그것은 에밀 졸라의 『여인들의 행복 백화점』에서 부르주아인 백화점 사장 무레가 '상품'을 매개로 귀족 부인들의 정신세계를 완전히 지배하는 장면에서 단적으로 드러난다.

> '58만 7,210프랑 30상팀입니다!' 순간, 힘없고 초췌해 보이던 그의 얼굴이 엄청난 돈에서 뿜어져 나오는 광채로 인해 햇살이 비추는 것처럼 환히 빛났다.
>
> 그것은 '여인들의 행복 백화점' 역사상 하루 매출액으로서는 유례가 없는 엄청난 금액이었다. 저 멀리, 롬므가 지나치게 무거운 짐이 실린 소처럼 힘겨운 걸음으로 천천히 거쳐 온 매장들로부터, 조금 전 자신들 앞을 지나쳐 간 최종 매출액의 엄청난 액수를 듣고서 놀라고 또 기뻐하는 사람들의 웅성거림이 들려왔다.
>
> (……)
>
> 롬므와 알베르가 얼굴의 땀을 닦으면서 물러나자 무레는 잠시 동안 꼼짝 않고 선 채 멍하니 돈을 응시했다. 그러다 고개를 들자, 뒤로 물러나 있던 드니즈가 보였다. 그러자 그는 다시 미소를 지으면서 그녀에게 가까이 오도록 했다. 그리고 그녀가 한 주먹으로 쥘 수 있는 만큼의 돈을 주겠다

고 말했다. 그의 농담 속에 담긴 것은 사랑의 거래였다.

"자 얼른! 가방 속에서 돈을 꺼내가 보란 말이오. 내가 장담하건대, 그렇게 작은 손으로는 기껏해야 1,000프랑도 못 가져갈 거요!"

하지만 드니즈는 또다시 뒤로 물러섰다.

– 에밀 졸라, 『여인들의 행복 백화점』(1883년)

19세기에 새로운 상업 공간으로 등장한 '백화점'은 장인의 뛰어난 솜씨에 의존하는 기존의 소매업, 즉 전통적인 방식으로 상품을 만들고 소매점을 통해 그것을 판매하던 방식을 일순간에 무너뜨리고 거대한 상업자본으로 군림했다. 발전된 기계를 이용한 대량생산과 유통, 판매 등에서 완전히 새로운 방식을 창조한 백화점은 말 그대로 현대성을 상징하는 공간이었다. 그것은 '철'과 '유리'라는 새로운 건축재료로 지어진 현대적 건축물이었고, 생필품 구입이 아닌 '쇼핑'이라는 새로운 유행을 통해 대중의 마음을 사로잡았다. 그것은 종교의 역할을 이어받아 대중의 마음에 위안을 주는 이른바 상업의 대성당이었다.

프랑스에서 백화점의 등장은 파리와 주변 도시들의 관계를 중심·주변 관계로 빠르게 재편했으니, 이 소설은 파리 주변의 도시들이 대도시인 파리에 종속되는 과정과, 막대한 자본을 쥐고 있는 부르주아, 즉 무레라는 인물에게 백화점의 여성들(손님과 종업원)이 종속되는 과정을 나란하게 제시한다.

백화점의 사장인 무레는 자신의 부와 지위를 이용해 여성 직원들을 성적으로 능욕한다. 이 소설에서 여성에 대한 남성의 지배, 혹은 인간에 대한 돈의 지배에 저항하는 인물은 시골에서 상경하여 백화점 점원으로 취직한 드니즈가 유일하다. 앞의 인용문은 무레가 돈을 이용해 드니즈를 소유하려는 욕망을 드러내고 있는 '사랑의 거래' 장면이다. 이 작품에는 귀족도 다수 등장하지만, 그들은 모두 백화점 사장인 무레의 고객, 그것도 사실상 무레가 조종하는 대로 움직이는 영혼 없는 소비자에 불과하다. 신분제도의 흔적은 존재하지만 파리 사람들, 특히 여성들은 이 소설에서 빛에 반응하는 곤충들처럼 상품의 세계로 순식간에 빨려 들어간다. 그곳에서 그들은 상품과 화폐의 충실한 신도가 된다.

에밀 졸라는 1891년에 『돈』이라는 작품을 발표하기도 했다. 이 소설은 19세기 후반(1864년 무렵) 프랑스의 은행가와 증권시장을 배경으로 자본주의가 대중의 마음에 끼친 영향을 사실적으로 형상화하고 있으며, 특히 '돈' 앞에서 속절없이 무너져 내리는 인간 군상의 모습을 집중적으로 묘사하고 있다.

17세기에 네덜란드의 암스테르담에 세계 최초의 주식거래소가 만들어진 이후 미국을 비롯한 유럽 각국에서도 주식거래소가 문을 연다. 1773년에는 런던에서, 1792년에는 뉴욕에서 증권거래소가 문을 열었다. 에밀 졸라가 이 소설을 쓸 당시 파리의 증권거래소는 나폴레옹의 지시로 건축된 궁전인 팔레 브롱냐르 안에 위치하고 있었다. 그 건물의 바깥 계단 양옆에는 정의의 신, 상업의 신, 농업의 신, 산업의 신을 상징하는 조각상이 줄지어 서 있었고, 중앙의 문 주변에는 웅장한 신고전주의 양식의 기둥이 도열하고 있었다. 나폴레옹 3세가 지배하던 제2제정기에는 모든 신문에 '증권란'이 생길 정도로 투자가 일상적인 관심사가 되었다.

이 소설은 1864~1869년을 시간적 배경으로 삼고 있다. 주인공 사카르는 전작前作*에서 오스만 남작이 파리 재정비 사업을 벌일 당시에 부동산 투기로 억만장자가 되었다가 빈털터리가 된 인물이다. 이 작품에서 그는 만국은행을 설립하여 파리의 증권시장을 장악함으로써 재기를 모색한다. 이를 위해서 그는 언론계와 정치계를 이용하고, 1867년에 만국박람회가 개최될 무렵에는 금융계의 큰손 자리에 오른다. 하지만 그에게는 유대인 은행가 군데르만이라는 경쟁자가 있다. 소설은 주인공 사카르가 돈에 대한 욕망과 정념에 사로잡혀 군데르만과 모험적인 싸움을 펼치다가, 결국 불법적인 방법을 이용하여 주가를 조작

* 에밀 졸라는 1871년부터 1893년까지 프랑스 제2제정기를 배경으로 루공 집안과 마카르 집안의 후손들을 주인공으로 한 20권에 달하는 소설을 연속해서 발표했는데, '루공 마카르 총서'라고 불리는 이 총서의 목록에는 『목로주점』, 『나나』, 『여인들의 행복 백화점』, 『제르미날』, 『돈』 등이 포함되어 있다.

한 혐의로 체포되어 유죄판결을 받고 프랑스에서 추방되는 것으로 끝난다.

알려진 바에 따르면 에밀 졸라는 돈의 부정적인 영향을 비판하기 위해 이 소설을 쓴 것이 아니다. 그는 이 작품을 쓰기 위해 작성한 초안에 '돈을 공격하지도 옹호하지도 말 것. 돈의 세기라고 불리는 우리의 세기와 명예의 세기라고 불리는 옛 세기를 대립시키지 말 것. 많은 사람들에게 돈이 품격 있는 삶을 보장함을 보여줄 것. 돈은 사람을 자유롭게 한다. 돈은 위생이요, 청결이요, 건강이요, 심지어 지성이다'라고 메모하기도 했다고 한다. 그럼에도 불구하고 이 작품에 등장하는 인물 대부분은 돈의 노예로 전락하는 모습을 보인다. '증권 투기의 광증으로 외동딸의 곤경마저 외면하는 모장드르 부부, 주식 관련 정보를 얻기 위해 성적 봉사를 제공하는 산도르프 남작 부인, 나폴레옹 3세의 애인으로서 거액의 화대를 받고 사카르와 동침하는 드 죄몽 부인, 서명인이 실종된 어음을 헐값에 사들인 후 서명인을 찾아 엄청난 고리高利를 취하는 유대인 뷔슈 등'[2]이 바로 그들이다.

주인공 사카르는 이 모든 사람을 능가한다. 그는 '고작 100만 프랑을 벌기 위해 30년의 인생을 쏟을 필요가 있을까? 간단한 증권 거래로 한 시간 만에 그 돈을 수중에 넣을 수 있는데 말이다'라는 생각으로 '한 방'을 노리면서 살아간다. 그리고 '돈을 받고 강간당한 아가씨와 결혼하면서 자기 이름을 판 사카르, 돈으로 호화로운 광기의 삶을 살면서 이 병든 아들을 타락시킨 사카르, 돈 때문에 아내의 서명이 필요했기에 자기 집에서 아내와 아들의 사랑을 묵인하고 가족이 재미있게 살기를 바라는 선량한 가장으로서 모든 것에 눈을 감은 사카르…… 무한한 권력 속에서 덧없는 인간의 양심보다 더 높이 추앙받는 돈, 피와 눈물보다 더 높이 군림하는 돈, 돈이라는 제왕, 돈이라는 신! 돈이 점점 불어나고, 사카르의 모습이 그 엄청난 돈과 함께 그려짐에 따라, 카롤린 부인은 자신이 수많은 여자 다음으로 그 괴물의 것이 되었다는 생각에 온몸이 얼어붙고 정신이 혼미해졌다'라는 부분에서 드러나듯이 그는 돈을 위해서는 물불을 가리지 않는다. 돈, 그것은 사카르의 유일무이한 인생 목표이다. '더 이상 돈이, 황금이, 이 반짝이는 별이 없다면, 도대체 무엇이 우리의 삶을 비춰줄 것인가!' 소설의 마지막 부분은 '결정적인 한 방'을 노리며 주식에 전 재산을 투자한 수많은 사람들이 한순간 주식시세의 폭락으로 인해 몰락하는 모습을 다큐멘터리 영상처럼 생생하게 보여준다.

> 마지막 30분 동안 패주가 점점 심해졌고, 군중은 우왕좌왕 혼잡하게 뒤엉켰다. 극단적 신뢰와 눈먼 열광에 뒤이어 공포의 반작용이 엄습했다. 모두가 늦었을까 두려워하며 주식을 팔기 위해 몰려들었다. 매도 주문이 원형 코르베유 위

로 우박처럼 쏟아졌고, 눈에 보이는 것은 이제 비 오듯 내리는 수많은 전표뿐이었다. 분별없이 내던지는 엄청난 양의 주식이 가격 하락을 부채질했으니, 그것은 문자 그대로 대폭락이었다. 시세는 추락을 거듭해서 1,500프랑, 1,200프랑, 900프랑으로 떨어졌다. 더 이상 매수자가 없었고, 포성이 멈춘 전장은 시체로 뒤덮였다. 빽빽하게 운집한 검은 프록코트들의 머리 위로 세 명의 시세 표지원이 마치 망자를 등록하는 시체 안치소의 서기처럼 보였다. 홀을 가로지르는 파산의 바람이 일으킨 기이한 효과인 듯, 대재앙으로 경악했을 때처럼 흥분이 가라앉고 소란이 잦아들었다. 폐장의 종소리가 울려 퍼진 후 마지막 시세가 830프랑이라는 사실이 알려졌을 때, 장내에는 무시무시한 침묵이 감돌았다. 끝없이 비가 흐르는 유리창을 통해 이제 어스름한 빛만이 들어올 뿐이었다. 우산에서 떨어지는 물과 사람들의 젖은 구두 때문에 홀은 관리가 소홀한 마구간의 진흙탕 바닥처럼 변했고, 그 위로 온갖 종류의 찢어진 종이가 굴러다녔다. 원형 코르베유에서는 사방에서 내던진 여러 색깔의 전표, 즉 초록색 전표, 붉은색 전표, 푸른색 전표가 눈에 두드러졌는데, 오늘은 전표의 양이 너무도 많아서 원형의 넓은 내부 공간이 그것으로 넘쳐흘렀다.[3]

Unemployed men queued outside
a depression soup kitchen opened in Chicago, 1931

제2부 극단의 시대

ECONOMY

11

불황이 탄생시킨 독점자본

세계 자본주의의 위기와 대응

역사학자들은 종종 유럽의 20세기가 제1차 세계대전(1914~1918년) 이후에 시작되었다고 말한다. 이는 그 전쟁이 1,000년 동안 유지된 유럽의 지형과 문화 전체를 근본적으로 뒤바꾸며 역사적 단절을 가져온 사건이었기 때문에 나오게 된 평가이다. 앞에서 살폈듯이 제1차 세계대전 이전에도 산업혁명이나 자본주의의 등장처럼 문명사적인 충격을 가져온 사건이 있었지만, 그것들은 영국과 프랑스를 비롯한 몇몇 나라에 국한된 변화였다. 반면에 제1차 세계대전은 유럽 전체의 지도를 완전히 바꿔놓았으니, 그것은 합스부르크 제국이 몰락하고 거기에 포함되어 있던 민족들이 독립국가를 이루었다는 것으로 요약할 수 있다.

유럽의 20세기는 평탄하게 시작되지 않았다. 유럽, 그리고 세계 자본주의는 1873년부터 1895년까지 심각한 불황을 맞았다. 자본주의는 그 자체가 하나의 거대한 시스템이어서 지속적인 이윤 창출과 성장에 의해 뒷받침되지 않으면 크나큰 위기, 즉 공황이 발생할 수밖에 없다. 왜냐하면 자본주의는 상품 생산에 기초한 시스템이어서 사용가치가 잉여가치로 이어져야 하는데, 그 규모가 커질수록 판매와 축적에 대한 압박도 커질 수밖에 없기 때문이다. 상품에 대한 대중의 욕망에는 제한이 있게 마련이고, 따라서 과잉생산이나 빈곤 등의 이유로 판매되지 않은 상품이 쌓이는 현상을 방지하기 어렵다. 이런 이유로 자본주의는 성장과 붕괴, 활황과 불황을 반복할 수밖에 없는데, 바로 1873년 무렵에 장기 불황이 시작된 것이다. 이 불황은 '공황'이라고 표기해야 마땅하지만 사람들은 1929년 미국에서 발생한 대공황과 구분하기 위해 대불황이라고 부르기도 한다.

사정이 이런 만큼, 산업혁명 이후 성장을 계속하던 19세기가 일시적으로 중단된 1873년부터 제1차 세계대전이 발발한 1914년까지를 19세기와 20세기의 사이, 즉 세기 전환기라고 불러도 좋을 것이다. 영국의 역사학자 에릭 홉스봄 Eric Hobsbawm(1917~2012)은 이 시기를 가리켜 '제국의 시대'라고 불렀다. 한편 홉스봄과 달리 영국의 경제학자 존 홉슨John A. Hobson(1858~1940)은 1870년부터 1900년에 이르는 30년을 '새로운 제국주의의 시대'라고 명명했다. '이 글에서 우리가 다루고 있는 시대는 명백하게 새로운 유형의 제국, 즉 식민지 제국의 시대이다. 그것은 주로 1880년에서 1914년 사이에 이루어졌으며, 유럽과 아메리카 바깥에 존재하는 대부분의 세계는 몇몇 국가의 공식적인 통치 아래, 혹은 비공식적인 정치적 지배하의 영토들로 분할되었다.'[1]

홉스봄 또한 이 시기의 핵심 문제가 제국주의임을 부정하지 않았다. 시기 구분에서 홉스봄을 수용하든 홉슨을 수용하든 상관없이 '1870년대부터 1900년대에 이르는 30년이란 기간은 영국을 비롯한 서구의 자본주의 국가들이 치열한 대외 팽창과 세계 분할 경쟁에 나섬으로써 그 성격에 있어서나 규모에 있어서나 앞 시대의 그것과 구별되는 새로운 제국주의를 추구했던 시기'(J. A. 홉슨)인 것은 분명한 사실이기 때문이다. 따라서 자본주의 역사에서 1873~1914년은 두 개의 특징적인 현상을 중심으로 살펴야 한다. 그 하나는 미국에서 '독점자본'이 본격적으로 등장했다는 것이고, 다른 하나는 유럽의 자본주의가 '제국주의' 성격을 띠기 시작했다는 것이다.

1873년부터 유럽의 자본주의에는 심각한 조짐이 연이어 나타나기 시작했다. 1873년에는 빈의 증권거래소가 갑자기 파산했고, 이어서 오스트리아, 독일 등에서 은행이 연달아 무너졌다. 이 시기에 영국의 수출액은 급감했고 그로 인해 과잉생산이 쌓여갔다. 1882년에는 프랑스 리옹의 증권거래소와 다수의 은행이 줄지어 파산했다. 은행과 증권거래소의 급작스러운 붕괴는 광산, 제철업, 건설, 섬유 등에서 줄도산을 불러왔으며, 날이 갈수록 실업은 늘어나고 임금은 하락했다. 급기야 1884년에는 미국의 철도 산업에서 대공황의 불씨가 타올랐다.

유럽에서 시작된 자본의 위기는 미국으로 건너와 1873년 9월 18일, 이른바 '검은 목요일'이라 불리는 날에 제이 쿡 은행과 노던 퍼시픽 철도가 도산했으며 같은 해 9월 20일에는 뉴욕 증권거래소가 열흘간 폐쇄되는 사태가 발생했다. 당시 '채권왕'이라 불린 제이 쿡Jay Cooke(1821~1905)은 남북전쟁 기간에 전쟁 채권 판매를 성공시킴으로써 북군의 승리에 지대한 영향을 끼쳤고, 전쟁 후에는 노던 퍼시픽 철도 개발에 투자하는 등 사실상 미국 최초의 투자은행가로 평가되는 인물이다. 남북전쟁 당시 펜실베이니아 주정부는 전쟁 비용을 충당하기 위해 300만 달러에 달하는 전쟁 채권을 발행했으나 판매에 실패하여 자금 압박에 시달리고 있었는데, 제이 쿡이 그 채권의 액면을 작게 쪼개어 국민들의 애국심에 호소하자 순식간에 모두 판매되기도 했다. 흥미로운 것은 유럽의 영향으로 찾아온 미국의 불황이 다시 유럽의 경제 상황에 영향을 끼쳐 한층 더 심각한 불황을 가져왔다는 사실이다. 역사학자들은 1873년에 시작되어 1895년까지 20년 동안 지속된 이 장기적 불황을 '대불황Long Depression'

이라고 명명한다. 그리고 미국에서는 소설가 마크 트웨인Mark Twain(1835~1910)의 소설 제목을 그대로 가져와 '도금시대Gilded Age'라고 부르기도 한다.

20년 넘게 지속된 이 장기 불황으로 인해 유럽 사회에서 두 가지의 특징적인 현상이 나타났다. 하나는 영국의 헤게모니에 큰 위협이 발생한 것이고, 다른 하나는 노동자 계급이 조직력을 갖추면서 자본의 압박과 착취에 조직적으로 저항하기 시작했다는 것이다. 19세기 말의 대불황은 1896년을 지나면서 다시 호황으로 바뀌었고, 그 흐름은 제1차 세계대전이 터질 때까지 지속되었다. 흔히 문화예술 분야에서 '벨 에포크Belle Epoque'라고 불리는 것이 바로 이러한 경제 상황을 배경으로 등장한 새로운 예술적 경향이다. 그리고 경기의 반등과 함께 눈에 띄는 현상 하나가 나타났으니 그것은 미국의 대기업을 중심으로 트러스트, 카르텔, 기업 그룹 같은 독점자본이 등장했다는 사실이다. 1900년대 초 미국에서 두드러지는 독점자본의 등장은 19세기 말 대불황에 대한 자본의 대응 전략 중 하나였던 것이다.

먼저 미국의 상황을 살펴보자. 앞에서 우리는 18세기 말 산업혁명 당시 발명에 대한 열정으로 산업의 혁신을 선도한 일군의 기업가들을 '신인류'라고 부른다고 소개했다. 경제학자 로버트 하일브로너는 이들 가운데 누구도 '귀족 출신'이 아니었다는 것과 '아무도 화폐자본을 소유하지 않았다'는 사실을 매우 강조했다. 하지만 20세기 초반은 여러모로 산업혁명 당시의 영국과 달랐다. 산업혁명은 방적·방직 산업과 철, 석탄 등 제한적인 분야의 변화를 가져왔다. 하지만 20세기 초에 이르면 산업화의 규모가 엄청나게 커져서 자동차 산업처럼 거대한 공장과 수많은 노동자를 필요로 하는, 말하자면 산업자본주의의 정점을 향해 치닫고 있었다. 이는 전적으로 기술의 빠른 발달 때문에 생긴 현상이며, 이로 인하여 석탄, 주철 같은 원재료는 물론이고 1인당 생산량과 연간 성장률 또한 가파른 상승 곡선을 그렸다. 말 그대로 대량생산의 시대가 시작된 것이다. 아이러니하게도 이 대량생산의 시대를 이끈 것은 산업혁명의 나라 영국이 아니라 영국의 식민지였던 미국이었다. 물론 이러한 변화는 도시화, 즉 오늘날과 마찬가지로 사람들이 도보가 아닌 자동차를 이용하여 이동하는 것이 일상화되고 그에 따라 도시 자체가 새롭게 만들어지는 과정이 없었다면 불가능했을 것이다.

20세기 초 미국에서 이러한 '규모의 경제'를 선도한 인물들은 오늘날까지도 대중에게 널리 알려져 있다. 철강왕 카네기, 철도의 해리먼, 석유왕 록펠러, 코크스cokes의 프릭, 식육 가공업의 아머와 스위프트, 농기계의 매코믹 등이 그들이다. 이 가운데 카네기와 록펠러는 20세기 초 미국 공업화의 신화적인 인물로 간주된다. 이들의 이름 뒤에는 대부분 '왕'이라는 칭호가 따라다닌다. 이는 성공의 정도를 나타내는 것이기도 하지만, 해당 산업에서 그들이 차지한 위상을 가리키는 것이기도 했다. 그런데 산업혁명 시기의 '신인류'와 달리 이들은 기술자, 발명가가 아니라 경영자, 투자자로서 그 위치에 올랐다. 20세기 초 미국 사회는 비약적인 성장을 거듭했고, 그러한 성장은 대륙횡단철도처럼 막대한 자금이 동원되어야 하는 대규모 개발사업과 밀접하게 연결되어 있었다. 18세기에 영국에서 시작된 세계 자본주의의 흐름이 미국으로 이동하고 있었으며, 세상은 점차 경영전략에 뛰어난 사람들에게 유리한 방향으로 흘러가고 있었다. 이러한 시기에 기업가는 더 많은 이익을 얻기 위해, 또는 생존하기 위해 수시로 전진과 후퇴를 거듭해야 했고, 때로는 한 번의 판단이 기업의 운명을 좌우했다. 사람들은 록펠러와 카네기 같은 인물을 노블레스 오블리주noblesse oblige의 모범적인 사례처럼 생각하지만 당시 이들은 이익을 위해 수단과 방법을 가리지 않는 존재, 즉 '날강도 귀족', '강도 남작robber barons'이라고 불렸다.

애덤 스미스는 시장에서의 자유경쟁이 생산자와 판매자의 이익을 낮추는 방향으로 진행됨으로써 궁극적으로는 사회 전체, 모든 소비자에게 이익이 돌아갈 것이라고 예언했지만 19세기 말~20세기 초 미국의 상황은 정반대였다. 이른바 트러스트라는 이름으로 사실상 해당 분야의 시장을 완전히 장악한 기업이 등장하기 시작했고, 그것도 생필품에서부터 은행, 철도 등의 거대 산업에 이르는 모든 분야에서 대규모 독점기업이 나타났다. 특히 이러한 독점자본주의는 대량생산체제와 교통의 발달에 힘입은 전국적인 유통망 구축으로 인해 전국적 규모로 시장을 지배할 수 있었다. 대표적으로 석유왕 록펠러가 세운 스탠더드 오일은 1879년에 미국 정유업의 90퍼센트를 장악했고, 1904년에는 국내 거래량의 85퍼센트, 수출량의 90퍼센트를 차지했다. 이러한 독점기업은 한 국가의 시장 전체를 지배하기 위해 거대한 공장을 건설할 수밖에 없었고, 이러한 공장의 규모는 역으로 과잉생산을 부채질하는 요인이 되었다. 요컨대 생산의 규모와 시장지배력이 서로를 부추기면서 규모의 경제를 키워나갔으니 이러한 현상은 시장에서의 수요가 줄어드는 즉시 엄청난 재고를 만드는 위험을 떠안고 있었다.

물론 이 시기에도 독점자본끼리의 경쟁은 존재했다. 그런데 이들 간의 경쟁은 과거와 전혀 다른 양상을 띠었다. 거대 기업은 경쟁 상대보다 우위를 점하기 위해 생산의 규모를 확장하는 방식을 선택했는데, 이로 말미암아 생산 비용은 줄일 수 있었으나 상대적으로 고정비용(설비투자, 지대, 임금 등)은 올라갈 수밖에 없었다. 즉 판매가 원활한 상태에서는 생산 비용을 절감해 경쟁 상대보다 유리한 조건을 점할 수 있었지만 반대로 판매량이 줄어들면 고정비용의 압박으로 인해 즉시 위험에 노출될 수밖에 없었던 것이다. 이러한 공룡 기업들 간의 경쟁은 엄청난 실업을 불러올 가능성이 높고, 그것은 필연적으로 시장 전체를 위기상태로 몰아갈 수밖에 없었다. 상황이 이러했으므로 기업들은 결국 경쟁을 회피하는 방향을 선택했고, 그 결과는 '금융'을 중심으로 한 거대한 트러스트의 등장, 그리고 특정 산업 분야를 지배하는 대기업의 출현으로 요약된다. 그리고 이것은 자본주의의 제2의 시대라고 말할 수 있는 '제국주의 시대'를 열었다.

12

약탈의 경제

새로운 제국주의와 제1차 세계대전

19~20세기 서구 자본주의의 역사에 대해 이야기할 때 꼭 짚어야 할 사건이 하나 있다. 바로 1870년대부터 제1차 세계대전 직전까지 전 지구적으로 확장된 유럽 국가들의 제국주의imperialism이다. 역사학자들은 고대 및 중세에 존재했던 '제국'과 구분하여 이 시기의 제국주의를 흔히 '새로운 제국주의'라고 부르는데, 이것은 서구 자본주의의 발전과 확장이라는 맥락, 즉 경제적인 성격을 빼놓고는 이해할 수 없는 현상이다. 그럼에도 불구하고 서구의 경제학자들은 자본주의 역사를 쓸 때 종종 이 중대한 사건에 대해 침묵하는 경우가 많다. 중립적이라고 평가되는 로버트 하일브로너가 쓴 『자본주의 : 어디서 와서 어디로 가는가』에도 이 시기의 제국주의에 관한 기술

은 완전히 빠져 있다.

19세기 말에 등장한 제국주의는 제1차 세계대전의 직접적인 원인이었다는 점에서도 상당히 중요한 역사적 사건이다. 대다수의 역사 교과서에는 15세기 말, 신항로 개척 이후 무역 활동에 열을 올리던 유럽 국가들이 아프리카를 선점하기 위해 치열하게 경쟁했고, 그중에서도 영국과 프랑스가 활발하게 움직였다고 기록되어 있다. 역사적 사건의 원인은 단일하지 않아서 그 기원을 15세기 말까지 거슬러 올라갈 수도 있겠지만, 19세기 말에 등장한 유럽의 제국주의는 직접적으로 보불전쟁 이후 달라진 국제정치의 역학 관계, 그리고 1870년 무렵에 시작된 장기 불황에 대한 반응으로 이해하는 것이 타당하다.

보불전쟁은 1870~1871년에 걸쳐 일어난 프로이센과 프랑스 간의 전쟁이다. 나폴레옹 3세의 도전으로 시작된 이 전쟁에서 나폴레옹의 프랑스가 패배하고 비스마르크의 프로이센이 승리함으로써 빌헬름 1세와 비스마르크는 독일 제국을 건설한 반면, 프랑스인들은 내면에 심각한 상처를 입었다. 패전국인 프랑스는 알자스 로렌 지방을 독일 제국에 넘겨주어야 했고, 50억 프랑이라는 엄청난 금액을 전쟁배상금으로 지불해야 했기 때문이다. 이에 프랑스 당국은 구겨진 국가적 자존심을 회복하기 위해 피라미드 광장에 잔다르크 기마상을 세워 국민들의 애국심을 고취하려 했고, 프랑스인들 또한 국가주의, 애국주의, 민족주의 등을 강조함으로써 실추된 자존심을 만회하고자 했다. 하지만 민족 감정에 근거한 이러한 분위기는 인종차별 등의 또 다른 문제를 낳았는데, 유대인 출신의 프랑스 장교를 독일군의 스파이로 몰아서 체포한 '드레퓌스 사건'도 이런 분위기에서 발생했다. 그런데 프랑스는 패전에도 불구하고 기존 식민지를 유지하는 것은 물론이고 북서 아프리카를 비롯해 베트남 등지에서 식민지 팽창 정책을 실시했다.

1902년에 출간된 영국의 경제학자 존 홉슨의 『제국주의론』은 경제적 시각에서 이 시기, 그러니까 1870년부터 1900년에 이르는 30년 동안 서구 자본주의 국가들이 보여준 대외 팽창과 세계 분할 경쟁의 양상을 분석한 기념비적 저작이다. 이 책에서 홉슨은 유럽 국가들이 국가 전체 또는 국민 전체로서는 쓸모없는 사업이었음에도 불구하고 식민지 확장 경쟁에 뛰어든 이유는 그것이 특정한 사람들에게는 더할 나위 없이 훌륭한 사업이었기 때문이라고 설명하고, 이를 '새로운 제국주의'라고 보았다. '막대한 군비 지출, 값비싼 전쟁, 대외 정책에서의 심각한 위험과 곤란, 영국 국내에서의 정치적·사회적 개혁에의 견제 등은 영국 국민에게 막대한 피해를 가져다주었음에도 불구하고 어떤 산업이나 직업들의 사업상의 당면 이익을 위해서는 커다란 도움이 되었다.'[1]

이 시기 제국주의의 핵심이 경제적인 이익을 얻는 데 있었는지 아닌지는 여전히 논란거리이다. 홉슨은 1870년에 이르러 유럽 국가들에서 대불황이 발생하여 자본투자와 축적에 심각한 문제가 생겼다는 점에 주목하여 이 무렵 영국의 제국주의적 팽창은 경제적인 조건이 요구했던 압력의 산물 이외의 것이 아니었다고 주장했다. 요컨대 19세기 말의 제국주의는 과잉자본이 요구하는 해외투자의 일환이었고, 정치적인 지배의 문제가 있었다고 하더라도 더욱 본질적인 원인은 경제적인 문제에 있었다는 것이다. 하지만 1870년 이전의 식민지 건설이 시장 확보를 위한 것이었음에 반해 이 시기에는 국가적인 차원에서 제국주의 정책을 추진했고, 그것은 경제적인 목적 외에 정치적인 목적, 즉 영토 팽창 등의 더 본질적인 원인에 의해 발생한 것이라는 관점도 존재한다.

백인의 임무를 수행하라
가장 좋은 자녀들을 선발하고
포로들의 필요에 봉사하도록
아들들을 방랑길에 올리라
만반의 준비를 갖추고 대기하게 하라
허둥대는 야만스러운 족속들을 위해
새로 장악한 시큰둥한 종족들을 위해
반은 악마고 반은 어린애인

12

백인의 임무를 수행하라
끈기 있게 기다리며
폭력에 의한 위협은 뒤로 감추고
오만한 태도를 자제하라
명료하고 열린 말투로
타인의 이익을 찾아주고
남들의 이익에 봉사하라

백인의 임무를 수행하라
평화를 위한 야만적 전쟁을
기아자의 입을 음식으로 채워주고
질병을 멈추게 만들라
그대의 목표가 가까웠을 때
남들의 목적도 달성되게 하라
게으름과 이교도의 우둔함이
그대의 희망을 무산시키지 않게 하라

백인의 임무를 수행하라
열왕들의 번지르르한 법령이 아니라
노예와 청소부의 피땀이
평범한 일들의 이야기가 중요하다

그대가 들어가보지 못할 현관을
그대가 밟지 않을 대로를
가서 만들라 생명을 바쳐
죽음으로 그대의 흔적을 남기라!

백인의 임무를 수행하라
그리고 낯익은 보상을 거두라
개량시켜주는 자들의 비난을
지켜주는 자들의 증오를
광명으로 인도해 가는(아, 느리게라도!)
무리들의 다음과 같은 아우성을
“왜 우리를 속박에서 풀어놨소
우리 좋았던 애급의 밤에서?”

백인의 임무를 수행하라
몸을 낮춰 열등해지지 말며
자유를 지나치게 소리치지 말라
지쳤음을 핑계 삼는 것이라
그대가 소리치고 속삭이는 내용으로
그대가 포기하거나 행하는 일들로
말없이 시큰둥한 족속들은

그대의 신과 그대를 가늠하리라

백인의 임무를 행하라
유치했던 나날들과는 결별하라
경박하게 주어졌던 월계관
손쉬운 값싼 칭찬들과
이제 오라, 고마워할 줄 모르는 세월 속으로
그대의 남자다움을 찾아서
값지게 획득한 지혜와 그대에게 어울리는 판단력으로
날카롭게 무장되어 이제 오라!

– 키플링, 「백인의 임무」 전문[2]

『정글북』의 저자 조지프 러디어드 키플링Joseph Rudyard Kipling(1865~1936)은 이 시기 영국의 제국주의를 이야기할 때 빼놓을 수 없는 작가이다. 1899년에 발표된 이 시의 주된 내용은 식민지인을 대하는 '백인의 임무'를 주지시키는 것이다. 키플링은 필리핀을 식민지로 삼은 미국인들에게 영국인의 입장에서 충고하기 위해 이 시를 쓴 것으로 알려져 있다. 실제로 이 시에는 '미국과 필리핀 제도'라는 부제가 붙어 있다. 식민지인들을 '반은 악마고 반은 어린애'로 인식하는 키플링의 태도에서는 비非서구에 대한 서구인들의 오만한 태도가 느껴지는데, 더욱 문제적인 것은 식민지에서 벌어진 현실이 '백인의 임무'가 강조하고 있는 바와는 상당히 거리가 멀다는 점이다. 문명개화의 논리가 경제적 침략을 은폐하기 위한 이데올로기에 불과했는지, 아니면 제국주의에 경제적 이해관계 이상의 무엇이 존재했는지는 또 다른 논의를 필요로 하는 문제일 것이다. 분명한 것은 이 시기에 영국과 프랑스를 필두로 그동안 해외 팽창에 관심이 없었던 독일마저 뒤늦게 세계 분할 경쟁에 참여했다는 것, 그리고 그러한 열강들의 식민지 쟁탈 경쟁이 끝내 세계대전을 불러왔다는 사실이다.

19세기 후반 강대국들의 제국주의는 세계사의 문제만이 아니라 조선, 즉 우리나라의 운명과도 직결된 문제였다. 조선 후기에서 구한말까지 조선에 대한 서구의 침략 과정을 살펴보면 이 시기 제국주의의 성격을 확인할 수 있다. 미국 상선 제너럴셔먼 호가 조선과의 교역을 요구하면서 등장하여 쇄국정책을 펼치던 조선의 퇴거명령에 불응하며 약탈 등을 자행한 사건(1866년), 그리고 이 사건을 빌미로 미국의 아시아 함대가 강화도에 쳐들어온 신미양요(1871년) 등에서 확인되듯이 미국은 일찍부터 아시아 국가에 대한 경제적 침략을 시도했다. 조선에 대한 미국의 침략은 강력한 쇄국정책 탓에 모두 실패했지만, 1873년 흥선대원군이 실각하자 이번에는 일본이 운요호雲揚號를 부산항에 입항시키고 조선의 항의에도 불구하고 포격을 앞세운 무

12 력시위를 벌였다(1875년). 이 사건을 계기로 조선은 일본과 조일수호조규(1876년)를 체결했고, 이 사실을 안 미국 역시 다양한 국제적 역학 관계를 이용하여 마침내 조선과 조미수호통상조약(1882년)을 맺기에 이른다. 이때부터 조선의 운명은 급속하게 기울기 시작했으며 서구 제국주의 국가들은 경쟁적으로 조선에 대한 경제적 침탈을 시도했다.

1876년 일본과의 불평등조약으로 시작된 조선의 시장 개방은 미국(1882년), 영국(1883년) 등으로 이어졌고, 이들 조약을 계기로 조선은 경제적 침략에 혈안이 된 제국주의 국가들의 전쟁터로 전락했다. 이 시기 조선이 제국주의 국가들과 맺은 모든 통상조약에는 빠짐없이 '최혜국 대우권'이라는 독소 조항이 들어 있다. 뒤에 나오는 표에서 확인되듯이 이들 국가는 심지어 자신들이 획득한 이권을 서로 간에 거래했는데, 이는 제국주의 국가들에게 조선이라는 나라가 어떻게 인식되고 있었는가를 단적으로 보여주는 사례라고 할 수 있다. 누군가의 말처럼 당시 조선은 열강들에 그저 '밥상'일 뿐이었다.

문명과 개화를 앞세우고 조선에 발을 들여놓은 제국주의 국가들은 조선 전역의 광산 채굴권, 철도 부설권, 전화·전차 부설권, 삼림 벌채권 등을 수중에 넣었다. 러시아는 압록강·두만강 삼림 벌채권과 함경도 종성·경원의 광산 채굴권을, 미국은 평안도(평북) 운산 금광 채굴권과 함경도 갑산 광산 채굴권과 한

제국주의 열강의 주요 이권 침탈(1882~1904년)[3]

연도	이권 내용	침탈국
1882	상하이–시모노세키–부산–인천 윤선(증기선) 정기 운항권	영국
1883	상하이–인천 윤선 정기 운항권	영국
1886	전라도 세미稅米 운송권	독일
1888	두만강 운항권	러시아
	한로(러시아) 은행 개설권	러시아
1891	원산 저탄소貯炭所 설치권	러시아
1895	평북 운산 금광 채굴권	미국
1896	경인 철도 부설권(1898년 일본에 100만 달러에 매각)	미국
	함북 경원·종성 금광 채굴권	러시아
	인천 월미도 저탄소 설치권	러시아
	압록강 유역·울릉도 삼림 채벌권	러시아
	동해안 포경권	러시아
	경의 철도 부설권(일본에 매각)	프랑스
1897	서울 전기·수도 시설권	미국
	부산 절영도 저탄소 설치권	러시아
	강원도 금성 당현 금광 채굴권	독일
1898	서울 전차 부설권	미국
	평남 운산 금광 채굴권	영국
	경부 철도 부설권	일본
	평양 탄광 석탄 전매권	일본
1900	충남 직산 금광 채굴권	일본
1901	경기도 연해 어업권	일본
	독점적 인삼 수출권	일본
	평북 창성 금광 채굴권	프랑스
1903	평양 무연탄 광산 채굴권	프랑스
1904	충청·황해·평안도 연해 어업권	일본

양(서울)의 전화와 전차 부설권을, 독일은 강원도 금성 금광 채굴권을, 영국은 평안도(평남) 운산 금광 채굴권을 수중에 넣었다. 그 제국주의 국가들 중 노른자를 몽땅 차지한 것은 일본이었으니, 일본은 경인선, 경의선, 경부선, 경원선 등의 철도 부설권과 충남 직산 금광 채굴권을 획득했다.

사정이 이러했기에 '백인의 임무'를 떠들며 시작된 식민지 쟁탈전이 식민지 지배로 귀결되는 것은 전혀 이상한 일이 아니었다. 구한말 조선의 풍경은 하루가 다르게 바뀌어갔다. 1899년 무렵에는 서울(한양) 시내에 전차가 다니기 시작했고, 대로변에는 유럽풍의 근대 건축물이 하나둘씩 자리잡기 시작했다. 비슷한 시기에 인천과 노량진을 잇는 철도가 개통되었고, 한강철교가 완공되었다. 바로 그 직전에는 덕수궁과 인천 사이에 전화가 개설되었고, 1900년부터는 전기 가로등이 거리의 어둠을 밝히기 시작했다. 하지만 이 모든 것은 조선인을 위한 것이 아니라 제국주의 국가들의 이윤 창출을 위해 만들어진 것이었다.

역사학자 에릭 홉스봄은 유럽의 수출액이 1848년에서 1875년 사이에는 두 배 정도밖에 증가하지 않았지만, 1875년부터 1915년까지는 약 네 배 증가했다고 밝혔다. 이런 점에 비추어 그는 '신제국주의에 대하여 순수하게 비경제적인 설명을 시도하는 것은 노동 계급 정당의 등장에 대해 순수하게 비경제적 설명을 시도하는 것만큼이나 비현실적인 것'[4]이라고 꼬집었다. 19세기 후반의 제국주의는 누가 뭐래도 자본의 불확실성 시대에 '시장을 보호하고 유지하려는 압력에 의해 강화된, 경쟁적인 산업적·자본주의적 국민경제들 간의 경쟁이 낳은 새로운 결과물'[5]이었다. 제국주의 국가에 식민지는 원료를 값싸게 구할 수 있고 상품을 안정적이고 비싸게 판매함으로써 국가 간의 경쟁에서 비교우위를 점할 수 있는 교두보였다. 그리고 당시의 조선처럼 자본주의 시스템이나 근대적 생활양식이 존재하지 않는 곳에는 먼저 기간산업 자체를 수출함으로써 사회적 질서를 자본주의로 전환시키고, 사람들의 생활양식을 근대적으로 바꾼 이후에 상품을 수출하는 방식을 주로 채택했다. 요컨대 제국주의의 경제 침탈은 단순히 원료를 약탈하는 데 그치지 않고 사회적 질서, 사람들의 삶의 방식 전체를 수출에 유리한 방식으로 바꾸어놓는 방향으로 나아갔다. 우리가 흔히 '근대화'라고 부르는 것이 바로 이 방향 전환이었던 것이다.

13

무너지는 자본주의

대공황 : 1929년 10월 29일 화요일

제1차 세계대전이 끝났을 때, 미국은 세계 제일의 경제대국이 되어 있었다. '1917년 철광석 7,500만 롱톤, 석탄 5억 5,500만 쇼트톤, 1920년 석유 채굴 6,000만 톤, 유럽의 총생산량과 맞먹는 발전량, 1920년 철강 생산 약 4,000만 톤, 그 밖에 자동차, 전기, 화학 등 현대적 산업에서의 우위 등등.'[1] 전쟁 직후부터 1929년까지 미국 경제는 엄청난 속도로 성장하면서 최고의 번영을 이루었다. 도시의 숫자가 급증했고 일자리는 날이 갈수록 늘어났다. 평균 노동시간도 눈에 띌 정도로 줄어들었다. 게다가 시간당 소득이 두 배 이상 올랐는데도 소비자물가는 크게 오르지 않아서 실질임금 또한 상당히 상승했다. 불과 얼마 전 토머스 우드로 윌슨Thomas Woodrow Wilson(1856~1924)이

민주주의와 국제 협력의 이념을 강조했는데(그의 제청에 의해 '국제연맹'이 창설되었다), 1921년 그의 뒤를 이어 미국 제29대 대통령에 오른 워런 G. 하딩Warren G. Harding(1865~1923)은 '나는 우리 미국에 우리의 의무를 지시해주는 어떠한 강대국 회합도 필요치 않다는 확신을 가지고 있다. (……) 무엇보다도 먼저 미국을 지키는 것, 먼저 미국을 생각하는 것, 먼저 미국을 찬양하는 것이다!'라는 말로 평화조약과 국제연맹에 대한 반대를 분명히 했다. 미국은 자신감에 넘쳐 국제사회나 유럽과의 관계에 관심이 없음을 노골화했고, 그것은 외국 상품과 이민에 대한 보호주의로 구체화되었다. 1920년대 초반, 그러니까 대공황 직전의 흥청망청하던 이 시기가 바로 프랜시스 스콧 피츠제럴드Francis Scott Fitzgerald(1896~1940)의 소설 『위대한 개츠비』의 시대적 배경이다.

이러한 분위기 속에서 1928년 11월 6일 미국의 제31대 대통령 선거가 진행되었다. 공화당의 허버트 후버Herbert Hoover(1874~1964)와 민주당의 앨프리드 스미스Alfred Emanuel Smith Jr.(1873~1944)가 맞붙은 이 선거에서 공화당은 1920년대의 경제 호황을 주요한 공략 포인트로 내세웠다. 그해 8월, 미국의 대통령 후보인 후버는 선거유세에서 이렇게 떠들었다. "오늘날 미국에 살고 있는 우리는 지금까지 그 어느 나라의 역사 속에서도 찾아볼 수 없는 빈곤 극복의 절정에 도달해 있습니다. 이제 구빈원은 우리 사회에서 그 자취를 감추고 있습니다." 미국 경제를 붕괴시킨 대공황이 발생하기 불과 1년 전이었으나 그 어디에서도 공황의 징후는 발견되지 않았다. 아니, 이 시기에는 엄청난 주식 붐이 일어 사람들의 정신이 온통 주식시장에 묶여 있었다. 로버트 하일브로너는 1921년에 1,000달러를 대표주 묶음에 투자한 사람은 1925년에는 6,000달러 이상, 1926년에는 9,000달러, 1928년에는 2만 달러를 벌었다고 쓰고 있다. '하지만 이는 시작일 뿐이었다. 1929년 6월과 7월 한 달 사이에 산업주 평균이 거의 1928년 한 해 상승분에 맞먹도록 급상승했다.'[2] 언론인이자 사회사학자인 프레더릭 루이스 앨런Frederick Lewis Allen(1890~1954)은 당시의 주식 붐을 다음과 같이 묘사한다.

> 부잣집 자가용 운전수도 베들레헴강철 주가의 임박한 변동 소식에 귀를 쫑긋 세우면서 차를 몰고 있었다. 그는 20퍼센트의 증거금으로 그 회사의 주식을 50주 가지고 있었다. 주식 중개인의 사무실 창문을 닦던 청소원은 일을 멈추고 증권 시세 표시기를 바라보았다. 그는 힘들게 모은 저축으로 시몬스 주식을 살까 말까 고민 중이었다. 에드워드 르페브르(당시 주식시장을 명쾌하게 설명해주는 기자였고 상당한 개인적 경험 또한 쌓은 이였다)는 어느 주식 중개인의 하인이 주식으로 25만 달러 가까이 벌어들인 이야기나 환자가 준 팁으로 주식을 사서 3만 달러를 벌어들인 간호사, 기차역에서 30마일이나

떨어진 와이오밍의 어느 시골에 살면서도 매일 3,000주씩 사고파는 소몰이꾼 이야기 등을 늘어놓고 있었다.[3]

오늘날의 '영끌 투자'와 비슷한 현상이 1920년대 미국에서 먼저 존재했던 것이다. 루이스 앨런은 이 무렵의 주식 열풍을 '모든 말들이 이기는 경마 경기'에 비유했다. '1928년과 1929년 대부분의 기간 동안, 주식을 사는 일은 놀랍게도 거의 모든 말들이 이기는 경마 경기에 돈을 거는 것과 마찬가지였다.'[4]

당시 미국인들 중 누구도 조만간 미국 경제를 송두리째 뒤흔들 대공황이 발생할 것임을 예상하지 못했다. 어처구니없게도 이 같은 낙관적 분위기는 대공황이 발생하기 직전까지도 여전했다. 1929년 10월 23일 첫 이상 징후가 감지되었다. 정오가 되자 주식을 팔겠다는 주문이 엄청나게 쏟아진 것이다. 그럼에도 불구하고 신문들은 '내일이 되면 주식시장은 반드시 조직적인 지원을 받게 될 것입니다'라는 희망 섞인 메시지를 쏟아냈다. 10월 24일에는 주식을 팔아치우려는 움직임이 한층 더 심각해졌고 주가 또한 20퍼센트 이상 급락했다. 그리고 마침내 1929년 10월 29일, 이른바 '검은 화요일'이 시작되었다. 실제 이날 하루에만 1928년 한 해 동안 올랐던 주가가 온데간데없이 사라졌다. 주가가 곤두박질치고, 국내 총생산량이 반토막 나고, 실업률이 급속히 치솟았다. 1933년의 실업률은 1929년 실업률의 여덟 배에 달했다. 경제사회학자 칼 폴라니는 1929년의 대공황을 19세기에 확립된 시장경제의 붕괴로 인식했다.

왜 이런 일이 발생했을까? 다양한 해석이 가능하지만 누구도 부인할 수 없는 한 가지 원인은 1920년대 미국의 호황이 실물경제가 아닌 주가에서 비롯되었다는 사실이다. 달리 말하면 1929년의 대공황은 주식과 부동산의 폭등과 폭락이라는 전형적인 금융 투기에서 발생한 것이었다. 하지만 더 중요한 측면은 그것이 미국 경제의 붕괴가 아니라 전 세계적인 붕괴의 일부였다는 점이다. 제1차 세계대전을 기점으로 세계경제의 판도는 급속하게 미국 쪽으로 기울었다. 이 시기 미국에서는 대량생산이 본격화했으며, 게다가 포드주의가 안착됨에 따라 생산성이 다섯 배까지 증가했다. 대량생산·대량소비 시스템은 '대량', 즉 규모의 경제에 의해서만 유지되는 것이기에 그 조건에 변화가 생기면 지탱되기 어렵다. 이 때문에 1932년, 그러니까 대공황이 2년 정도 지속되었을 때 미국 산업 전체의 생산량이 전성기의 절반에도 미치지 못했고, 1932년 한 해에만 임금의 60퍼센트 정도가 삭감되었으며, 그럼에도 불구하고 1,200만 명 이상의 미국인이 해고되기에 이르렀다.

대공황의 또 다른 원인은 과잉 공급과 수요의 급감이다. 제1차 세계대전 이후 대량생산체제를 갖춘 미국의 산업은 생산성 증가를 통해 엄청난 상품을 공급했지만 그것들이 판매되지 않음으로써 불황이 발생한 것이다. 이 문제는 경제학에서 중요한 논점 중 하나이다. 대공황 이후 경제학자들은 수요와 공급의 불일치에 대해 고민하지 않을 수 없었다. 이는 곧 고전경제학의 주장이 틀렸다는 의미이기도 하다. 알다시피 애덤 스미스는 시장의 자율적인 가격 조절 기능을 '보이지 않는 손'이라고 명명하고, 자유경쟁 아래서 공급과 수요의 법칙이 시장의 균형을 조절한다고 주장했다. 하지만 대공황의 현실을 경험하면서 사람들은 점점 애덤 스미스의 주장을 의심하기 시작했다. 특히 마르크스주의자들은 과잉생산의 문제가 자본주의가 지닌 체제적 경향, 즉 구조적인 모순이라고 판단했다.

앞에서 우리는 '새로운 제국주의'가 과잉자본이 요구하는 해외투자 때문에 등장했다는 홉슨의 주장을 살펴보았다. 요컨대 홉슨에게도, 1920년대의 마르크스주의자들에게도 자본주의는 본질적으로 과잉자본, 과잉생산의 경향을 지닌 것으로 이해되었는데, 문제는 두 차례의 세계대전 사이에 미국을 비롯한 유럽 국가들의 자본은 마땅한 출구(투자처)를 발견하지 못했다는 것이다. 특히 앞에서 이야기했듯이 제1차 세계대전 이후 미국은 경제대국의 지위에 올라서면서 보호무역주의를 선택했으며, 해외와의 관계 대신 국내시장을 기반으로 성장을 거듭해왔다. 이런 조건에서 과잉 공급과 수요의 급감, 즉 공급과 수요의 불균형은 쉽게 해결하기 어려운 문제일 수밖에 없었다.

1929년의 대공황에서 가장 흥미로운 장면은 대량 생산된 상품을 처리하는 방식이다. 당시 거의 모든 공장에는 팔리지 않은 상품이 산더미처럼 쌓여 있었다. 상식적으로 생각해보면 팔리지 않은 상품은 일정한 시간이 지나면 쓰레기가 될 것이므로, 대공황에서 벗어날 수 없다면 그 상품들을 저렴하게, 아니 공짜로 나눠 줄 수도 있었을 것이다. 하지만 현실은 정반대였다. 기업들은 남아도는 상품을 바다에 던져버릴지언정 공짜로 나눠 주지 않았다. 이것이 바로 자본주의의 원칙 중 하나이다. 대공황 시대 미국의 비참한 현실을 그린 존 스타인벡John Steinbeck(1902~1968)의 『분노의 포도』에 등장하는 다음의 장면 역시 자본주의의 이 원칙을 분명히 보여준다.

> 값을 유지하기 위해 덩굴과 나무의 뿌리가 만들어낸 열매들을 파괴해버려야 한다. 이것이 무엇보다 슬프고 쓰라린 일이다. 차에 가득가득 실린 오렌지들이 땅바닥에 버려진다. 사람들이 그 과일을 얻으려고 먼 길을 왔지만, 그 사람들을 내버려둘 수는 없다. 그냥 차를 몰고 나가서 오렌지를 주워 올 수 있다면, 12개에 20센트를 주고 오렌지를 사 먹을 사람이 있겠는가? 사람들이 호스를 가지고 와서 오렌지에 휘발유를 뿌린다. 그들은 과일을 그냥 주워 가려고 온 범죄자들에게 화가 나 있다. 수많은 사람들이 굶주리며 과

일을 먹고 싶어 하지만…… 산더미처럼 쌓인 황금색 오렌지 위에는 휘발유가 뿌려진다. 썩는 냄새가 일대를 가득 채운다. 커피를 태워 배의 연료로 써라. 옥수수를 태워 난방을 해라. 옥수수는 뜨겁게 타니까. 강에 감자를 버리고 강둑에 경비를 세워 굶주린 사람들이 감자를 건져 가지 못하게 해라. 돼지를 죽여 묻어버려라. 그리고 그 썩은 물이 땅속으로 스며들도록 내버려둬라.[5]

14

'보이는 손' 국가의 개입

케인스와 뉴딜 정책

역사학자 에릭 홉스봄은 1929년의 대공황에 대해 이렇게 평가했다. '경제 붕괴가 없었다면 확실히 히틀러도 없었을 것이고, 거의 확실히 루스벨트도 없었을 것이다. 소련 체제가 세계 자본주의에 대한 만만치 않은 경제적 맞수이자 대안으로 간주될 가능성은 지극히 낮았을 것이다.'[1] 역사에 가정假定은 무의미하다고들 하지만, 대공황이 없었다면 분명 히틀러도 루스벨트도 없었을 것이다. 대공황은 대중에게 절망과 실업을 안겼고, 경제학자들에게 고전경제학과 다른 논리의 경제학을 요구했다. 시대가 제기한 문제는 이런 것이었다. 시장의 자율적 기능이 아니라면 수요와 공급의 불일치는 어떤 방법으로 해결할 수 있는가? 이 질문에 답변을 제시한 사람이 바로 경제학자 존 메이너드 케인스John Maynard Keynes(1883~1946)이고, 그것을 실행하여 부분적으로나마 입증한 사람이 바로 1933년 미국의 제32대 대통령에 취임한 프랭클린 루스벨트Franklin Delano Roosevelt(1882~1945)이다. 그리고 그들이 제시한 답은 바로 '국가'였다.

1933년 12월 31일 〈뉴욕 타임스〉에 경제학자 존 메이너드 케인스가 루스벨트에게 보내는 공개서한이 실렸다. 루스벨트가 대통령에 취임한 것이 1933년 3월 4일이니 취임 후 9개월 남짓 지난 시기였다. 이 편지에서 케인스는 '당신은 기존 사회 시스템의 뼈대 안에서 사리에 맞는 시도를 통해 현 상황의 악을 개선시키려는 모든 국가의 대리인으로 나섰습니다. 당신이 만약 실패한다면, 세계적으로 합리적인 변화는 심각하게 타격을 입을 것이며, 교조주의와 혁명끼리 세계를 놓고 아귀다툼을 벌일 것입니다'라고 했다.* 물론 아귀다툼은 발생하지 않았다.

루스벨트는 취임 직후부터 미국 경제를 회복시킬 아이디어를 쏟아낸 것으로 유명하다. 그리고 그 핵심은 '뉴딜 정책'이라는 이름으로 알려진 공공 부문, 즉 시장 내에서 정부의 역할과 범위를 확장시키는 것이었다. 1933년 봄, 루스벨트는 라디오 연설을 통해 은행들의 업무 개시를 독려하는 것을 시작으로 공

* 이 편지의 전문은 존 메이너드 케인스의 『설득의 에세이』(2017년)에 수록되어 있다.

공사업국을 만들어 수많은 가정을 구제했으며, 중요한 자문위원회를 만들어 각계각층으로부터 아이디어를 모았다. 또한 긴급은행법을 만들어 은행에 대한 정부의 감독 권한을 확대하는 조건으로 은행 문을 다시 열게 했다. 확산되던 은행의 도산을 막고, 건강한 은행에 재정을 지원하여 은행에 대한 대중의 신뢰도를 높이기 위함이었다. 또 있다. 환경보존 민병대를 창설하여 청년실업의 일부를 수용했고, 연방 긴급 구호법을 제정하여 실직자 구호 기금을 조성했으며, 긴급 농지 모기지법을 제정하여 농민들에 대한 대출을 늘렸다. 테네시 계곡개발공사Tennessee Valley Authority, TVA를 승인하고 증권업 규제 법안인 연방 증권법, 실직자의 구직활동을 지원하는 국가 고용법, 주택 소유자 채융자법, 그리고 금융 분야에 혁신적인 변화를 가져온 글래스·스티걸법, 일명 은행법 등을 연거푸 제정했다. 특히 은행법은 모든 은행이 상업은행과 투자은행 중 하나의 성격만 지닐 수 있게 만들었고, 상업은행에는 오늘날의 예금자보호법과 유사한 장치를 강제했다. 이처럼 1935년 이전에 경제정책을 추진하기 위한 법을 제정하고 집행한 것을 흔히 제1차 뉴딜 정책이라고 이야기한다.

1935년부터는 제2차 뉴딜 정책이 시작되었는데, 연방정부의 재정정책과 공공사업 진행을 위한 노동 프로그램 확장 등이 주요 내용이었다. 1935년에 제정된 전국노동관계법과 사회보장법이 대표적인 사례이다. 전자는 노동자가 단체 협상의 권리를 갖고 고용주와 노동조건에 대해 협상할 수 있는 권한을 부여하는 내용이고, 후자는 퇴직연금, 실업보험, 복리후생 제도를 법적으로 명문화한 것이다. 노동조합은 환호했고, 루스벨트는 정부에 대한 노동자의 신뢰를 바탕으로 공공 부문의 사업을 펼쳐나갔다. 두 차례에 걸쳐 진행된 루스벨트의 뉴딜 정책은 미국 자본주의의 성격, 소위 게임의 규칙을 바꿔놓았다. 물론 루스벨트의 뉴딜 정책이 미국을 대공황에서 벗어나게 했다는 말은 정확한 사실이 아니다. 뉴딜 정책이 대공황을 극복하는 데 일조한 것은 분명하지만, 미국 경제의 흐름이 결정적으로 바뀔 수 있었던 것은 1940년대 초반에 바뀐 전쟁의 판도 때문이었다.

제2차 세계대전(1939~1945년)이 발발한 1939년에 실시된 여론조사에서 미국인들은 무기는 판매하되 참전은 하지 않는 중립주의를 지지했다. 1940년 6월 프랑스가 무너지자 미국은 무기 생산을 급격하게 늘렸고 그해 가을에는 징병법이 실시되었다. 일종의 위기감에 대한 반응이었다. 하지만 이때에도 선뜻 미국의 참전을 주장하고 나선 사람은 없었다. 그런데 1941년 12월 7일 일본이 진주만을 공격함으로써 상황이 완전히 달라졌다. 게다가 일본이 진주만을 공습하자마자 히틀러와 무솔리니가 미국에 선전포고를 했으므로 전쟁은 피할 수 없는 현실이 되고 말았다. 전쟁 초기에 연방정부는 막대한 재정을 지출하지 않을 수 없었고, 그로 말미암아 국가의 총부채 규모는 순식간에 커졌다. 하지만 1943년에 이르면 전시경제, 곧 전쟁 특수로 인해 실업률은 눈에 띄게 낮아지고 호황의 징후가 나타나기 시작했다. 이처럼 미국의 대공황을 끝낸 것은 루스벨트의 뉴딜 정책이 아니라 전시경제였던 것이다.

뉴딜 정책이 무가치하다는 말이 아니다. 뉴딜 정책은 '시장'에 대한 국가의 개입을 어디까지 허용할 것인가 하는 문제에서 고전경제학의 한계, 즉 자유방임의 원칙을 돌파함으로써 자본주의에 새로운 국면을 가져왔다. 고전경제학은 시장의 자율성을 이상적 조건으로 가정하고 자유방임이 최선이라는 사상을 전파했다. 하지만 뉴딜 정책은 시장과 정부의 관계에서 자유방임이 최선이라고 생각하지 않았다. 이것은 앞서 지적한 고전경제학의 딜레마에 대한 케인스의 해답, 즉 '국가'와 일맥상통한다. '뉴딜의 진정한 유산은 시장을 그대로 둔다고 해서 항상 공공의 이익에 맞게 작동하는 것이 아니며, 민주적 정치체政治體 내부에 필연적으로 생길 수밖에 없는 경제적 활동과 비경제적 가치들 사이의 긴장을 해소할 수 있는 유일한 수단은 정부밖에 없다는 인식이다.'[2]

앞에서 우리는 대공황 직전에 미국에서 주식 붐이 일었고, 그 주식 붐의 상당 부분은 은행권의 무분별한 대출에서 비롯되었다고 지적했다. 주식을 사기 위해 사람들이 대출을 신청했을 때, 은행은 제대로 된 심사를 하지 않음으로써 이른바 악성 채권의 규모를 키웠다. 제한 없는 시장의 자율이 어떤 결과를 초래할 수 있는지를 경험한 루스벨트 시대의 미국인들은 시장 자체를 위협하는 부정적인 요소를 차단하기 위해서는 정부가 시장에 개입하는 것이 당연하다고 생각하기 시작했고, 그것은 공정거래위원회나 증권감독위원회 같은 기구의 설립으로 구체화되었다. 하지만 뉴딜 정책은 미국의 대공황을 끝낸 해결책이 아니었고, 더욱 중요하게는 '국가'를 중심으로 '시장'의 도전에 맞서려는 당대의 패러다임 중 하나일 뿐이었다. 애덤 스미스는 경제원리를 판매자의 자비심이 아니라 이익에 대한 관심에서 찾았지만, 루스벨트 시대의 대표적 경제학자인 케인스는 '네 이웃이 불행하면 너도 불행해진다'라는 유명한 말로 고전경제학에 응수했다.

뉴딜 정책의 의의와 한계에 대해서는 칼 폴라니와 볼프강 쉬벨부시Wolfgang Schivelbusch(1941~)의 저서들이 정확히 분석하고 있다. 쉬벨부시는 『뉴딜, 세 편의 드라마』에서 '뉴딜'이 미국만의 독자적인 정책이 아니라 그 시대에 독일, 이탈리아, 소련 등이 동일하게 갖고 있었던 문제의식의 미국판이었다고 지적한다. 미국에서 발생한 대공황의 여파가 유럽 전체를 덮치자 각국은 '시장 및 시장경제가 유발한 사회적 변환으로부터 사회를 지켜야 한다'[3]는 생각으로 그에 대응했다. 칼 폴라니는 파편적이고 원자적인 개인의 이해관계를 게임의 절대적 조건으로 제시하는 애덤 스미스 등의 고전경제학이 자유주의 국가의 출현으로 이어졌다고 지적한 바 있는데, 그 산물인 '시장'에서 발생한 문제가 사회 전체를 위기에 빠뜨리자 '사회'와 '공동체'를 강조하는 사상이 저마다 '국가'를 앞세워 시장으로부터 사회를 보호하기 위해 나선 것이 이 시기의 전체적인 분위기였던 것이다.

이렇게 보면 쉬벨부시의 지적처럼 파시즘, 뉴딜, 볼셰비즘은 물론이고 스웨덴으로 대표되는 사회민주주의까지도 상당히 유사한 대응으로 각자 나름의 길을 선택했다는 사실을 발견할 수 있다. 가령 독일의 파시즘은 전쟁 물자와 군수품에 대한 수요를 창출함으로써 불황에서 벗어났고, 미국의 뉴딜은 공공정책과 사회복지의 확충을 통해 공황에서 벗어나려는 시도였으며, 소련의 볼셰비즘은 사회주의라는 이념과 강력한 국가적 통제를 통해 자본주의에 맞서려는 기획이었고, 스웨덴의 사회민주주의는 시장에 대한 국가의 개입과 복지국가 패러다임을 앞세워 시장의 위협으로부터 사회를 지켜내려는 시도였다고 평가할 수 있다. 물론 미국과 독일과 소련이 대공황에 대응한 방식이 유사했다는 분석에 불만을 제기하는 사람도 있을 것이다. 하지만 1930년대에 루스벨트의 정치적 라이벌들이 루스벨트를 가리켜 히틀러주의를 이식하려 한다거나 소련과 지나치게 가까운 정책을 펼친다고 비판한 것을 생각하면 이러한 관점에 설득력이 전혀 없는 것은 아닐 것이다.

케인스의 경제학 또한 이 맥락에서 이해해야 한다. 케인스의 사회적 자유주의는 정확히 시장에 대한 자유방임주의에 맞서는 이념이다. 애덤 스미스에서 시작되는 고전경제학의 흐름은 경제적인 문제의 최종심급에 합리적인 의사 결정 능력을 지닌 개인을 위치시킨다. 반면 케인스에게 경제는 처음부터 개인, 즉 개인경제가 아닌 국민경제의 맥락에서 이해되는데, 이것이 바로 거시경제학의 출발점이다. 미시경제학에 따르면 경제는 시장에서 이루어지는 개인들 간의 교환관계에 불과하지만, 거시경제학에 따르면 국민경제는 소득 순환 모형, 즉 기업과 가계 모두를 수요자이면서 공급자로 간주하여 화폐가 끊임없이 순환하는 구조이다.

가령 케인스의 유효수요 이론을 보자. 공급과 수요의 문제에 대해 이해할 때, 케인스는 그들 간의 불일치가 발생할 수밖에 없고 그것이 결국 실업으로 이어진다고 보았다. 물건은 쌓여 있지만 그걸 구매할 사람이 없었던, 그리하여 엄청난 상품을 바다에 버려야 했던 1929년의 대공황이 대표적인 사례일 것이다. 유효수요란, 전문용어로 설명하면 총공급 가격과 총수요 가격이 균형을 이룰 때의 수요를 의미하는데, 이것은 시장과 개인이 인위적인 방법으로 조절할 가능성이 없다. 케인스의 이론은 이 지점에서 제3의 세력, 즉 국가가 개입하여 총공급과 총수요를 유효수요의 수준으로 끌어올릴 수 있다고 주장한다. 그런데 왜 '국가'가 이런 결정을 해야 할까? 그것은 케인스가 경제는 개인의 문제가 아니라 국민경제의 문제로 이해했기 때문이다.

임금에 대해서도 마찬가지이다. 케인스는 불경기에 기업이 비용을 줄이기 위해 임금을 낮추거나 노동자를 해고하는 것에 비판적이었고, 심지어 불경기일수록 임금을 올려야 한다는 식의 주장을 펼쳤는데, 이는 기업가의 지출 감소가 결국 노동자의 구매력을 떨어뜨려 지출을 삭감한 만큼의 판매 감소로 되돌아올 것이라고 생각했기 때문이다. 케인스가 노동자를 해고하는 문제에 대해 비판적이었던 이유는 그것이 기업에는 (일시적으로) 도움이 될지 몰라도 (거시적으로) 더 많은 사회적 비용이 투입되어야 하므로 국민경제 측면에서는 손실이라고 판단했기 때문이다.

15

자본주의의 황금시대

냉전 체제와 브레턴우즈 협정

'극단의 시대.' 역사학자 에릭 홉스봄은 20세기를 이렇게 규정했다. 그리고 그 시대를 살아온 자기 세계에 대하여 '우리는, 서로를 배제하는 양자택일물로서의 자본주의와 사회주의라는 두 대립물 – 후자는 소련을 모델로 조직된 경제와 동일시되고, 전자는 나머지 모든 경제와 동일시된다 – 의 견지에서 현대 산업 경제를 생각하는 데 익숙해졌던 것이다'[1]라고 말했다. 철학자 한나 아렌트Hannah Arendt(1906~1975)는 20세기를 '폭력의 세기'라고 명명했다. 수많은 폭력과 대항폭력으로 얼룩진 시대가 바로 20세기라는 지적이다. 아이러니한 사실은 두 차례의 세계대전에서 정점에 도달한 폭력과 극단, 그리고 그것에 의해 만들어진 냉전 체제가 다름 아닌 진보의 산물이었다는 점이다. 과학혁명에서 시작된 근대의 진보적 패러다임은 인류에게 편리한 삶과 문명의 혜택을 가져다주었지만, 두 차례의 세계대전에서는 끔찍한 전쟁 도구로 이용됨으로써 인류사에서 유례를 찾을 수 없는 폭력과 학살을 낳았다. 진보의 결과가 20세기에 이르러 '폭력'과 '극단'으로 귀결되었다는 이 사실을 어떻게 이해하면 좋을까? 전후 자본주의가 누린 '황금시대' 또한 전쟁과 냉전 체제라는 예외적 상황의 산물이었다는 점에서 아이러니가 아닐 수 없다. 미국과 유럽에서 자본주의의 위기는 종종 전쟁을 통해 해결되었으니, 전쟁이야말로 자본주의가 위기에서 벗어날 손쉬운 해결책 중 하나라는 지적에도 설득력이 없지는 않을 듯하다.

제1차 세계대전은 세계사의 흐름을 바꿔놓았다. 영국의 몰락과 미국의 약진이라는 결과가 상징적인 장면이라고 말할 수 있다. 유럽의 영향력은 줄어든 반면, 갈수록 미국의 영향력은 높아졌다. 산업혁명은 영국에서 시작되었지만 어느덧 미국이 세계 산업의 중심지가 되어갔다. 미국의 약진은 여기에 그치지 않았다. 제2차 세계대전이 끝났을 때 유럽과 일본은 대부분의 기간산업이 파괴된 상태였지만, 미국 산업의 생산성은 엄청나게 성장해 있었다. '미국은 전쟁 이전보다 더 큰 생산능력을 가지게 된 유일한 나라'[2]였다. 20세기의 전쟁은 엄청난 양의 무기, 상품, 과학 등이 동원되는 총력전의 양상을 띠었고, 미국은 사실상 전쟁 물자와 무기 생산의 거점 역할을 맡으면서 엄청난 전쟁 특수를 누릴 수 있었다. 전쟁은 인류에게 끔찍한 상처를 남겼지만 미국을 비롯한 자본주의 국가들은 전쟁, 정확하게는 무기나 전쟁 관련 장비의 생산으로 인해 호황을 누릴 수 있었다.

전쟁 이후, 즉 1945~1973년은 자본주의 역사에서 세계경제가 가장 빠른 성장세를 기록한 시기이다. 그래서 자본주의의 '황금시대'라고 일컬어진다. '일본에서는 1955~1975년에 1인당 시급이 해마다 7.9퍼센트씩, 서독에서는 1950년대에 해마다 6퍼센트씩, 영국에서는 1949~1971년에 해마다 2.8퍼센트씩 올랐다. 반면 미국의 시간당 실질임금은 1948~1970년에 연간 2.5퍼센트 상승에 그쳤다. 프랑스의 주당 실질임금은 1949~1973년에 연평균 4퍼센트씩 상승했다. 이에 비해 이전 시기 중 가장 '좋았던' 시기(1870~1895년과 1920~1930년)에는 연평균 2퍼센트의 상승을 기록했을 뿐이었다.'[3]

앞에서 지적했듯이 이 황금시대의 원동력은 군사적인 분야에서 나왔다. 전쟁의 피해가 크지 않은 것은 아니었지만 전시체제, 그리고 대량생산을 위한 노동 조직 방식의 체계화와 그로 인한 생산성 증대 등은 전후 사회의 성장에 상당히 유리한 조건이 되었다. 미국과 유럽 등이 경험한 전후의 성장은 누가 뭐래도 자본주의 세계가 경험한 가장 높은 성장의 경험이었다.

한편 이 시기는 미국과 소련이라는 초강대국을 중심으로

세계 경제성장률 추이(1830~2003년)[4]

단위 : %

연도	선진국	개발도상국	세계
1830~1870	0.6	-0.2	0.1
1870~1890	1.0	0.1	0.7
1890~1913	1.7	0.6	1.4
1913~1920	-1.3	0.2	-0.8
1920~1929	3.1	0.1	2.4
1929~1950	1.3	0.4	0.8
1950~1970	4.0	1.7	3.0
1970~1990	2.2	0.9	1.5
1990~2003	1.8	1.9	1.2

지구 전체가 양분되는 냉전cold war의 시대였다. 세계 전체가 이념을 기준으로 두 진영으로 나뉘어 경쟁에 돌입함으로써 궁극적으로 미국의 영향력과 경제력은 더욱 커질 수밖에 없었다. 냉전의 시대는 이념의 대결이었을 뿐만 아니라 군비, 즉 무기와 그에 관련된 과학에서의 경쟁이었다. 이러한 시대적 상황에서 미국 경제는 1960년대에 접어들어 새로운 양상으로 진화했다. 폭발적인 가정경제의 소비수요가 등장한 것이다. 가령 1950년대에 미국 가정이 소유한 텔레비전은 100만 대가 조금 넘었지만, 1960년이 되면 그 수가 5,000만 대 이상으로 늘어났다. 텔레비전만이 아니라 세탁기, 진공청소기, 식기세척기, 오븐 같은 가전제품의 수요가 폭발적으로 늘어나고, 자동차가 전 국민의 필수

품으로 자리잡았다. 자동차 미션에서 오토매틱의 시대가 열린 것도 이때였다. 이러한 생활상의 변화로 인해 미국은 지구상에서 상업용 자동차를 가장 많이 만드는 국가, 나아가 세계에서 화석연료를 가장 많이 소비하는 나라가 되었다. 생활상의 변화는 평범한 미국 가정의 실내 풍경, 특히 주방의 변화에서 확인된다. 더 나은 삶을 영위하는 방법에 관한 제안을 담은 잡지 〈리더스 다이제스트〉의 미국 내 발행부수는 1951년에 이미 950만 부를 넘어섰다.[5]

전후의 세계 질서에서 미국의 달라진 위상은 1944년에 개최된 브레턴우즈 회의(협정) 내용에서도 드러난다. 미국 뉴햄프셔 주의 휴양지에서 열린 이 회의에서 미국과 유럽연합국들은 새로운 국제적 금융 체제와 틀을 수립하는 결정을 도출했다. 이른바 '브레턴우즈 체제'가 시작된 것이다. 이것은 미국이 주도해온 국제금융 질서의 역사에서 출발점에 해당하는 사건이라고 말할 수 있다. 영국의 경제학자 존 메이너드 케인스가 주도적인 역할을 한 것으로도 유명한 이 회의에서는 세 가지 제도의 탄생이 결정되었다. 경제적인 위기를 겪고 있는 국가에 달러 등을 대출해서 경제개발에 필요한 재화를 구입할 수 있도록 돕는 국제통화기금International Monetary Fund, IMF, 그리고 전쟁으로 인해 파괴된 도로, 교량 등의 대규모 투자 프로젝트 자금을 공급하기 위해 설립된 국제부흥개발은행International Bank of Reconstruction and Development, IBRD(일명 '세계은행') 설립이 이 회의에서 결정되었다. 오늘날 국제통화기금은 미국 경제 패권의 상징으로 간주되는데, 그 출발점이 바로 이 회의였다.

마지막으로 금환본위제, 즉 각국 통화의 가치를 금의 가치에 맞추어 고정시키는 고정환율제도에 기초한 체제가 이 회의에서 결정되었다. 브레턴우즈 체제의 핵심적인 내용은 금본위제를 폐지하는 대신 '금 1온스=35달러'로 정한 뒤 각국의 환율을 달러에 고정하기로 국제사회가 합의한 것이다. 즉 미국 달러의 가치를 금 1온스당 35달러로 고정시키고, 다른 통화를 달러와의 고정된 비율로 그 가치를 고정시킴으로써 간접적으로 금 가치에 고정되도록 하는 것이다. 이렇게 하면 미국의 달러는 곧 금과 동일한 가치를 갖게 되고, 따라서 언제든지 달러를 가지고 오면 금으로 바꾸어준다는 것을 미국 정부가 약속하는 것이 된다. 이 체제로 인해 미국은 물리적 힘과 동시에 세계 금융에 대한 지배력을 갖게 된다. 달러가 기축통화key currency가 되었기 때문이다.

'기축基軸'은 토대나 중심이 된다는 의미이다. 그러니까 기축통화란 곧 수많은 국가가 세계시장에서 거래할 때 토대나 중심이 되는 통화를 가리킨다. 19세기 초반에는 영국이 중앙은행에 금을 보유하고, 그것을 파운드로 바꿔주는 금본위제를 채택함으로써 파운드가 기축통화 역할을 했다. 하지만 영국 중심의 금본위제는 제1차 세계대전과 함께 끝났다. 전쟁 비용을 마련하기 위해 유럽 각국은 화폐를 많이 발행할 수밖에 없었고, 영국 또한 사정이 마찬가지여서 중앙은행이 보유한 금의 양으로는 금본위제를 감당할 수가 없었던 것이다. 이에 영국은 1931년 파운드를 가져오더라도 바꿔줄 금이 없음을 공식 선언했고, 그와 동시에 파운드는 기축통화로서의 지위를 상실했다. 1944년의 상황은 그때와 달랐다. 당시 미국은 세계 금 보유량의 80퍼센트 이상을 소유하고 있었기 때문에 브레턴우즈 체제에 참여한 나라들은 미국의 지불 능력을 의심할 이유가 없었다.

하지만 20세기 후반에 와서는 미국 또한 영국과 비슷한 길을 걷게 되었다. 1960년대 후반 미국의 국제수지 적자가 심화되면서 금 가격이 상승하자 달러의 태환 능력을 의심하는 시선이 생겨나기 시작했고, 급기야 베트남 전쟁 비용 증가는 브레턴우즈 체제의 붕괴를 촉진하는 원인이 되었다. 그리고 마침내 1971년 8월 막대한 부채와 재정적자를 감당할 수 없다고 판단한 닉슨 대통령이 금 태환 정지를 선언함으로써 달러를 중심으로 한 금본위제는 폐지되었다. 물론 이것이 곧 달러의 기축통화로서의 자격 박탈을 의미하는 것은 아니었다. 지금도 여전히 달러는 기축통화 역할을 수행하고 있는데, 그것은 달러가 다른 국가의 화폐에 비해 안정적이고, 자유롭게 거래(교환)할 수 있는 태환성이 높다고 인정되기 때문이다.

16

검은 황금의 보복

오일쇼크, 또 다른 갈등의 불씨

제2차 세계대전 이후 시작된 자본주의의 '황금시대'에서 석유의 영향력은 거의 절대적이었다. 기계와 설비, 노동생산성 향상을 위한 다양한 시스템의 개발이 20세기 자본주의의 눈부신 발전을 견인한 것은 사실이지만, 그것들은 석유라는 에너지가 존재하지 않았으면 결코 실현될 수 없었다. 알다시피 20세기의 근대적인 석유 산업은 존 데이비슨 록펠러John Davison Rockefeller(1839~1937)에 의해 시작되었다. 그는 20대 중반의 나이인 1863년에 클리블랜드에 정유소를 설립하는 것을 시작으로 석유 산업에 뛰어들었다. 그 정유소는 불과 2년 만에 그 지역에서 가장 큰 정유소가 되었고, 그것을 계기로 그는 1870년에 스탠더드 오일을 설립했는데 불과 3년 만인

1872년에 클리블랜드의 거의 모든 정유소를 장악하는 경영 능력을 발휘했다. 록펠러는 33세에 백만장자가 되었고, 43세에 미국 최고의 부자, 그리고 53세에 세계 최대의 갑부에 오른 것으로 유명하다. 그는 자본력을 앞세워 경쟁기업을 인수하거나 몰락시킴으로써 단기간에 미국 최대의 석유 생산 회사를 세웠는데, 이것이 그 악명 높은 트러스트 방식이었다. 1882년이 되면 록펠러는 미국의 석유 산업을 사실상 독점하다시피 하면서 '석유왕'으로 군림한다.

그런데 록펠러가 스탠더드 오일이라는 회사를 설립하여 미국의 석유 산업을 제패할 당시 석유는 산업에서 가장 중요한 에너지원이 아니었다. 그 시대에는 여전히 석탄이 가장 중요한 자원이었고, 중동의 석유는 아직 개발되지 않은 상태였다. 20세기 석유의 역사에서 가장 자주 언급되는 사람은 록펠러이지만, 자원으로서 '석유'의 가치에 처음 관심을 가진 사람은 영국의 총리 윈스턴 처칠Winston Churchill(1874~1965)이었다.

1911년, 당시 영국 해군 장관이었던 처칠은 독일과의 해군력 경쟁에서 우위에 서기 위해 해군 함대의 연료를 석탄에서 석유로 모두 바꾸는 결정을 내립니다. 석유는 석탄보다 부피를 덜 차지하면서 열량이 높아 해군 함정의 속도와 작전 반경을 크게 개선할 수 있었습니다. 문제는 당시 영국에

> 석유 매장량이 전혀 없다는 것이었습니다. 이 문제만 해결하여 충분한 석유를 확보할 수 있다면 영국은 해군 전력에서 독일을 앞설 수 있었습니다. 처칠의 결정은 파격적인 승부수였습니다.[1]

역사는 필요가 성공의 어머니였음을 분명히 보여준다. 과거에 영국의 여왕 엘리자베스 1세는 해적들에게 작위를 수여하고 그들을 정규군에 편입하는 방식으로 당시 해상권을 장악하고 있던 스페인의 무적함대를 제압했다. 튜더 왕조의 황금기를 구축했다는 평가를 받는 엘리자베스 1세의 재위 기간은 대항해시대(또는 대탐험 시대), 즉 바다에서의 영향력이 국가의 경쟁력을 결정하는 시대였다. 당시 바다에서의 영향력은 스페인이 압도적이었는데, 그것은 무엇보다도 함선의 규모에서 비롯된 것이었다. 함선의 규모가 크다는 것은 그만큼 많은 군인과 무기 등을 실을 수 있다는 것이었으니, 그것은 바다에서의 전투는 물론이고 군대를 육지로 수송하는 데에도 유리한 조건이었다. 다만 함선이 크고 무거운 만큼 기동력은 약점일 수밖에 없었다. 당시 스페인은 영국이 가톨릭 국가가 아니며, 여왕이 지배하는 국가라는 것을 이유로 영국을 괴롭혔다. 엘리자베스 1세는 단기간에 해군력을 키울 수 있는 방법이 없음을 인정하고 대신 기동력이 탁월한 해적들에게 손을 내민 것이다. 정면 승부를 생각한 스페인 함대의 예상과 달리 영국 해군은 기동력을 앞세운 전술을 펼쳤고, 그 결과 스페인 함대를 물리치고 새로운 바다의 지배 세력으로 등극하기에 이르렀다.

처칠도 비슷한 생각을 했다. 해군 장관에 오른 처칠은 독일과의 전쟁을 예견하고 고속 전함을 건조하는 등 전쟁에 대비했다. 그러나 1915년 소신을 갖고 추진한 작전에서 참패함으로써 해군 장관직을 사임하기에 이른다. 육군과의 합동작전을 무시하고 독단적으로 해군만의 작전(갈리폴리 작전)을 수행했다가 실패했는데, 그 책임을 지고 장관직에서 물러난 그가 편안한 삶을 마다하고 중령 계급장을 달고 최전방의 부대장 자격으로 참전한 것은 유명한 일화이다. 처칠의 개인사는 제쳐두더라도 분명한 사실 하나는 국가 차원에서 석유를 확보해야 한다고 결정하면서부터 영국은 중동 지역의 정치에 적극적으로 개입하기 시작했다는 것이다. 이 과정은 제1차 세계대전을 배경으로 한 토머스 에드워드 로렌스Thomas Edward Lawrence(1888~1935)의 자서전 『지혜의 일곱 기둥』(영화 제목은 '아라비아의 로렌스')에 자세히 서술되어 있다.

영국의 고고학자이자 군사 전략가인 로렌스는 1914년 제1차 세계대전이 발발하자 이집트 카이로의 육군 정보부에 부임하여 시나이 반도의 지도 제작을 담당했다. 런던에 위치한 전쟁 담당 사무국의 지도과에 민간인으로 고용되어 군사적으로 유용한 지도를 만드는 일에 종사하다가 1914년 12월경 육군 중위가 되어 카이로로 갔고, 1916년에는 메소포타미아 지역으로 파견되었다. 그 후 영국 외무부 헨리 맥마흔 경의 후원으로, 오스만 제국의 지배 아래에 있던 아랍 부족들의 반란을 성공적으로 이끌기 위해 메카에서 후세인 셰리프와 그의 아들 파이살을 만나 아랍 독립 전쟁에 적극적으로 참여하기 시작했다. 또한 아랍 병사들을 이끌고 시리아를 침공하는 영국군을 지원하는 임무를 맡기도 했다. 영화 「아라비아의 로렌스」의 포스터에서 낙타를 탄 부대를 선두에서 지휘하며 달려가는 남성이 바로 로렌스이다.

제1차 세계대전 당시 영국은 적국인 오스만 제국의 힘을 약화시키기 위해 아랍을 이용했다. 당시 아랍은 오스만 제국의 지배하에 있었는데, 영국은 아랍의 독립을 지원한다는 명목으로 중동 정치에 개입했고, 오스만 제국의 지배에서 벗어나기를 열망하던 아랍은 그런 영국의 지원을 마다하지 않았다. 이런 일들을 계기로 영국은 아랍 지역에서 영향력을 확대하게 된다. 아랍, 즉 아라비아 반도는 16세기 이래 오스만 제국의 지배를 받고 있었는데 영국을 등에 업고 독립에 성공함으로써 20세기 초가 되면 다양한 국가가 자리를 잡기 시작한다. 이들 가운데 사우드 Saud 왕가는 영국의 지원을 받아 주변 국가들을 정복해나갔다. 그리고 1932년에 사우드 왕가의 나라, 즉 사우디아라비아라는 독립국가를 건국하기에 이르렀다.

영국은 아라비아와 이웃한 페르시아(이란)에서도 적극적인 활동을 이어나갔다. 영국의 광산업자 윌리엄 녹스 다아시William Knox D'Arcy(1849~1917)가 1908년 페르시아에서 상당한 규모의 유전을 발견한 것이 대표적인 사례이다. 그는 오스트레일리아에서 금광을 발견하여 백만장자가 된 사람인데, 그때 이미 페르시아의 석유 탐사권을 독점하고 있었다. 1908년 영국의 지질학자들이 페르시아에서 대규모의 석유를 발견하자 당시 이란의 군주였던 모하메드 알리 샤가 석유 시추를 위해 다아시에게 석유 탐사권을 준 것이다. 이 발견으로 인해 1909년에는 오늘날 영국 최대 기업이자 세계 2위의 석유 회사인 BPBritish Petroleum의 전신 앵글로 페르시안이 설립되었다. 그리고 1912년에는 이란의 아바단에 대규모의 정유공장이 세워졌다(인터넷 검색을 하면 당시 아바단에 세워진 정유공장의 모습을 찍은 사진을 볼 수 있는데, 지금 보아도 그 규모가 엄청나다는 것을 알 수 있다).

정유공장이 완공되자 영국은 처칠의 제안에 따라 이 회사의 주식을 매수하는 방식으로 국유화를 진행했고, 곧이어 영국 해군의 연료를 석탄에서 석유로 변경했다. 또한 영국은 1917년 밸푸어 선언을 통해 이스라엘의 건국에도 깊이 관여했다. 밸푸어 선언이란 당시 아서 제임스 밸푸어Arthur James Balfour(1848~1930)가 외무장관이던 영국 내각이 1917년에 유대인들이 이스라엘 땅에 국가를 건설하는 것을 인정한다고 약속한 것으로, 지금까지도 이스라엘·팔레스타인 분쟁의 기원이 되는 사건이다.

한편 1941년에 뒤늦게 제2차 세계대전에 뛰어든 미국 또한 석유에 관심을 갖기 시작했다. 그때까지 미국은 자국 내의 석유 매장량에 자신감을 갖고 있었으나 중동 석유의 중요성이 부상하면서 중동 지역에 관심을 기울이게 된 것이다. 그리하여 미국은 당시 미국 최고의 지질학자로 평가되던 에버레트 드골리에Everette Lee DeGolyer(1886~1956)를 중동에 보내 매장량을 조사한다. 미국이 중동의 석유에 관심을 갖기 시작하자 영국은 당황할 수밖에 없었고, 결국 프랭클린 루스벨트의 제안으로 미국과 영국은 중동의 석유를 분할하여 소유하는 협약, 일명 '영미석유협약'(1944년)을 체결한다. 루스벨트가 제안한 내용은 페르시아의 석유는 영국이, 사우디아라비아의 석유는 미국이, 그리고 이라크와 쿠웨이트의 석유는 공유하는 것이었다.

이 협약으로 인해 사우디아라비아에는 미국 회사가, 이란에는 영국 회사가 각각 진출한다. 그리고 국제석유위원회라는 기구를 결성하여 중동 석유의 생산량을 조절하기에 이른다. 상황이 이렇게 흘러가자 이란에서는 반영反英 감정이 싹트고, 1951년에는 민족주의 성향의 모하마드 모사데크Mohammad Mosaddegh(1880~1967)가 총리에 선출된다. 반미·반영 노선을 추구한 그는 영국이 소유하고 있던 이란의 석유 회사를 강제로 국유화하기에 이른다. 이 사태로 인해 영국은 군사적 침략을 준비했지만 미국의 전략은 달랐다. 미국은 첩보 기관을 이용해 군부 세력을 자극하고 쿠데타를 통해 모하마드 모사데크를 축출한다. 이 쿠데타 이후 1970년대 말까지 이란의 팔레비 왕정은 대표적인 친미·친영 정권의 길을 걸었다.

그런데 1960년 9월 바그다드에서 석유수출국기구OPEC가 결성된다. 미국과 영국이 국제 석유 가격을 마음대로 결정하는 것에 불만이 컸던 국가들, 특히 베네수엘라와 사우디아라비아가 주도하고 거기에 이라크, 이란, 쿠웨이트가 참여한 시한폭탄과도 같은 기구였다. 당시 이들 5개국은 전 세계 원유 수출량의 80퍼센트 이상을 차지하고 있었다. 물론 결성 초기에는 영향력이 크지 않았다. 정치적으로 미국과 영국을 등에 업은 지도자들이 정권을 장악하고 있었고, 원유 생산에서도 자본과 기술력 모두를 미국과 유럽 국가들에 일방적으로 의존하고 있는 상태여서 그들이 할 수 있는 일은 별로 없었다. 하지만 1962년 아메드 자키 야마니Ahmed Zaki Yamani(1930~2021)가 사우디아라비아의 석유 장관에 취임하면서부터 상황이 바뀌기 시작했다. 이 상황을 이해하기 위해서는 중동전쟁의 과정을 살펴야 한다.

제1차 중동전쟁은 이스라엘과, 이스라엘의 건국을 막으려는 아랍 민족 간의 전쟁이었다. 1948년 5월, 밸푸어 선언의 산물로 결국 이스라엘이 건국된다. 제2차 중동전쟁은 1956년 수

에즈 운하를 놓고 이집트와 영국·프랑스·이스라엘 사이에서 발생했다. 이 전쟁에서 이집트의 대통령 가말 압델 나세르Gamal Abdel Nasser(1918~1970)는 영국과 프랑스에 맞서 싸워 수에즈 운하를 국유화하는 데 성공하고 일약 아랍권의 지도자로 급부상한다. 그 후 그는 아랍권이 하나로 뭉쳐 서구 중심의 세계 질서에 대적하기 위해서는 우선 영국과 미국의 지원을 받고 있는 이스라엘을 제거해야 한다고 생각했다. 그리하여 시리아, 요르단, 이라크 등과 함께 이스라엘 침공을 준비했는데, 이 사실을 눈치 챈 이스라엘이 먼저 공격을 개시함으로써 제3차 중동전쟁(1967년)이 시작되었다. 이 전쟁에서 이스라엘은 공군을 앞세운 기습 공격으로 아랍 국가들을 제압했다. 당시 아랍 국가들은 석유 수출 중단을 앞세워 서구를 압박하려 했으나 친미 성향의 이란이 생산과 수출을 중단하지 않아 그 작전은 실패로 돌아갔다.

상황은 1970년대에 접어들어 바뀌기 시작했다. 1960년대 말까지 미국은 자국의 석유를 보호하기 위해 수출을 제한하는 정책을 펼쳤고, 심지어 석유 생산 시설을 100퍼센트 가동하지도 않았다. 그런데 1970년대가 되자 리비아에서 무아마르 알 카다피Muammar al Qaddafi(1942~2011)라는 인물이 쿠데타를 통해 집권한 후 영국·미국과 맺은 석유에 대한 협상을 수정한다. 그리고 리비아의 행동에 자극받은 다수의 아랍 국가에서도 비슷한 상황이 발생한다. 이 사건을 계기로 아랍의 석유에 대한 권한이 유럽 국가들에서 OPEC로 넘어오게 되었다. 이때부터 OPEC는 감산 및 금수 조치 등을 활용하여 미국과 유럽 국가들에 영향력을 행사하는, 이른바 자원의 무기화 전략을 펼치기 시작했다. 실제로 아랍권은 1973년 10월, '석유'라는 자원을 앞세워 제4차 중동전쟁을 감행했다. 그들은 석유가 자신들의 손에 있는 한, 과거와 달리 미국도 선불리 개입하지 못할 것이라고 생각했다. 전쟁 초반 이스라엘의 전세가 불리해지자 미국은 무기를 지원하는 방식으로 이 전쟁에 개입했고, 아랍 국가들은 석유 감산과 금수 조치로 이에 맞섰다. 그런 과정에서 발생한 제1차 오일쇼크는 세계경제에 큰 충격을 주었다.

Financial capitalism without borders

제3부 21세기 자본

ECONOMY

17

모두를 기울어진 운동장에 세우다

마거릿 대처와 로널드 레이건

제2차 세계대전 이후 약 30년간 호황을 누리던 세계 자본주의의 황금시대는 1971년 미국이 달러의 금 태환(브레턴우즈 협정)을 포기하면서 내리막길을 걷기 시작했다. 미국은 베트남 전쟁 탓에 상당히 많은 화폐를 발행해야 했고, 그로 인해 달러에 대한 국제사회의 신뢰도가 낮아지고 미국의 무역수지도 나빠지기 시작했다. 1971년 미국의 닉슨 대통령은 달러의 금 태환을 중지한다고 선언했다. 1973년에는 주요 국가들이 금과의 고정환율을 포기함으로써 브레턴우즈 체제는 공식적으로 막을 내렸다.

1970년대는 세계 자본주의가 총체적 위기를 맞은 시대였다. 중동전쟁과 그로 인해 발생한 두 차례의 오일쇼크로 자본주의의 황금시대는 종언을 고했으며, 가파르게 대치하는 냉전 상황과 이른바 제3세계의 자본에 대한 격렬한 저항은 세계경제의 시야를 불투명하게 만들었다. 이런 이유들로 인해 미국과 유럽 국가들에서 자본 축적은 위기에 빠졌다. 실업이 증가하고 인플레이션이 가속화하여 많은 사람들의 삶에 그늘이 드리우기 시작했다.

바로 그 무렵 영국에서는 마거릿 대처Margaret H. Thatcher(1925~2013)가 이끄는 보수당이 1979년 5월에 치러진 총선에서 승리하여 영국 역사상 첫 여성 총리가 탄생했다. 미국에서는 1980년 11월에 치러진 선거에서 공화당 후보인 로널드 레이건Ronald W. Reagan(1911~2004)이 예상을 뛰어넘는 압승으로 대통령에 당선되었다. 이들이 세계 자본주의가 위기에 직면한 시기에 당선되었다는 점, 그리고 보수 정당의 후보였다는 사실은 의미심장하다. 이들이 집권기에 펼친 정책들은 신자유주의neo-liberalism라고 불린다. 우리의 경우 신자유주의는 2007년에 들이닥친 IMF 외환위기로 뼈아프게 각인되어 있지만, 자본주의의 역사에서 그것은 1970년대 말부터 1980년대 초에 이미 영국과 미국 등에서 준비된 자본의 역습이었다.

신자유주의란 무엇일까? 이 질문에 대답하기 위해서는 대처와 레이건이 등장하기 이전의 상황을 잠시 살펴볼 필요가 있다. 이와 관련하여 20세기 자본주의의 역사에서 주목할 점은 두 가지이다. 하나는 1920년대 말에 시작된 대공황을 타개하기 위해 등장한 케인스주의의 영향력이고, 다른 하나는 제2차 세계대전 이후의 황금시대이다. 알다시피 케인스주의는 시장에 대한 자유방임을 강조한 고전경제학을 비판하면서 시장에 대한 정부의 개입과 사회보장제도 등을 통한 복지국가를 강조했다. 경제의 단위를 개인이 아닌 국가(국민)로 인식함으로써 케인스주의는 시장에서 정부의 강력한 역할을 요구했다. 이러한 케인스주의는 사회적 약자, 특히 노동조합에 유리한 환경을 구축했다. 그것은 전후의 황금시대에도 마찬가지였다. 데이비드 하비 David Harvey(1935~)는 이 시기 경제 상황의 특징을 이렇게 요약한다. '거의 모든 국가들에서 관찰되는 전후 안정 조건의 하나는 상위 계급들의 경제적 힘이 제약되면서 경제적 파이의 훨씬 더 많은 몫을 노동자들이 갖게 하는 것이었다.'[1]

그러니까 '황금시대'에는 노동과 자본의 갈등이 없는 상태에서의 호황이었고, 상대적으로 경제적 파이의 많은 몫이 노동자에게 돌아가는, 즉 재분배의 효과가 높고 사회적 평등지수가 양호한 상태의 호황이었다는 말이다. 하지만 1970년대에 이르러 자본 축적에 위기가 닥치자 상황이 돌변하기 시작했다. 이 시기에 시작된 신자유주의는 우선 케인스주의와의 분명한 단절을 지향함으로써 시장에 대한 정부 규제의 완화, 노동시장의 유연화, 자본의 자유로운 이동, 복지 혜택의 축소 등으로 가시화되었다. 요컨대 신자유주의는 노동자의 권리를 국가가 보장하고, 복지정책을 펼치며, 공공투자를 늘려 유효수요를 증대시키려 했던 케인스주의에 대한 비판으로 등장한 것이다.

신자유주의자들이 주장하는 핵심적인 내용은, 정부가 자본의 흐름이나 시장에 개입하는 것은 경제의 효율성을 떨어뜨리는 것이므로 시장과 자본에 대한 제약 없는 자유의 보장만이 경제성장을 가능하게 한다는 것이다. 이러한 논리에 따라 대처 정부와 레이건 정부는 시장에 대한 정부의 개입을 최소화하고 시장과 자본에 최대한의 자율성을 부여하는 정책을 과감하게 추진했다. '사회 같은 것은 존재하지 않는다. 개별적인 남성과 여성만이 있을 뿐이다'라는 마거릿 대처의 말은 지금도 신자유주의의 캐치프레이즈로 인용된다. 이 주장에 따르면 인간은 오로지 개인으로 존재할 뿐이며, 시장은 결코 그 개인들 간의 거래 장소 이상이 아니다. 이처럼 신자유주의에서 이야기하는 '자유'란 결국 시장이 경제의 주체가 되는 것, 개인이 자신의 능력을 발휘하여 이익을 추구하고 성공을 쟁취하는 것에 대한 무제한적인 권리를 완곡하게 표현한 것이다. 이러한 자유는 가진 자와 가지지 못한 자, 강자와 약자 사이의 힘의 비대칭성을 고려하지 않으므로 결국 이 자유는 기득권을 지닌 쪽에 일방적으로 유리한, 이윤 추구의 자유 그 이상이 아니다.

한국의 경우 신자유주의는 소위 IMF 외환위기 이후에 본격화되었다. 그런데 앞에서 밝혔듯이 IMF, 즉 국제통화기금은 세계은행과 더불어 국제금융을 통해 글로벌 기업 중심의 경제 안건을 이행하는 기구이다. 그래서 신자유주의에 비판적인 지식인들은 IMF, 세계은행, 세계무역기구World Trade Organization, WTO를 '신자유주의 삼각 편대'라고 부르기도 한다. 프랑스의 경제학자 프랑수아 셰네François Chesnais의 말처럼 세계화가 '생산과 교환의 영역에서 이루어지는 자본 운용의 세계화'[2]라면 이들 삼각 편대는 그 길을 닦는 정찰대와 유사하다고 말할 수 있다. 이들은 한국의 경우처럼 외환위기에 직면한 국가에 상당량의 달러를 제공하면서 초국적인 자본이 요구하는 내용, 즉 보호무역 장벽의 철폐, 각종 국가 보조금의 삭감 같은 자유시장 어젠다를 조건으로 강요한다. 한마디로 이들은 케인스주의나 사회민주주의적 방식으로 국가가 시장에 개입하는 모든 장치를 해체할 것을 요구하며, 나아가 공적인 성격이 가미된 일체의 산업, 예를 들어 도로, 철도, 은행, 에너지, 항공 등의 민영화를 자신들의 개입 조건으로 제시한다(우리 역시 IMF 외환위기를 겪으면서 동일한 상황에 직면했다). 불필요한 규제를 해소함으로써 시장의 효율성을 높인다는 명목으로 요구되는 이들 정책은 결국 한 국가의 산업 전체, 아니 국가 전체를 사실상 초국적인 자본의 투기장으로 전락시키는 결과를 초래한다.

'워싱턴·월스트리트 동맹'이라는 표현처럼, 오늘날 초국적 자본이 집중되어 있는 곳은 월스트리트이고, 그들이 지닌 자본은 산업화 시대와 달리 금융자본에 해당한다. 그것은 대지를 구입하여 공장을 짓고, 노동자를 고용하여 상품을 생산·판매하는 방식으로 산업에 투자되는 자본이 아니라 부동산, 주식 등에 일시적으로 투자되었다가 순식간에 회수됨으로써 거대한 이익을 챙기는 투기성 금융자본에 가깝다. '신자유주의 삼각 편대'의 목표는 이러한 초국적 투기 자본의 원활한 흐름, 즉 그것이 지구 전체를 자유롭게 이동하면서 이윤을 극대화할 수 있는 길을 열어주는 것이다.

21세기에 신자유주의가 지구 전체로 확장되면서 20세기에는 존재하지 않았던 다양한 현상이 발생하기 시작했고, 그와 동시에 그 현상을 지시하거나 규정하는 개념이 인문 사회과학의 주요한 화두로 대두되기 시작했다. 이주 노동자(이민), 다문화주의, 비정규직(노동의 유연성), 다운사이징(정리해고), 아웃소싱, 불평등, 공정, 정의, 민영화, 능력주의, 금융자본주의, 플랫폼 노동, 데이터 자본주의 같은 용어들이 그것이다. 오늘날에는 이 용어들이 '시사 상식'처럼 자연스럽게 회자되고 있지만, 실제로 이것들은 신자유주의로 인해 최근에 등장한 개념이며, 궁극적으로는 신자유주의의 성격을 단적으로 보여주는 가치 목록이다. 이제부터는 그중 중요한 용어를 중심으로 신자유주의가 바꾸어놓은 자본주의의 성격과 흐름을 자세히 살펴보자.

18

월스트리트는 왜 점령당했을까?

금융자본주의 시대의 본질

2011년 가을, 미국에서 현대 자본주의와 연관된 상징적 사건이 발생했다. 수많은 대중이, 그리고 세계 도처에서 몰려든 사람들이 미국 경제의 심장부라고 일컬어지는 월스트리트를 점령한 것이다. 이 사건의 맥락을 이해하기 위해서는 2007년 미국에서 발생한 이른바 '서브프라임 모기지 사태'를 알아야 한다. 사건의 출발점은 2000년대 초반이다. 당시 IT 버블 붕괴, 9·11 테러, 아프가니스탄과 이라크에서의 전쟁 등으로 경기가 악화되자 미국 정부는 경기 부양책의 일환으로 초저금리정책을 펼쳤다. 저금리정책은 곧바로 주택 가격의 상승으로 이어졌다. 주택담보대출금, 즉 서브프라임 모기지론의 금리보다 주택 가격의 상승률이 높았기 때문에 금융권은 공격적으로 대출을 시행했고, 사람들은 은행 대출을 받아 집을 구입했다. 물론 그 집을 '담보'로 맡기는 조건이었다.

주택 거래량의 증가와 모기지론의 확산은 주식시장을 자극하기 시작했다. 경기 부양책이 성공하는 모양새였다. 그러던 중에 2004년 저금리정책이 종료되면서 모기지론의 대출금리가 가파르게 오르자 저소득층 대출자들 가운데 대출금을 상환하지 못하는 사람들이 생겨나기 시작했다. 그리고 급기야 대출금을 회수하지 못하는 금융기관이 속출했고, 이는 전문 투자회사, 금융사, 증권회사의 연쇄파산으로 이어졌다. 주택담보대출로 막대한 이자를 벌어들이기 위해 대출 조건을 따지지 않은 금융권의 무사안일과 과욕, 그리고 각종 로비를 받고 금융권에 대한 감독과 규제에 손을 놓은 당국의 무책임이 부른 참사였다.

미국을 대표하며 세계적인 규모를 자랑하는 월스트리트의 금융사, 증권회사, 보험회사 등이 잇달아 파산하거나 파산 위기에 몰리자 정부가 앞장서서 금융권에 구제금융을 지급해야 한다고 주장하기 시작했다. 당시 미국 행정부는 서둘러 구제금융을 지급하지 않으면 미국 경제가 곧 무너질 것처럼 공포감을 조성하며 국회를 압박했고, 사태 파악에 실패한 국회는 천문학적인 국고를 금융사와 증권회사 등에 무상으로 제공하는 결정을 내렸다. 국민의 세금을 무상으로 지급하면서, 심지어 사용처에 대한 제한이나 의무조차 요구하지 않았다.

마이클 무어Michael Moore(1954~)의 「자본주의 : 러브 스토리」(2009년)가 바로 이 사태를 기록한 다큐멘터리 영화이다. 마이클 무어에 따르면 엄청난 금액의 구제금융을 받은 월스트리트는 그 돈으로 제트여객기와 리조트 등을 매입했고, 대부분의 금액을 임원들의 보너스와 배당금 등으로 썼다. 경영자들의 탐욕과 무능력으로 인해 손실이 발생하자 정부가 국민의 세금으로 손실액 이상의 금액을 '선물'한 꼴이었다. 뒤늦게 이 사실을 알게 된 미국인들은 분노했다. 게다가 미국 정부는 이 사태로 인해 발생한 재정적자를 메우기 위해 사회보장제도와 노인 의료보험의 축소 등의 정책을 들고 나왔다. 사태가 이렇게 흘러가자 몇몇 사람이 뉴욕 월스트리트 근처에 위치한 주코티 공원에서 시위를 벌이기 시작했다. 시위자들은 정부가 세금으로 월스트리트의 채무는 갚아주면서 정작 '메인 스트리트'라고 말할 수 있는 국민들의 삶(채무)에는 무관심하다고 비판하기 시작했다. 미국의 경제정책이 소수 상위계층의 이익을 위한 것임을 깨닫기 시작한 것이다. 월스트리트에서 울려 퍼진 '우리는 99퍼센트이다'라는 구호 속에는 지난 30년간의 신자유주의적인 정책이 1퍼센트의 이익을 위해 99퍼센트의 이익에 눈감은 것이었다는 비판이 들어 있었다.

미국인들이 월스트리트를 향해 분노를 표출하게 된 결정적인 계기는 예산 감축을 위한 대통령 직속 특별예산위원회에 소속된 이들 중 90퍼센트 이상이 과거 월스트리트의 거대 금융회사를 위해 일한 로비스트였다는 사실이 알려진 것이다. 마이클 무어가 영화에서 설명하고 있듯이, 미국은 오랫동안 경제관료의 상당수를 월스트리트 출신들 가운데에서 선발했다. 서브프라임 모기지 사태 당시에도 주요한 경제정책의 결정은 월스트리트 출신의 관료나 월스트리트로부터 로비를 받은 관료들에 의해 이루어졌다.

금융자본주의를 말하는 자리에서 서브프라임 모기지 사태에 대해 길게 설명한 이유는 오늘날 주요 선진국의 중심이 경제에, 특히 월스트리트 같은 거대한 금융 세력의 수중에 있다는 사실을 보여주기 위해서이다. 금융자본주의financial capitalism라는 말의 사전적 의미는 금융자본이 경제사회를 지배하는 것이지만, 그 말은 곧 자본주의가 산업자본주의 시대에서 금융자본주의 시대로 바뀌었다는 것을 의미한다.

제조업이 중심이었던 근대 자본주의(산업자본주의) 시대에 자본이 이윤을 창출하는 방법은 단순했다. 거대한 공장을 건설하고 많은 노동자를 고용하는 것이 그것이었다. 거대한 공장, 다수의 노동자, 대규모의 자본, 성능이 뛰어난 기계, 효율적인 노동과정의 조합은 경쟁업체에 비해 값싸고 질 좋은 상품을 생산할 수 있는 최상의 조건이었다. 이러한 상황에서 생산 규모와 자본의 이익, 즉 잉여가치의 규모는 비례했으므로 자본가의 입장에서는 거대한 공장을 포기할 이유가 없었다. 자동차, 전기·전자, 조선, 철강, 석유화학 등의 산업이 대표적인 사례이다. 그리고 거대한 공장을 가동하려면 많은 노동자가 필요했다. 하지만 오늘날 이들 산업은 선진국의 자본이 선호하는 것이 아니다. 이들 산업은 주요 국가에서 사양길에 접어든 산업으로 분류되어 임금이 싼 주변 국가로 이전되거나 산업 자체가 정리되는 수순을 밟고 있다(소위 세계화라는 현상이 국가 간 산업의 이동을 가능하게 만들었다).

오늘날 주요 국가의 자본은 더 이상 거대한 공장을 건설하여 제품을 생산·판매하는 방식을 선호하지 않는다. 선진국에서 산업자본의 시대는 거의 끝나가고 있다. 지난 100년 동안 산업자본은 더 많은 잉여가치를 얻기 위해 공장의 규모를 키워왔는데, 그것은 잉여가치를 증가시키는 동시에 조직화된 노동자의 수를 증가시키는 결과를 초래함으로써 총 노동과의 대결에서 자본에 불리한 결과를 가져왔다. 공장의 규모가 커질수록 노동조합의 힘도 커질 수밖에 없었던 것이다.

현대 사회에서 자본은 이런 부담에서 벗어나 잉여가치를 획득하는 방식을 선호하며, 금융은 그러한 자본의 욕망에 최적화된 형태라고 말할 수 있다. 알다시피 '금융'은 대출과 투자 등을 통해 단기간에 엄청난 수익을 발생시키면서도 고용은 최소화할 수 있다. IMF 외환위기 당시 국내의 기업과 부동산 가격이 폭락하자 외국자본이 국내에 들어와 기업과 빌딩을 마구 사들였다가 불과 얼마 후 경기가 회복되자 한꺼번에 처분하고 사라진 사건을 떠올리면 쉽게 이해할 수 있다. 거대한 금융회사만이 아니다. 우리들 각자의 수중에 수백억 원 이상의 자산이 있다고 가정해보자. 과연 그 돈으로 공장을 짓고 노동자를 고용하여 제품을 생산하는 방식으로 자산을 증식시키려고 하는 사람이 몇 명이나 있을까? 대부분의 사람은 그 돈으로 아파트나 빌딩을 구입하여 시세 차익을 노리거나, 그것이 여의치 않으면 주식에 투자하여 짧은 시간에 더 많은 수입을 올리려 하지 않을까?

실제로 2000년 이후에 급성장한 대부업貸付業 또한 현대 자본주의가 금융자본주의에 접어들었음을 보여주는 사례이다. 우리들 대부분은 돈을 빌려주겠다는 광고 전화나 광고 문자를 받은 경험이 있을 것이다. 그것 역시 자본으로 단기간에 가장 손쉽게 많은 이익을 발생시킬 수 있는 방법이 돈을 빌려주고 이자를 받는 것이기 때문에 생긴 일이다. 이처럼 현대 사회에서 잉여가치의 대부분은 제품을 만들어 판매하는 산업이 아니라 대출이나 투자를 통해 잉여가치를 창출하는 방식에서 생겨난다. 이러한 현실 때문에 선진국에서 사실상 고용이 늘어날 가능성은 없어졌다.

오늘날의 금융기관, 즉 은행은 고객이 맡긴 예탁금을 자금이 필요한 기업에 대출해주고 이자를 받는 전통적인 기능에 특별한 관심이 없다. 입출금을 포함하여 '은행'이라는 이름이 환기하는 기본적인 기능은 사실상 ATM이나 인터넷뱅킹 등을 통해 무인無人 방식으로 행해진다. 그리하여 은행의 지점은 놀라운 속도로 감소하고 있고, 그나마 남은 지점에도 입출금을 전담하는 은행원은 찾아보기 힘들다. 오늘날 은행은 가계 대출, 부동산 담보대출 같은 상품을 다루는 대출기관으로 바뀌었고, 각종 컨소시엄에 참여해 높은 수익을 발생시키는 사실상의 투자기관으로 진화하고 있다. 예금을 맡기기 위해 찾아오는 고객에게 다양한 투자상품을 소개하거나 대출 희망자에게 각종 신용카드를 강제하는 것이 은행의 주 업무가 되었다.

오늘날 자본주의의 최전선은 '공장'이 아니라 '은행'이다. 금융이 경제에서 지배적인 결정권을 갖는다고 해서 전통적인 산업이 일시에 사라지지는 않는다. 하지만 금융과 산업의 관계에서 금융이 우위를 점하고 있다는 사실은 부정할 수 없다. 가령 자동차를 구입하려고 하면 자동차 회사는 어김없이 신용카드에 가입할 것을 요구한다. 일시불 현금은 가급적 받지 않으려하고, 대신 신용카드를 통한 할부 구입을 권장하는 것이다. 휴대전화 가입을 위해 통신사 대리점에 가도 상황은 동일하다. 대리점은 휴대전화 사용료를 할인해주거나 전화기를 싸게 판매하는 대신 신용카드에 가입할 것을 요구하는 경우가 많다. 이 경우 자동차와 휴대전화가 주主이고 신용카드가 종從이라고 생각하기 쉽지만, 사실은 신용카드가 주이다. 즉 자동차나 휴대전화를 구입하려고 신용카드를 발급받는 것이 아니라 신용카드를 발급받는 조건으로 자동차나 휴대전화를 구입하는 것이다. 극단적으로 말하면 오늘날 자동차 회사는 자동차가 아니라 신용카드를 판매한다. 이것은 휴대전화의 경우도 마찬가지이다. 이처럼 금융자본주의 사회에서는 '금융'이 본질적인 위치를 점한다.

금융자본주의의 또 다른 특징은 빚, 즉 부채이다. 금융자본주의는 '예금'이 아니라 '대출'을 권한다. 현대 자본주의가 우리에게 '생산'이 아니라 '소비'를 강조하듯이, 현대 사회는 우리를 예금주가 아니라 대출자로 만들기를 원한다. 미국발 서브프라임 모기지 사태의 핵심은 가만히 앉아서 천문학적인 이익을 얻으려던 금융권의 한탕주의였다. 그 욕망을 실현하기 위해서는 먼저 많은 국민이 은행 등에서 돈을 빌려야, 즉 대출을 받고 이자를 납입하는 대출자가 되어야 했던 것이다. 실제로 부동산 투자 회사들은 다양한 광고를 통해 미국인들에게 담보대출을 받아 주택을 구입하라고 적극적으로 권유했다.

이탈리아 출신의 사회학자이자 철학자인 마우리치오 라자라토Maurizio Lazzarato(1955~)는 이러한 현대 자본주의의 특징을 '부채負債 통치'라고 명명했다. 부채는 현대 자본주의의 공리계axiom system이다. 그에 따르면 현대 자본주의에서 부채는 무한한 것, 상환 불가능한 것이 되어 사람들을 길들이며, 나아가 권위주의적 통치를 정당화하는 도구, 즉 자본의 이익에 복종하게 만드는 '기술적 통치'의 이름으로 민주주의를 억압한다. 철학자 프리드리히 빌헬름 니체Friedrich Wilhelm Nietzsche(1844~1900)는 이미 오래전 중세의 하느님에 대한 죄(부채)가 현대에는 은행에 대한 부채(죄)로 바뀌었다고 말한 적이 있다. 한국의 경우처럼 은행에서 거액을 대출받아 집(아파트)을 장만하는 것이 일반화된 사회에서는 그러한 부채, 상환 불가능한 부채의 영향력에서 자유롭기 어렵다. 대부분의 경우 부채는 벌어서 갚을 수 있는 것이 아니라 또 다른 부채를 통해서만 갚을 수 있다. 이사하기 위해 아파트를 사고판 경험이 있는 사람이라면 쉽게 이해할 것이다.

근대 사회는 정치와 경제로 양분되어 있었으나, 상대적으로 경제에 대한 정치의 영향력이 훨씬 강력했다. 이는 시장의 영역과 영향력에 한계가 존재했으며, 그 한계는 정치에 의해 결정되었다는 의미이기도 하다. 돌이켜 생각해보면 근대 사회에서는 정치인의 권력이 경제인의 권력보다 강했다. 하지만 금융자본주의 시대에 정치와 경제의 위계는 전도되었다. 경제가 무소불위의 영향력을 행사하기 시작하면서 오히려 정치가 경제의 눈치를 보거나, 경제의 로비로 인해 정치가 경제의 하수인으로 전락한 경우가 속출하고 있다. 심지어 경제가 정치를 장악하는 사례가 전 세계적으로 확산되었으니, 그것은 유명 기업인이 대통령을 비롯한 주요 정치권력을 장악하는 현상으로 나타나고 있다. 결국 금융자본주의란 '금융'이 '경제'에 대하여 지배적인 권한을 행사하고, 나아가 '경제'가 '정치'를 압도함으로써 달라진 현실이나 사회 질서라고 요약할 수 있을 것이다.

19

국경이 사라진 경제

세계화와 초국적 자본의 등장

신자유주의라는 개념에는 항상 세계화globalization라는 짝패가 따라다닌다. '세계화'는 신자유주의를 설명할 때 가장 먼저 언급되는 개념이며, 동시에 신자유주의의 최종 목표 중 하나이다. 어떤 이들은 세계화 대신에 지구화라는 표현을 사용하는데, 국민국가 단위로 이해되던 산업자본주의 시대에서 벗어나 국가나 국경 같은 전통적인 경계를 자유롭게 넘나들면서 지구 전체를 단일한 시장으로 구축하는 일련의 흐름을 지시한다는 점에서 둘 다 가능하다. 앞으로 자세히 살펴보겠지만, 문제는 이 세계화 또는 지구화가 모든 국가에, 지구상에 살고 있는 모든 사람에게 동일한 기회가 되지 않는다는 점이다. 어떤 이들에게는, 어떤 국가에는 국경을 마음대로 넘나드는 것이 유리한 반면에 어떤 이들에게는, 어떤 국가에는 치명적인 위기가 된다. 따라서 신자유주의가 목소리를 높여 강조하고 있는 '세계화'는 지구상에 존재하는 모든 국가의 희망 사항이 아니라 투자나 무역에서 유리한 위치를 점하고 있는 일부 국가의 욕망이니, 세계화가 마치 전례 없는 호황이나 희망적인 미래를 가져다줄 것처럼 떠드는 것이야말로 기만적 행위이다.

인류가 지금과 같은 '국가' 단위로 생활하고 사고하기 시작한 것은 그리 오래되지 않았다. 신자유주의가 등장하면서 '(국민)국가' 시스템이 상당히 약화된 것은 누구도 부정할 수 없는 사실이지만, 그 '국민국가'조차도 17세기 중엽 이후에 만들어진 역사적 산물인 것이다. 국민국가란 국경이 있고, 국적이나 귀속 의식 등을 지닌 국민이 존재하며, 그들이 결합하여 만들어낸 일종의 정치적 공동체이다. 이러한 국민국가가 기본적인 정치 단위로 등장한 것은 대략 400년 전이다. 1648년에 체결된 베스트팔렌 조약Peace of Westfalen이 국민국가의 역사적 기원이다. 그 이전의 사람들, 그러니까 중세 사람들은 국가가 아니라 특정한 가문의 지배하에서 살거나, 초超영역적인 권력의 지배를 받으며 살았다.

오늘날 우리가 흔히 이야기하는 국가nation는 1618년부터 30년 동안 지속된 신교와 구교 간의 종교전쟁(30년 전쟁)의 결과로 등장했다. 신교와 구교가 독일을 차지하기 위해 벌인 이 전쟁에는 보헤미아, 오스트리아, 덴마크, 스웨덴, 프랑스, 스페인 등이 참전했는데, 승패가 가려지지 않은 상태로 전쟁이 장기화하자 참전국들은 종전을 위해 조약을 체결하기에 이르렀다. 그것이 바로 베스트팔렌 조약이다. 이 조약은 흔히 서양 최초의 국제조약이라고 말해지는데, 그 핵심 내용은 대략 세 가지이다. 첫째, 각 국가는 스스로 자기 나라의 미래를 결정할 수 있다. 둘째, 각 국가는 법적으로 동등하다. 셋째, 각 국가는 다른 나라의 국내문제에 간섭하지 않는다. 이처럼 이 조약은 '국가'를 기본적인 정치공동체로 설정함으로써 향후 유럽에서 국민국가가 빠른 속도로 자리잡는 데 기여했다. 당연히 국민국가의 등장은 그 이전에 존재한 초영역적인 권력의 지배가 해체된다는 것과 같은 의미였다.

근대 사회는 기본적으로 '국가들' 간의 관계를 중심으로 성립되었다. 국제연합UN 혹은 국제연맹 같은 국제기구는 이런 점에서 전형적인 근대의 산물이라고 말할 수 있다. 중세였다면 유럽 각 지역을 다스리는 가문의 대표가 모여서 중요한 결정을 했겠지만, 근대 이후에는 국가의 대표가 모여서 중요한 국제적 문제를 결정하는 방식이 도입된 것이다. 지금으로부터 100년 전, 유럽에서는 노동조합과 사회주의가 결합하여 정치 세력화를 시도한 일이 있었다. 그들의 슬로건은 '인터내셔널international'로 요약되는데, 그것은 국가들nations 간inter의 관계, 즉 국가를 넘어선 연대를 지향하는 운동이었다. 이는 당시 사람들의 사고 방식에서 정치적 공동체의 기본단위가 '국가'였음을 보여주는 사례라고 할 수 있다.

이처럼 인류는 지난 수백 년 동안 국가를 기본단위로 살아왔고, 따라서 외교나 전쟁은 물론이고 사람, 상품, 자본 등이 국경을 넘을 때에는 반드시 상대 국가의 허락을 얻어야 했다. 국제적 질서 또한 엄연한 현실이므로 모든 국가의 힘이 동일했다고 말할 수는 없지만, 형식적으로나마 모든 나라는 독립적인 국민국가라는 점에서 스스로에 대한 결정권을 갖고 있다고 간주되었다. 국제연합이란 바로 이러한 국가들의 모임을 가리킨다.

반면 신자유주의가 지향하는 세계화는 이러한 국가 체계, 즉 국민국가가 각기 자신의 국경 내에서 배타적 권리를 갖는 체제를 해체하려는 시도라고 말할 수 있다. 얼마 전 한국에서는 쿠팡Coupang이라는 회사가 뉴욕 증시에 상장했다는 소식이 전해져 세간의 화제가 되었는데, 그 가운데에는 쿠팡이라는 자본의 국적에 대한 논란도 있었다. 요컨대 쿠팡이 어느 나라의 기업이냐는 문제이다. 알려진 바에 따르면 쿠팡의 주요 투자자는 일본 소프트뱅크의 손정의 회장이 조성한 비전펀드이다. 그런데 그 비전펀드의 최대 주주는 중동의 오일 머니이다. 사람들은 흔히 쿠팡을 한국 기업으로 인식하고 있지만, 자본의 구성이라는 차원에서 보면 쿠팡은 한국 회사가 아니다. 그런데 그러한 구분은 국민국가적인 사고방식에서 나온 것이다.

신자유주의 세계에서는 기업과 자본의 국적을 따지는 일이 무의미하다. 바꿔 말하면 오늘날 자본은 이윤이 생기는 곳이라면 지구상 어느 나라라도 달려갈 준비가 되어 있으며, 자본의 성격 또한 단일하지 않아서 다양한 국적의 사람들, 여러 국가의 기업들, 때로는 초국가적으로 움직이는 자본이 결합하여 자본을 형성한다. 이처럼 기업과 자본이 '국경'이라는 장벽의 구애를 받지 않고 지구 전체를 옮겨 다니면서 투자, 투기, 이윤 창출을 하는 상황, 이것이 바로 세계화 또는 지구화의 핵심이다. 달리 말하면, 세계화 또는 지구화는 초국적 자본이 세계 곳곳을 돌아다니면서 마음껏 이윤을 획득할 수 있는 투자 환경이라고 말할 수 있다.

물론 국경의 문턱을 낮추거나 없애는 것은 여전히 '국민국가'의 권한이다. 외교적으로 요구할 수는 있지만 무력으로 경제의 국경을 개방시킬 수는 없다. 이와 관련하여 중요한 것이 신자유주의 시대를 주도하고 있는 세계적인 기구이다. 앞에서 우리는 국제통화기금과 세계은행이 대표적인 기구라고 이야기한 적이 있다.(제15·17장 참조) 제2차 세계대전 이후 국제무역체제는 미국이 주도하는 '관세 및 무역에 관한 일반 협정GATT'에 의해 발전되었다. GATT는 자유무역을 촉진시켜 세계경제의 번영을 꾀한다는 목표하에 1947년에 창설되었다. 이 기구는 선진국 간에 거래량이 많지 않던 농산물을 제외하고 주로 공산품의 관세율을 인하하는 등의 협의를 주로 맡아서 진행했다.

하지만 1980년대 이후 농산물을 비롯하여 지식재산권처럼 전통적인 공산품 목록에 포함되지 않은 품목의 거래량이 증가하면서 새로운 다자간 협상이 필요하다는 인식이 대두되었고, 그 결과 1986년 9월 우루과이에서 새로운 국제무역 질서 정립을 위한 협상(우루과이 라운드)이 시작되었다. 이 협상은 1993년 12월, 7년 만에 타결되었고 이 협상의 결과로 인해 한국은 쌀 시장을 전면 개방하게 되었다. 그리고 새로운 국제무역 질서를 정립하고 이끌어갈 주체가 결성되었으니 그것이 바로 WTO였다. 요컨대 GATT에서 WTO로 이어지는 전후의 국제무역 질서는 관세를 인하하거나 철폐하는 방식을 통해 사실상 무역 장벽을 없애는 것을 주도했고, 이 기구 및 협약에 가입한 국가는 협상 과정에서 일부 품목에 한정하여 유예 또는 거부할 권한을 갖지만 사실상 시장의 전면 개방은 시간문제이다.

지구화라는 용어는 팝 음악, 영화, 패션 등이 지구적으로 확산되는 것에서부터 지구적 교통·통신이 갈수록 쉬워지는 것까지, 보건·환경 문제들이 국경을 넘어서 급속하게 전파되는 것부터 새로운 기술의 국제적 확산과 대기업의 시야가 갈수록 국제적으로 넓어지는 것까지, 실로 다양한 현상들을 묘사하기 위해 쓰이는 말이다. 하지만 본질적으로 경제적 지구화란 여러 나라의 시장들 사이에 상호 연결이 증가하는 것을 지칭한다. 이러한 과정은 국제무역과 해외투자의 증가, 그리고 특히 국제적 금융 흐름의 증가에 반영되어 있다. 이 모든 과정들의 공통적 특징은 자본의 국제적 이동성이 크게 증가했다는 것이다.[1]

무역 장벽이 철폐되어 관세가 인하되거나 없어지면 국가 간의 무역량은 급증할 수밖에 없다. 문제는 이러한 무역의 자유가 모든 국가에 동등하게 유리한 것이 아니라는 사실이며, 특히 미국처럼 거대한 국가는 자신들의 힘을 앞세워 사실상 '자유'에 제한을 가함에도 불구하고 아무런 국제적 제재를 받지 않는다는 점이다. 이러한 세계적 자유무역은 선진국에 절대적으로 유리한 구조이다. 과거에는 자국의 잉여생산물을 외국에 판매하려고 해도 관세 등의 보호 장치가 있어서 가격 경쟁력에서 밀릴 수밖에 없었지만, 관세가 철폐되면 사정이 달라지기 때문이다.

가령 한·미 자유무역협정FTA의 경우 국내의 자동차 산업은 수출에 유리한 조건을 얻었지만, 미국의 농·수·축산물과 직접 경쟁해야 하는 국내의 농어민들은 절대적으로 불리한 환경에 놓일 수밖에 없었다. 게다가 이들은 세계적 자유무역 환경에서 이중, 삼중의 압박을 받고 있다. 국내에서 생산된 80킬로그램 쌀 한 가마의 가격이 10만 원을 웃도는 데 반해 중국산 쌀 한 가마의 가격은 3만 원 남짓이라면 국내에서 쌀농사가 버틸 수 있을까? 한국의 과수 재배 농가에서 생산한 과일과 칠레산 과일이 운송비를 감안하더라도 과연 가격 면에서 경쟁할 수 있을까? 자유무역 체제는 한 국가의 경제구조는 물론이고 그 산업을 중심으로 살아가는 수많은 사람들의 생존을 위협하는 결과를 초래할 수 있다(소비자의 이익과 산업의 이익 간의 균형점에 관해서는 또 다른 논의가 필요하다).

세계화는 국가의 무역 장벽을 철폐하고 시장을 개방하는 것을 넘어, 초국적 자본이 자유롭게 이동할 수 있는 토대를 마련했다. 자본은 이제 특정한 국가에 머무를 이유가 없어졌다. 어느 곳이든 이윤 추구에 유리한 곳이라면 마음대로 옮겨 다닐 수 있게 되었다. 한 예로 세계 최대 기업 중 하나인 '애플'이 생산하는 모든 제품에는 '미국 캘리포니아에서 디자인되고 중국에서 만들어졌다'라는 글귀가 새겨져 있다. 여기서 만들어졌다는 말은 완성 단계의 조립 공장이 중국에 있다는 뜻일 뿐이다. 제품을 구성하는 수많은 부품은 각국에서 만들어져 중국의 공장으로 보내진다. 그렇다면 지금 내 손안에 들려진 아이폰의 '국적'은 어디일까? 20세기까지 유효했을 그러한 물음은 이제 어리석은 질문일 뿐이다.

그런데 세계화가 이동하게 만든 것은 자본만이 아니다. 자본에 들러붙어서 먹고살아야 하는 사람들, 즉 노동 또한 지구적 차원에서의 이동을 시작하게 되었다. 이주 노동자라는 존재가 우리 앞에 등장하게 된 이유가 바로 이것이다. 거꾸로 말하면, 신자유주의(세계화) 시대에 우리 또한 언제든지 이주 노동자가 될 수 있게 된 것이다. 노동자는 자본을, 일자리를 따라 움직인다. 자본이 움직이면 노동도 움직인다. 물론 때로는 노동이 있는 곳을 찾아 자본이 움직인다.

다큐멘터리 「모두를 위한 불평등Inequality for All」(2013년)은 미국의 경제학자 로버트 라이시Robert Bernard Reich(1946~)가 캘리포니아 주립대학교 버클리 캠퍼스에서 강의한 「부와 빈곤Wealth and Poverty」의 내용을 제이콥 콘블러스Jacob Kornbluth(1972~)가 각색한 영화이다. 이 강의에서 로버트 라이시는 학생들에게 흥미로운 질문 하나를 던진다. '아이폰의 해부-당신의 돈은 어디로 갈까?' 이 질문의 핵심은 누군가가 아이폰을 샀을 때 그 구매 금액(달러)이 어느 나라로 흘러갈 것인지를 예측해보라는 것이었다. 학생들은 아이폰 가격의 70퍼센트가 미국에 남을 것이라고 대답했다. 그다음은 중국 23퍼센트, 일본 4퍼센트, 한국 2퍼센트, 독일 1퍼센트 순이었다. 그런데 로버트 라이시가 공개한 사실은 그것과 사뭇 달랐다. 일본 34퍼센트, 독일 17퍼센트, 한국 13퍼센트, 미국 6퍼센트, 중국 3.6퍼센트, 기타 27퍼센트였다. 더욱 놀라운 것은 아이폰이 중국에서 조립된 제품임에도 불구하고 정작 중국 노동자에게 돌아가는 몫은 3.6퍼센트밖에 안 된다는 점이다.

왜 이런 일이 생기는 것일까? 그것은 애플 본사가 어디에 위치하고 있는가와 상관없이 혹은 아이폰을 어느 나라에서 조립하는가와 상관없이 아이폰을 구성하고 있는 부품이 전 세계에서 오기 때문이다. 요컨대 애플은 세계의 많은 국가에서 부품을 공급받아 그것들을 조립하여 아이폰을 만드는데, 조립에 소요되는 임금이 가장 저렴한 곳이 중국이므로 중국에서 조립하는 것이다. 애플의 입장에서는 동일한 조건에서 더 싼 임금을 지불할 수 있는 국가가 나타나면 주저 없이 조립 공장을 그 나라로 옮길 것이다.

이런 현실은 다음의 몇 가지를 의미한다. 임금은 갈수록 낮아질 수밖에 없으며, 다양한 국가에서 생산된 부품들이 조립되기에 노동자들 간의 단결과 연대가 불가능해진다는 것, 그리고 미국이나 한국 같은 주요 국가에서는 생산직이 대부분 일자리를 잃을 것이라는 사실이다. 그것은 어떤 나라에서는 이미 현실이 되었고, 어떤 나라에서는 조만간 현실이 될 것이다. 2016년의 미국 대통령 선거에서 러스트 벨트rust belt에서 일하는 미국 남성들이 도널드 트럼프Donald Trump(1946~)를 지지한 것도 그 배경에는 이러한 현실이 존재하고 있기 때문이다.

한국은 비선진국 사람들에게 좋은 일자리가 많은 국가로

손꼽힌다. 이미 우리는 다양한 외국인과 뒤섞인 채 살아가고 있는데, 이는 문화적 갈등만이 아니라 어떤 분야에서는 일자리를 둘러싸고 갈등이 발생할 수 있는 구조이다. 한국의 많은 기업이, 혹은 한국에서 생산 라인을 가동하려는 초국적 자본이 한국인이 아닌 이주 노동자를 주요한 노동력으로 인식하는 상황이 되면, 그때 한국인은 외국인 노동자와의 경쟁에 내몰리게 되고, 그것은 전반적인 임금의 하향 평준화를 의미할 것이다. 갈수록 물가는 오르고 임금은 그대로이거나 내려갈 때, 실질소득은 줄어들게 마련이다. 이러한 소득 감소는 예전의 방식으로 안정적인 생계를 유지할 수 없는 조건을 만들고, 그것은 심각한 부의 불평등을 초래할 것이다.

20

신자유주의는 '민영화'를 좋아해!

공공 부문 축소의 대차대조표

공적인 성격을 지닌 기업을 민간기업으로 바꾸는 것, 그것이 민영화privatization의 사전적 정의이다. 한국에서 '민영화'라는 단어가 갑자기 유행어처럼 사람들의 입에 오르내리기 시작한 것은 1997년 말 외환위기를 맞은 직후이다. 그 사태로 사실상 한국을 지배한 IMF는 달러를 지원하는 조건 중 하나로 공기업의 민영화를 집요하게 요구했다. 당시 공기업에 대해 '철밥통'이라는 부정적 인식이 널리 퍼져 있어서 민영화에 대한 국민들의 거부감이 크지 않은 것처럼 보였지만, 우리 국민에게는 장롱 속의 금붙이를 꺼내어 국가에 헌납해서라도 당장의 급한 외환위기에서 벗어나는 것이 최우선 과제였으므로 공기업의 민영화라는 문제를 상대적으로 소홀히 여겨 마치 당연한 것으로 인식했던 것도 사실이다. IMF는 외환위기에 직면한 국가에 달러(구제금융 또는 차관)를 지원해주면서 '구조조정 프로그램'이라는 이름의 신자유주의적 세계화를 강요하는 기구이다. 그들이 구제금융을 앞세워 위기에 직면한 나라에서 어떤 일을 했는가에 관해서는 경제학자 미셸 초스도프스키Michel Chossudovsky(1946~)가 쓴 『빈곤의 세계화』(1998년)에 자세하게 설명되어 있다.

다시 1997년 말의 한국 상황으로 돌아가보자. 외환 거래와 수입 통제의 철폐 혹은 자유화, 환율 평가절하 및 고금리정책, 긴축재정 등을 통한 인플레이션 방지, 해외 민간투자의 적극 유치, 공기업의 민영화, 정부 규제 철폐, 복지 등 공공지출 대폭 축소, 외국 기업을 위한 완전한 시장 개방, 기업에 대한 세금 감면, 임금 동결 및 삭감, 노동조합 무력화, 노동 유연화 등이 IMF가 요구한 '구조조정 프로그램'의 대표적인 내용이다. 한국 정부도 이미 이런 프로그램을 점진적으로 실행하고 있었으나 IMF의 요구는 거칠었다. 특히 공기업의 민영화, 외국 기업을 위한 시장 개방, 복지예산 축소, 노동 유연화 등에 대한 압박이 심했다.

복지예산 축소의 문제는 정부의 공적 기능을 약화시킴으로써 개인이 사적인 보험 등을 통해 자신의 노후와 건강을 스스로 책임져야 한다는 논리와 연결되어 있었고, 노동 유연화는 노동자를 쉽게 해고할 수 있는 제도를 만드는 것으로 '비정규직'이 탄생하게 된 계기가 되었다. 21세기의 자본은 고용 규모를 줄이고 노동의 유연성을 높이는 것, 즉 노동자를 해고하거나 비정규직으로 채우는 것을 다운사이징downsizing이라고 부르는데, 불필요한 낭비 조직을 제거하는 것을 뜻하는 이 말은 기업이 노동자를 고용할 때 마땅히 져야 하는 부담을 낮추는 것으로 전용되었다. 따라서 한 기업이 다운사이징에 성공했다는 말은 구조조정을 통해 노동자를 대거 해고했거나 비정규직을 대량으로 채용했다는 의미이다. 일반적으로 현대 자본주의에서 이 작업에 성공한 기업의 주가는 상승하는 경향이 있다.

당시 IMF는 시장 개방을 통해서 공적인 영역을 해체하는 데 집중적인 노력을 기울였는데, 그들은 왜 공기업의 민영화, 정확하게는 공공 부문의 민영화를 그토록 집요하게 요구했을까? 공기업을 민영화한다는 것에는 도대체 어떤 의미가 있을까? 먼저 공기업이 민영화된다는 것은 국내 자본은 물론이고 외국의 기업이나 투기성 자본 등에 공기업을 개방한다는 것, 즉 투자나 주식 소유 등을 통해 해외 자본이 국내의 공기업을 소유하거나 경영권을 장악할 수 있다는 것, 심지어 매각할 수 있는 권리를 갖는다는 것을 의미한다.

한국의 경우 외환위기 이후에 포스코, KT, KT&G, 한국중공업 등이 '민영화'되었다. 이들 기업의 면면을 보면 쉽게 알 수 있듯이, 신자유주의적 민영화는 수익 창출이 어려워 시장가치가 낮거나 경영에 문제가 있는 위태로운 공공 부문을 민간에 매각하는 것이 아니었다. 오히려 굴지의 공기업들, 그리하여 엄청난 잠재력과 수익성을 갖고 있는 우량기업을 민간에 매각하는 것이 민영화의 본색이었다. 정작 시장가치가 떨어지는 공공 부문은 민영화의 대상이 되지 않았다.

민영화는 국가나 국민 전체가 아니라 기업과 자본의 이익을 위한 조치이다. 따라서 공기업을 민영화하려는 움직임은 항상 상당한 저항에 직면하게 된다. 당장 해당 기업에 근무하는 직원들, 그리고 노동조합 등이 결사반대하고 나서게 된다. 이럴 때 민영화를 추진하는 세력은 자신들에게 유리한 여론을 조성하기 위해 공기업에 대한 거짓 정보를 퍼뜨린다. 공기업은 '철밥통'이 모여 방만하고 비윤리적인 경영을 일삼음으로써 지속적인 적자가 발생하고, 그것은 결국 국민의 혈세를 투입해야 하는 심각한 문제를 낳는다는 것, 따라서 민영화를 통해 기업 경쟁력을 높이는 것이 사회적으로 이익이라는 주장이 대표적이다. 실제로 이러한 선전에 넘어가 그들의 주장을 진실이라고 생각하는 사람도 많다. 하지만 면밀히 살펴보면 사정이 전혀 다르다는 것을 알 수 있다.

먼저 공기업의 성격에 대해 살펴보자. 적지 않은 사람들이 사회주의 국가도 아니면서 왜 정부가 시장에 개입하여 공기업을 만들거나 유지하느냐고 질문하는데, 주변의 공기업을 살펴보면 금방 알 수 있듯이, 공기업 또는 공공 부문은 몇 가지의 특징적인 면이 존재한다. 첫째, 이것들은 개별 기업의 능력으로 감당할 수 없는 대규모 사회간접자본Social Overhead Capital, SOC, 가령 댐, 고속도로, 전화, 철도 같은 분야에 정부가 세금을 투입하여 만든 것이다. 따라서 천문학적인 세금이 투입되어 설립된 이들 기업을 민간기업에 매각한다는 것 자체가 사실은 엄청난 특혜라고 말할 수 있다. 앞에서 언급한 포스코, KT, KT&G, 한국중공업 등이 대표적인데, 이들 기업은 국민의 세금 등으로 설립·운영되어왔지만 민영화 이후에는 국내외의 민간기업과 자본이 이익을 빼가게 되는 것이다.

둘째, 공기업이나 공공 부문은 자금력 문제로 환원되지 않는다는 성격을 갖고 있다. 에너지, 전기, 철도 등 국민 생활과 직접 관련된 분야, 그리고 민간기업이나 외국자본에 넘어가면 국가 운영과 국민 생활에 치명적인 결과를 초래할 수 있는 분야가 바로 공기업 또는 공공 부문의 대상이다. 이 경우 그 범위를 어디까지 한정할 것인가에 대해서는 논란거리가 될 수 있지만, 최소한 그 범위가 존재해야 한다는 필요성에 대해서는 부정할 수 없기에 '공기업'이 존재할 수 있는 것이다.

끝으로, 국민 생활에 필요하지만 시장가치가 떨어지는 분야, 한마디로 돈이 되지 않아서 기업이 꺼리는 분야도 공기업이나 공공 부문의 대상이다. 에너지원 중에는 석탄이 대표적이다. 알다시피 발전용 이외에 석탄을 사용해서 만들어지는 제품으로 연탄이 있다. 한국의 가정용 에너지는 상당히 높은 수준이어서 오늘날 대다수의 가정에서는 도시가스와 석유, 전기를 주 연료로 사용한다. 하지만 농촌의 비닐하우스, 도시의 서민 주택, 그리고 일부 자영업자에게 연탄은 여전히 필수적인 에너지원이다. 이처럼 주요 소비층이 서민이거나 영세 자영업자이므로 석탄 가격을 무턱대고 시장에 맡길 수가 없다. 그 경우 연탄 가격이 엄청나게 치솟을 것이 뻔하기 때문이다. 이 문제를 해결하기 위해 정부는 지난 1989년부터 석탄과 연탄의 최고 판매 가격을 생산원가보다 낮게 고시하고 그 차액을 재정으로 생산자에게 보조하는 방식을 쓰고 있다. 정부의 이러한 정책적 개입(보조금)으로 인해 서민들은 저렴한 가격으로 석탄(연탄)을 사용할 수 있고, 생산자들 또한 원가 이하로 판매하면서도 일정한 수입을 올릴 수 있는 것이다. 연탄 산업의 주체가 공기업은 아니지만 공기업이나 공공 부문은 바로 이러한 이유 때문에 존재한다고 말할 수 있다.

오늘날 한국 사회에서 공기업은 정부가 직접 경영하는 것이 아니라 해당 기업 주식의 상당 부분을 보유함으로써 중요한 정책 결정과 인사 등에 간접적으로 영향력을 행사하는 형태로 운영된다. 그리고 수자원공사처럼 주식시장에 상장된 기업이 아니거나 정부가 사실상 대주주 역할을 맡고 있는 경우도 있다. 수자원공사의 경우 대한민국 정부가 지분의 92.1퍼센트를, 한국산업은행 및 지방자치단체가 7.9퍼센트를 소유하고 있다. 한국산업은행의 대주주가 기획재정부(91.71퍼센트), 국토교통부(7.60퍼센트), 해양수산부(0.69퍼센트)이니 사실상 수자원공사는 100퍼센트 정부 소유이다.

물에 한정해서 말하자면, 이처럼 정부가 수자원공사를 공기업 형태로 운영하고 있기 때문에 국민들은 매우 낮은 가격으로 물을 마음껏 사용할 수 있는 것이다. 최근 언론에 발표된 서울의 상수도 요금은 1세제곱미터당 565원으로 생산원가인 706원에 비해 훨씬 낮다. 원가와 판매가의 차이로 인해 서울시는 2019년 한 해에 484억 2,000만 원의 적자가 났다고 한다. 물론 수도 요금은 지방자치단체별로 다르기 때문에 논란이 있을 수 있다. 그렇다면 전국적인 규모에서 계산하는 생산원가 대비 요금, 즉 수도 요금의 현실화율은 어떠할까? 2021년 1월 환경부가 발표한 자료에 따르면 수도 요금의 현실화율은 78.2퍼센트이다. 이 말은 원가 100원을 들여서 만든 물을 국민들에게 약 78원에 판매하고 있다는 것이다. 이 경우 물을 판매할수록 적자 폭이 커지게 마련이다.

이처럼 공기업은 필수적인 에너지여서 정부가 민간에 개방하면 안 된다고 판단하거나 시장성이 낮아서 민간에 맡길 수 없는 산업에 정부 재정을 투입하는 경우를 의미한다. 수자원공사

같은 공기업을 민간에, 또는 외국자본에 개방하면 어떤 일이 발생할까? 민간기업이나 투기성 자본의 목표는 이윤을 추구하는 것이다. 따라서 이들 자본이 수자원공사를 지배하는 대주주가 되면 상수도 요금이 치솟을 것은 분명하다. 경쟁업체가 존재하는 것도 아니고 상수도를 사용하지 않을 수도 없으니 사실상 그 기업은 독점적인 지위에서 이윤을 최대화하는 방향으로 요금을 결정할 것이기 때문이다.

2008년 이명박 정부는 '공기업 선진화 방안'의 일환으로 민영화 대상 공기업에 인천공항공사(인천국제공항)를 포함시킨 적이 있다. 여의도 면적의 20배인 약 5,616만 8,000제곱미터(1,700만 평) 규모의 인천공항은 당시 장부상의 가격이 2조 8,000억 원(3.3제곱미터당 약 17만 원) 정도로 책정되어 있었지만, 공시지가만 해도 그것의 4.4배였고 3.3제곱미터당 실거래가는 장부가액의 20~100배 이상이었다. 다년간 세계 공항 서비스 평가에서 1위를 차지한 인천공항을 실거래가의 20분의 1~100분의 1 가격으로 매각하려 한 것이다. 이때 유력한 인수자로 언급된 기업은 세계적인 금융 그룹인 맥쿼리였다. 맥쿼리 그룹은 신자유주의 체제에서 금융자본주의가 어떻게 공공 영역을 잠식해서 이윤을 창출하는가를 보여주는 대표적인 사례라고 말할 수 있다. 맥쿼리 그룹은 외환위기 직후부터 약 10년 동안 한국의 주요 민자사업을 싹쓸이하여 천문학적인 이윤을 얻은 초국적 자본이다. 과거에는 도로, 항만, 철도, 공항 같은 시설을 정부나 지방자치단체가 세금으로 건설했다. 하지만 신자유주의 체제에서는 민간자본이나 기업이 이러한 대형 사업의 시행자가 되어 공사비를 대고, 대신 일정 기간 동안 그 시설에 대한 운영권을 갖는 방식이 등장했다. 맥쿼리 인프라는 이런 방식으로 한국에서 우면산터널, 서울춘천고속도로, 서울시 메트로 9호선, 인천국제공항고속도로, 인천대교, 용인서울고속도로, 천안논산고속도로, 광주광역시 제2순환도로, 대구광역시 제4차 순환도로, 부산 수정산터널, 백양터널, 신항만, 마창대교 등의 운영권을 따냈다.

정부나 지방자치단체가 세금으로 건설해야 할 사회기반시설을 민자사업으로 추진하면 어떤 문제가 생길까? 맥쿼리의 사례를 통해 살펴보자. 한국에서 민자사업을 사실상 독점한 맥쿼리 인프라는 단일한 자본이 아니라 군인공제회, 신한금융지주, 한화생명, KDB생명 등 국내 자본과 합작하여 만들어진 대표적 금융자본이다. 이 합작을 맥쿼리가 주도했기에 편의상 '맥쿼리 인프라'라고 부르지만, 실상은 다양한 금융자본이 결합한 형태이다. 그들이 운영하는 시설의 이용료는 매우 높게 책정되어 이용자들의 불만을 사고 있다. 오늘날 은행은 개인의 예금을 수탁하는 일에는 거의 관심이 없다. 대신 그들은 이런 방식의 자본투자, 그리고 아파트담보대출을 통해 '고용 없는 성장'의 시대를 구가하고 있다.

민자사업에서 발생하는 문제는 크게 두 가지이다. 하나는 합작으로 형성된 이들 금융자본이 공사비의 상당 부분을 자신들의 회사, 즉 금융기관에서 엄청나게 높은 이자율로 빌린다는 것이다. 요컨대 이들 금융자본은 시장에서 정해진 이자율보다 훨씬 높은 이자율을 책정하고, 자신이 자신에게 돈을 빌려주는 방식으로 금융 이익과 투자 및 운영 이익을 동시에 누리게 된다.

둘째, 민자사업은 민간 운영자가 일정한 수익을 얻지 못할 경우 그 손실금을 정부나 지방자치단체가 보전해주는 방식으로 진행된다. 가령 특정 사업에 1,000억 원을 투자하고 예상 이익을 연 10퍼센트로 설계했을 때, 매년 100억 원 이상의 수익이 발생하지 않으면 그 부족분을 정부나 지방자치단체가 세금으로 메워줘야 하는 것이다. 사업의 구조가 이러하므로 민자사업의 주체는 수익을 만들려는 의지가 별로 없고, 게다가 가급적 높은 금리로 자신에게 대출함으로써 막대한 이자 수입을 얻게 된다. 그리고 그 이자와 영업손실은 모두 세금으로 충당되는 것이다. 민자사업으로 만들어진 도로 등은 통행료가 높을 뿐만 아니라 매년 요금을 인상해도 높은 금리로 인해 이익이 발생하지 않는 구조이다. 서울시 메트로 9호선의 경우 이러한 문제로 맥쿼리와 서울시가 마찰을 빚었고, 급기야 2013년 8월에는 맥쿼리가 지분을 매각하고 철수하기도 했다. 하지만 맥쿼리가 투자한 나머지 시설은 지금도 여전히 운영 중이다.

이러한 사례에서 보듯이 투기성 자본에 의해 주도되는 사업은 애초의 계획과 달리 정부와 지방자치단체의 재정을 악화시키는 것은 물론이고 양질의 일자리를 창출하지도 못하면서 오직 투기성 금융자본의 배를 불리는 결과를 초래한다. 공공이 주도하고 운영해야 할 부분을 민간 자본에 개방하는 문제는 자본에 일방적으로 유리한 환경을 조성하는 결과로 이어지며, 그 과정에서 국가가 국민에 대해 마땅히 져야 할 책임을 방기하는 현상으로 이어진다. 신자유주의 체제에서 이러한 문제는 복지 예산의 축소 같은 또 다른 문제와 연동되거니와, IMF로부터 구제금융을 받은 나라들은 모두 정부의 공공성이나 공공 무문이 약화되고 대신 시장화가 빠른 속도로 확대되는 결과로 이어졌다. 심지어 미국에는 교도소나 군대 등의 운영을 민간에 맡긴 주도 존재한다. 기업이 영리를 위해 운영하는 교도소나 군대가 공적인 기능을 제대로 수행할 수 있을지는 의문이다.

21

모두를 위한 불평등

신자유주의를 비판하는 책과 영화

만일 누군가가 신자유주의 시대를 상징하는 책 두 권을 선정하라고 요청한다면 나는 철학자 마이클 샌델의 『정의란 무엇인가』(2014년)와 경제학자 조지프 스티글리츠Joseph E. Stiglitz(1943~)의 『불평등의 대가』(2013년)를 꼽을 것이다. 마이클 샌델의 책은 2009년에, 스티글리츠의 책은 2012년에 각각 미국에서 출간되었다. 또한 만일 누군가가 내게 신자유주의 시대를 상징하는 영화 두 편을 말해보라고 한다면 나는 마이클 무어의 영화 「자본주의 : 러브 스토리」와 제이콥 콘브러스의 「모두를 위한 불평등」을 꼽을 것이다. 마이클 무어의 영화는 2009년에, 제이콥 콘브러스의 영화는 2013년에 각각 발표되었다. 요컨대 2010년을 전후한 시기에 신자유주의는 철학과 영화는 물론이고 문학, 사회학, 여성학, 정치학 등 대부분의 분야에서 핵심적인 논쟁거리였다. 이들 책과 영화에 토마 피케티 Thomas Piketty(1971~)의 『21세기 자본』(2014년)이나 켄 로치Ken Loach(1936~)의 영화 「나, 다니엘 블레이크」(2016년) · 「미안해요, 리키」(2019년) 등을 추가할 수도 있을 듯하다. 이러한 책과 영화에서 우리가 주목할 점은 신자유주의를 비판할 때마다 항상 '정의'나 '불평등'이라는 단어가 언급된다는 사실이다. 알다시피 정의와 불평등은 고대 사회부터 지금까지, 그러니까 인류사에서 항상 문제시된 것들이다. 새삼스러울 것도 없는 이 문제들이 왜 신자유주의의 등장과 함께 사람들의 관심사가 되었을까?

신자유주의에서 불평등이 문제가 되는 까닭은 그것이 전통적인 현상과 달리 확연한 양극화 현상을 보이기 때문이다. 장 자크 루소가 『인간 불평등 기원론』(1755년)에서 지적한 자연적 · 사회적 불평등은 사실 대부분의 사회에서 아주 오래전부터 존재했으므로 특별히 새로울 것이 없는 문제이다. 하지만 신자유주의에서 부는 인류 역사에서 가장 첨예하게 양극화되는 현상을 보이는데, 토마 피케티의 『21세기 자본』은 그러한 현상을 수많은 데이터를 통해 일목요연하게 입증한 저작이라고 말할 수 있다. 피케티에 따르면 신자유주의 체제에서 소득 불평등의 근본 원인은 자본수익률이 경제성장률보다 높다는 것, 즉 자본이 스스로 증식해서 얻는 소득이 노동으로 벌어들이는 소득보다 높기 때문에 시간이 지날수록 소득격차가 더 크게 벌어질 수밖에 없다는 것이다. 이때 자본수익률이란 임대료나 주식배당금, 이자, 부동산이나 금융상품에서 얻는 소득을 의미한다. 최근 한국의 아파트 투기, 주식 열풍 등이 대표적인 사례라고 말할 수 있다. 이것은 처음부터 자본을 많이 소유한 사람이 그렇지 못한 사람에 비해 더 많은 소득을 획득했다는 것으로, 사회가 초세습 사회에 진입했음을 의미한다. 그러니까 부자는 노동을 통해 부를 획득해서 되는 것이 아니라 처음부터 부자로 태어나는 사회로 변했다는 뜻이다.

우리는 산업자본주의, 특히 산업혁명에 대해 이야기하면서 당시에 막대한 부를 획득한 기업가들이 사회적으로는 신분이 낮았으며 처음부터 부자가 아니라 노력을 통한 성공의 결과로 부자가 되었음을 확인했다. 하지만 이러한 시대는 산업자본주의와 함께 사라졌다. 우리가 알고 있던 자본주의는 끝난 것이다. 지금은 세습 자본주의 또는 불로소득 자본주의 시대여서, 부모의 재산(세습 가능한 재산) 등이 성공의 가장 중요한 요소가 되었다. 반대로 말하면 가난한 사람은 아무리 노력하고 발버둥쳐도 가난의 운명에서 벗어날 수 없다는 것이다. 바로 이러한 이유로 인해 공정과 정의, 그리고 불평등 문제가 가장 중요한 사회적·정치적 의제가 된 것이다.

제이콥 콘브러스의 「모두를 위한 불평등」을 잠시 살펴보

자. 이 영화는 빌 클린턴 정부 시절 노동부 장관을 역임한 로버트 라이시가 캘리포니아 대학교 버클리 캠퍼스에서 행한 강연을 중심으로 신자유주의가 이전 시기의 자본주의와 어떻게 다른가를 보여준다. 앞에서 우리는 신자유주의를 상징하는 책과 영화가 특정한 시기(2010년 전후)에 집중적으로 쏟아졌다는 사실에 대해 이야기했다. 「모두를 위한 불평등」에서 로버트 라이시는 미국 경제의 전반적인 흐름을 다양한 자료를 이용하여 보여주는데, 미국에서 상위 1퍼센트의 소득 점유율top 1% income share이 고점高點에 도달한 시기가 바로 신자유주의에 대한 책과 영화가 본격적으로 등장한 시기와 일치한다.[1]

2007년에 미국의 상위 1퍼센트는 미국 전체 소득의 약 23퍼센트를 점유하고 있었다. 그런데 흥미롭게도 미국의 대공황이 발생하기 직전인 1928년에도 이와 똑같은 부의 집중화 현상이 있었다. 1928년과 2007년의 또 하나의 공통점은 미국 역사에서 경제성장이 고점에 도달한 해라는 사실이다. 알다시피 1928년에 정점에 도달한 경제성장은 1929년에 시작된 대공황으로 인해 급전직하했고, 2007년에 정점에 도달한 미국의 경제성장은 서브프라임 모기지 사태로 이어졌다. 왜 경제성장이 최고점에 이른 시기에 곧바로 공황 등의 경제적 파국이 닥쳐온 것일까? 라이시는 2007년에 소득이 소수에게 집중되었고, 그들은 금융을 중심으로 급속하게 자산을 부풀렸으며, 실물경기와 무관하게 생겨난 투기 거품은 결국 중산층을 빚더미에 앉힘으로써 경제 불안정의 원인이 되었다고 진단한다. 한마디로 실물경기에 의존하지 않는 거품경제는 언제나 경제위기를 불러오고, 그 피해는 중산층 이하의 사람들에게 집중된다는 것이다. 이러한 진단에서 주목할 점은 부의 불평등이 경기 침체의 주요 원인이며, 특히 상위 1퍼센트를 제외한 99퍼센트에게 집중되는 과세 정책이 이러한 불평등의 원인이라는 지적도 있다. 실제로 미국의 경우 중산층 가정의 직접세는 33퍼센트인 데 반해 세계적인 투자자인 워런 버핏의 세금은 17.7퍼센트라는 언론 보도가 있었다.

부의 불평등을 말해주는 지표 중 하나로, 미국 남성 노동자의 평균 수입과 상위 1퍼센트의 수입을 비교해보자. 1978년 평균적인 남성 노동자의 연간 소득은 4만 8,302달러였지만 상위 1퍼센트의 수입은 39만 3,682달러로 8.15배 차이가 났다. 그런데 2010년에는 그 차이가 무려 32.6배 이상으로 벌어졌다(남성 노동자의 평균 수입 3만 3,751달러, 상위 1퍼센트의 수입 110만 1,089달러). 한마디로 과거에 비해 소득격차가 훨씬 심각해졌다는 것인데, 그렇다면 언제부터 이러한 소득격차가 본격적으로 나타나기 시작했을까? 로버트 라이시가 제시하는 생산성 증대와 임금의 상관관계 표에 따르면 1978년을 100으로 했을 때 2007년까지 30년 동안 임금은 100 이하이거나 100이 조금 넘는 제자리걸음 수준이었다. 반면에 같은 기간의 생산성은 가파르게 상승했다(2007년 약 2.3배, 2010년 약 2.5배). 그러니까 생산성이 증대하여 부의 총량이 늘어났는데도 그 이익의 추가분은 노동자에게 거의 돌아오지 않았다는 것, 한마디로 자본의 몫이 지속적으로 커졌다는 것이다. 물가가 지속적으로 상승하는 반면에 임금은 사실상 동결 상태라면 그것은 곧 가처분소득의 하락, 즉 소득이 줄어들었다는 의미이다. 실제로 1970년대와 2010년 미국 남성 노동자의 임금(중간값)을 비교해보면, 이 기간에 집값은 1.5배, 의료비는 4.2배, 대학 교육비는 2배 상승했으며 그 결과 가처분소득은 절반 이하로 떨어졌다. 사정이 이러했으므로 상·하위계층의 소득격차는 갈수록 커졌고, 그 결과는 부의 양극화라는 문제로 이어졌다.

오늘날의 한국 사회가 그렇듯이 이러한 부의 양극화는 사회적으로 심각한 문제를 발생시킨다. 조지프 스티글리츠의 『불평등의 대가』는 '1퍼센트의, 1퍼센트를 위한, 1퍼센트에 의한'이라는 이슈를 부각하여 심각한 불평등이 왜 생겨나며, 그것이 사회에 어떤 부정적인 영향을 초래할 수 있는가를 분석한 책이다. 알다시피 오랫동안 사람들에게 미국은 '기회의 땅'으로 인식되어왔다. 가진 것이 없어도 열심히 일하고 노력하면 성공하여 부자가 될 수 있다는 믿음, 즉 '아메리칸 드림'은 과거에 미국 사회를 떠받치는 힘이었다. 동시에 그것은 산업혁명을 통해 강조된 (산업)자본주의의 정당화 논리였다. 중세 사회는 신분제,

즉 출생과 혈통이 모든 것을 결정하는 시스템이므로 한 개인의 운명은 태어나는 순간 정해진다. 비록 미국은 중세의 신분제를 경험하지 않았지만, 유럽의 많은 나라는 이러한 신분제 사회의 부당함을 혁명이라는 사건을 통해 극복했다.

자본주의는 온갖 문제점과 한계가 있음에도 불구하고 노력 여하에 따라 계층 이동을 할 수 있다는 유동성이 최대의 장점으로 손꼽히는 시스템이다. 하지만 근대 혁명이 발생한 지 불과 200년 남짓 흐른 뒤 사람들은 자신들이 속한 사회가 또다시 중세와 유사한 견고한 질서로 회귀하고 있음을 발견하게 되었다. 과거와 같은 신분제는 아니지만, 따라서 형식적으로는 모든 이에게 동일하게 기회가 주어져 있지만, 실제로는 부모 세대로부터 물려받는 재산이 그 사람의 운명을 좌우하고, 가진 것이 없는 사람들은 아무리 노동을 해도 갈수록 더 가난해지기만 하는 질서가 견고해지고 있음을 발견한 것이다.

> 만천하에 드러난 시장경제의 가장 어두운 그림자 중 하나는 갈수록 심화되어가는 불평등이다. 불평등은 미국의 사회적 통합과 경제의 지속 가능성을 훼손시키고 있다. 부유층은 갈수록 더 큰 부자가 되고, 나머지 계층은 아메리칸 드림과는 거리가 먼 심각한 곤경에 직면하게 되었다. (……) 소득 분배 측면의 불평등은 훨씬 더 심각하다. 상

위 1퍼센트 안에서도 상위 0.1퍼센트 소득자들이 차지하는 몫은 갈수록 늘어나고 있다. 금융위기가 일어나기 전인 2007년에, 미국에서 상위 0.1퍼센트 가구의 평균 소득은 하위 90퍼센트 가구의 평균 소득보다 220배나 많았다. 부의 분배 측면에서의 불평등은 소득의 불평등보다 훨씬 심각해서, 상위 1퍼센트의 부자들이 국가 전체 부의 3분의 1 이상을 소유했다. 소득 불평등에 관한 자료 수치는 일정 시점의 경제 상황만을 반영한다. 부의 불평등에 관한 자료 수치에 주목하는 것은 그럴 만한 이유가 있다. 부의 불균형은 한 해 소득의 불평등과는 전혀 다른 것이다. 부는 소득에 비해서 자원을 이용하는 능력의 차이를 훨씬 극명하게 반영하기 때문이다. 미국 사회의 불평등은 날이 갈수록 빠른 속도로, 더욱 심화되어왔다. 새천년 첫 경기 침체 이후 몇 년 동안(2002~2007년) 상위 1퍼센트는 국민소득의 65퍼센트 이상을 거머쥐었다. 상위 1퍼센트는 엄청난 경제적 번영을 누렸지만, 미국인들 대다수의 경제 형편은 갈수록 궁색해졌다.[2]

이러한 불만은 미국발 서브프라임 모기지 사태가 발생한 이후 미국 행정부가 세금으로 월스트리트의 손실은 보상해주면서 정작 금융위기로 집과 직장을 잃은 국민들에게는 아무런 도움도 주지 않음으로써 폭발했다. 집값이 끝없이 상승할 것이라는 막연한 기대와 금융기관의 무책임한 대출에 의존하여 주택을 구입한 사람들 가운데 800만 가구 이상이 집에서 쫓겨났고, 수백만 가구 이상이 조만간 담보로 맡긴 주택을 압류당하거나 잃어버릴 위기에 처했다. 그리고 이들보다 훨씬 많은 수의 사람들이 평생 동안 모은 돈을 한순간에 잃어버렸다. 엄청난 수의 실직자가 발생했고, 대다수의 사람들이 그동안 저축해두었던 돈을 생활비로 몽땅 써야 했으며, 청년들은 학자금 대출로 인해 수만 달러의 부채를 떠안은 채 사회로 내던져졌다.

금융위기 이후 미국에서는 엄청난 수의 사람들이 부모와 친척 집을 전전하거나 자동차에서 생활하는 신세로 전락했고, 노숙자 또한 급증했다. 돌이켜 생각해보면 주택 가격은 공급이 부족하거나 수요가 꾸준히 상승할 때 올라가게 마련이다. 하지만 호황기가 지나고 불황이 시작되면 주택 가격은 급락할 수밖에 없고, 특히 투기 등을 목적으로 빚을 내어 주택을 구입한 사람들은 은행 이자와 주택 가격 하락이라는 이중고에 시달릴 수밖에 없다. 대출이자를 노린 은행의 달콤한 말에 홀려 막대한 부채를 떠안고 주택을 구입한 사람들이 집을 빼앗기고 쫓겨나는 것은 사실상 시간문제였던 셈이다.

그런데 바로 이 위기의 순간에도 상위 1퍼센트는 엄청난 부를 획득했다. 스티글리츠의 주장에 따르면 금융위기 이전의 호황기에 미국의 상위 1퍼센트는 국민소득의 약 65퍼센트 이상을 차지했다. 그리고 2010년 미국이 경기 침체에서 벗어나려고 노력하고 있을 때 상위 1퍼센트는 회복기에 창출된 추가 소득의 93퍼센트를 가져갔다. 이것만이 아니다. 로버트 라이시의 지적처럼 지난 30년 동안 하위 90퍼센트의 임금은 15퍼센트 상승한 반면 상위 1퍼센트의 임금은 150퍼센트 증가했고, 범위를 상위 0.1퍼센트로 좁히면 증가율은 300퍼센트까지 치솟는다. 로버트 라이시가 주장하듯이 1978년 이후 노동자의 임금은 사실상 제자리걸음이었으나 총생산에서 자본가들이 가져가는 몫은 엄청나게 증가했다.

요컨대 신자유주의는 자본가가 더 많은 이익을 가져갈 수 있는 시스템이다. 왜 이런 불공평한 현상이 발생하는 것일까? 열심히 일하는 사람들의 임금은 상승하지 않고, 아니 물가상승률을 고려하면 가처분소득은 오히려 낮아지는데 왜 부자들의 수입은 더 많이 늘어나는 것일까? 이 질문에 대한 스티글리츠의 대답은 정치, 즉 게임의 규칙을 결정하는 정치에 문제가 있다는 것이다. 이때 정치는 곧 정부를 일컫는다. 현대 사회에서 정부는 다양한 경제 규칙과 정책을 입안한다. 조세 제도와 사회복지 지출을 통해 소득을 재분배하고, 각종 기구와 위원회 등을 통해 금융기관이나 시장을 감시·규제한다. 한국의 경우 금산분리정책, 법인세, 금융감독원, 공정거래위원회 등이 이러한 경제 규칙과

정책, 그리고 그것을 집행하는 기관에 포함된다. 이는 정부가 법률과 정책을 통해 불평등의 수준을 관리하는 역할을 수행할 수 있다는 의미이다. 그러나 신자유주의 체제에서 전 세계의 정치는 심각하게 보수화되었고, 특히 기업 친화적인 정치 세력이 권력을 잡음으로써 사실상 시장에서 벌어지는 불공정행위를 감시·통제하는 역할이 크게 위축되었다. 미국의 경우 월스트리트 출신들이 대거 행정부에 진입하여 경제정책을 결정하는 요직을 차지함으로써 오히려 정책이 부자들에게 유리한 방향으로 시행되기에 이르렀다. 기업의 법인세를 낮춘다거나 고소득자의 세율을 하향 조정하는 것 등은 모두 이러한 정치적 배경에서 시행된 정책이다.

앞에서 우리는 근대 사회가 '경제(시장)'와 '정치'라는 두 축을 근간으로 만들어졌다고 이야기했다. 그리고 근대 사회에서는 정치가 경제를 압도하거나 균형을 이루는 것이 일반적이었다. 하지만 신자유주의가 등장하면서 사정이 크게 달라졌다. 바야흐로 경제가 정치를 압도하기 시작한 것이다. 세계 여러 나라에서 전통적인 관료나 정치 엘리트가 아니라 유명한 경제인이나 기업인이 대통령에 선출된 것이 이러한 사정을 잘 보여준다. 이처럼 시장 친화적인 인물이 유력한 정치인이 되면 정부의 정책은 대개 시장 또는 기업에 유리한 방향으로 기울게 되고, 그것은 노동자나 하위 90퍼센트에게 불리한 상황이 전개될 것이라는 의미이기도 하다. 이 지점에서 경제 문제는 곧바로 정치 문제와 연결된다.

22

'나'라는 이름의 주식회사

'능력주의 신화'의 허구성

모든 사회는 그 사회의 유지·발전에 필요한 존재를 '생산'한다. 생산이라는 말은 오해의 여지가 있지만, 사회는 수많은 개인이 모여 있는 단순한 집합이 아니라 그들을 특정한 종류의 '주체'로 생산하고 육성하는 거대한 시스템 같은 것이다. 이 생산과정을 주체화subjectivation라고 말한다면, 모든 사회의 구성원은 자연 발생적인 존재가 아니라 주체화 과정을 거쳐 사회의 일원, 즉 주체로 '생산된' 존재들이라고 말할 수 있다. 앞에서 살폈듯이 서구 사회가 중세에서 근대로 넘어오는 과정은 '자본가'와 '노동자'라는 주체의 탄생, 즉 중세적 인간들을 자본주의적 인간으로 만드는 주체화 과정 없이는 불가능했으며, 근대 민주주의 역시 중세적 존재인 백성, 신민, 왕, 귀족 등을 '시민'이라는 단일한 주체로 재탄생시키는 주체화 과정 없이는 성립될 수 없었다. 이처럼 인류사를 되돌아보면 모든 시대가 그 각각에 필요한 존재들을 생산해왔음을 확인할 수 있으니 교회, 가정, 학교, 경찰, 사법제도, 의료 기관 등이 모두 이러한 주체 생산에 결정적인 역할을 수행했음을 부정하기 어렵다. 요컨대 사회라는 큰 관점에서 보면 경제 영역과 정치 영역, 그리고 주체 생산의 영역은 별도로 존재하는 것이 아니다.

자본주의 역시 하나의 사회적 시스템이므로 그에 필요한 '주체'를 생산한다. 또한 발전을 거듭하면서 과거와 다른 종류의 주체들을 생산해왔다고 말할 수 있다. '자본주의는 주체에 '대해' 지배하는 것이 아니라 주체를 '통해' 지배한다.'[1] 그러니까 산업자본주의가 시작되던 산업혁명 당시의 노동자와 오늘날의 노동자는 '노동자'라는 동일한 호칭으로 불리지만 사고방식이나 욕망에서는 전혀 다른 존재이고, 마찬가지로 산업혁명 당시의 신인류와 오늘날의 기업가는 '자본가'라는 동일한 호칭으로 불리지만 존재 방식이나 사고방식 자체가 근본적으로 다르다. 현대 자본주의 사회에서 자본가에 관해 이야기하면서 산업혁명 시대의 신인류를 떠올리는 것은 코미디에 가깝다.

신자유주의는 '시장의 자연성과 민간의 자유로운 활동을 중시하는 경제 이론'으로, 국가의 개입 증대(케인스주의)라는 현대 복지국가의 경향에 맞서 '경제적 자유방임주의 원리의 현대적

22 부활을 지향하는 사상적 경향'이다. 이것은 20세기 후반 서구 사회에서 이미 시대적 규범으로 자리잡았으며, 한국에서는 외환위기 이후에 본격화되었다. 한국의 신자유주의는 미국 등에 비해 뒤늦게 시작되었지만 확산 속도에서는 세계에서 유례를 찾기 어려울 정도로 빠르고 강력했다. 앞에서 지적한 것처럼 그것은 당시 정부가 신자유주의에 매우 우호적인 정책을 펼쳤기 때문이다. 그렇다면 신자유주의는 어떤 방식으로 '주체'를 생산하는 것일까? 아니, 신자유주의가 생산하는 주체의 특징은 무엇일까? 이와 관련하여 주목할 점은 신자유주의가 '경쟁'을 지고의 가치로 내세운다는 것, 경쟁 이데올로기를 내면화함으로써 자기 착취를 멈추지 않는 주체를 탄생시켰다는 것이다. 신자유주의가 본격적으로 확산됨과 동시에 자기계발 담론이 봇물처럼 터져 나온 것도 이와 무관하지 않다.

일반적으로 착취란 타인에 의해 강제로 행해지는 것으로 이해되지만, 신자유주의에서는 개인들 스스로가 자신을 착취하는 모습을 보인다. 경쟁력을 높이기 위해, 자신의 사회적 가치를 상승시키기 위해 스스로를 계발하는 데 집중하는 존재들이 등장한 것이다. 외환위기 이후 대학생들의 스펙 경쟁이 본격화되었다. 이처럼 경쟁을 내면화한 존재들이 '평등'이 아닌 '차별'을 지지했다는 것, 즉 학력이나 출신 대학의 서열에 따른 차등 대우를 정당한 것으로 인식한다는 보고서들이 등장한 것도 같은 맥락에서 이해할 수 있다.[2] 사회학자들은 이러한 현상을 '신자유주의적 통치성'이라고 명명했는데, 이것은 개인의 욕망을 경제적 가치에 정향定向시키는 것으로 대표된다. 이 통치의 메커니즘 속에서 개인은 자신의 모든 능력을 자본화, 즉 '능력자본'의 형태로 투자함으로써 삶 자체를 1인 기업화한다. 철학자 미셸 푸코라면 이것을 '예속적 주체화'라고 불렀을 것이다. 신자유주의 체제에서 개인이 자신을 '기업'으로 이해하고 끊임없는 자기계발을 통해 자신의 상품 가치를 증명하거나 증대시키려는 태도를 취하는 것이야말로 그것의 대표적인 사례이기 때문이다. 이러한 예속적 주체화로서의 '기업가적 자아'는 그것을 지탱·실행시키는 몇 개의 담론에 의해 떠받쳐지고 있다. 외환위기 이후에 급증한 자기계발 담론, 능력주의라는 신화, 경쟁지상주의, 그리고 서열화와 위계화를 당연시하는 뉴노멀new normal 등이 그것이다.

> 나-주식회사. 이는 자기 자신을 주식회사로 이해하는 것이다. 이 개념은 새천년으로의 전환기에 일어나는 결정적인 사회 변동을 일컫는다. 인간은 점차 외부 책임 대신 자기 책임을 선택하는 삶의 기업가로 보인다. 이러한 발전은 경제적으로 강요된, 광범위한 안전망으로부터의 국가의 후퇴와 함께 일어난다. 나아가 더 많은 자립성과 기업가 정

신을 요구하는 노동 문화의 전환은 자기를 더욱 나-주식회사로 이해하게 만든다. 여기서 필요한 것은 무엇보다도 실제 주식회사에서 지속적으로 자기 자신의 시세표를 작성하는 방법이다. '내가 가진 나-주식의 값을 무조건 다시 올려야 해.'[3]

신자유주의는 경쟁을 선호하는 인간 괴물을 탄생시켰다. 경쟁을 선호하는 신자유주의적 주체는 '평등'보다 '차등'과 '차별'을 중시한다. 신자유주의에서 자기계발의 궁극적인 지향은 개인을 '1인 기업'으로 경영하는 것이다. 이 담론에서는 진학, 결혼, 출산, 심지어 미용이나 다이어트조차 자기계발의 요소가 된다. 그러므로 비만한 사람은 자기계발에 게을러 자신의 주가를 떨어뜨린 부적격 경영자로 간주되며, 하위권 대학의 학생이나 취업 실패자, 비정규직 노동자 또한 비슷한 평가를 받는다. 이러한 자기계발 담론이 궁극적인 원인이라고 단정하기는 어렵지만, 오늘날 다수의 인터넷 게시판에서 끊임없이 대학 서열 논쟁이 재발하고, 이른바 '서연고서성한중경외시' 등의 학력 위계가 그 어느 때보다 엄격하게 작용하는 이유도 그것이 곧 '나-주식회사'의 주가라고 생각하기 때문이다. 이러한 담론에서 개인은 더 이상 '노동자'가 아니라 '경영자'로 등극한다.

그러나 이러한 승급에는 한 가지의 옵션이 따른다. 모든 개인의 불행은 결국 자신, 즉 개인의 책임으로 간주된다는 점이다. '개인의 자기 책임을 정치 어젠다의 최상위에 놓고 이 계명과 함께 복지국가 보장 체제의 해체를 둘러쌌던 대처리즘과 레이거노믹스 논리 속에는 누구나 자기 삶의 기업가가 되어야 한다는 뜻이 내재되어 있다.'[4] 그렇다면 이러한 자기계발에는 끝이 있을까? 불행하게도 없다. 건강관리, 몸매 관리, 자산관리, 평판관리가 그렇듯이. 철학적으로 표현하자면 '기업가는 언제나 도래할 뿐이다 – 그것은 늘 되어감의 양식 속에 있는 것이지, 결코 존재함의 양식 속에 있는 것이 아니다'.[5] 이 항상적인 자기계발의 긴장이 우울증, 이른바 '프로작 경제Prozac economy'의 소산인 우울과 불안의 핵심이다.

신자유주의는 모든 개인은 1인 기업이며, 우리들 각자는 자기 기업의 경영자이고, 따라서 성공과 실패는 곧 개인에게, 개인의 자기계발 여부에 달려 있다는 헛된 믿음을 유포한다. 이러한 패러다임에는 이익을 위한 일시적인 결합은 존재할지언정 연대, 결속, 공동체 등의 가치에 내줄 자리가 없다. 만인의 만인에 대한 경쟁, 즉 무한 경쟁이 이 패러다임의 절대적인 원칙이며, 양질의 일자리가 한정되어 있다는 현실적인 이유 때문에라도 타인은 잠재적인 경쟁자일 뿐 나와 공존해야 하는 존재로 인식되지 않는다. 후카사쿠 긴지 감독의 영화 「배틀로얄」이나 1999년 네덜란드에서 방영된 리얼리티 서바이벌 프로그램 「빅 브라더」,

미국의 텔레비전 프로그램 「서바이버」 같은 '살아남기(생존)' 프로그램이 신자유주의의 상징으로 간주되는 이유도 여기에 있다. 대안으로서 '연대'를 외치는 목소리가 공허하게 흩어지는 까닭은 그것이 옳지 않기 때문이 아니라 지금의 개인화된 개인들에게서 연대의 감각이 작동하지 않기 때문이다. 상대적으로 연대의 감각이 취약하기 때문에 민주주의에 대한 신뢰조차 약해진다. 이 패러다임에서는 기업의 성격 또한 약탈적이어서 상대 기업과의 경쟁보다는 합병하는 방식으로 잠식하는 방법을 선호한다. 그리고 이러한 무한 경쟁의 현실을 정당화하는 논리로 '능력주의'를 강조한다.

능력주의meritocracy는 영국의 사회학자 마이클 영Michael Young(1915~2002)이 『능력주의의 등장』(1958년)* 에서 처음 사용한 개념이다. 그는 이 책에서 계급의 장벽이 무너져 모든 사람이 오직 자신의 능력만으로 성공할 수 있는 공평한 사회를 상정하면서 이야기를 전개하고 있다. 하지만 신자유주의자들이 선호하는 능력주의는 '모든 사람이 오직 자신의 능력만으로 성공할 수 있는 공평한 사회'와 거리가 멀다. 철학자 마이클 샌델이 줄곧 주장하듯이 '자신의 능력' 범위가 정확히 어디까지인지 단정하기 어려울 뿐만 아니라 실상 신자유주의에서의 성공은 개인

* 한국어 번역본의 제목은 '능력주의'이다. 마이클 영, 유강은 옮김, 『능력주의』, 이매진, 2020년.

의 능력보다 처음부터 갖고 태어나는, 부모의 능력 등에 따라 결정되는 경우가 일반적이기 때문이다. 그럼에도 불구하고 왜 신자유주의는 '능력주의'를 선호할까? 사실 능력주의라는 말 자체에서는 문제를 발견하기가 쉽지 않다. 근대적인 사고방식에 익숙한 사람들에게 능력주의는 종종 이상적인 가치로 평가되기도 한다. 그것은 자본주의 초기의 신인류를 설명할 때 등장하는 주장처럼, 개인의 노력과 능력에 비례하여 보상이 이루어지는 사회적 시스템을 가리키기 때문이다. 물론 능력주의는 최선일 때조차 사회진화론이나 적자생존의 논리를 넘어서기 어렵지만 말이다.

신자유주의에서 능력주의가 문제되는 이유는 이때의 능력이 개인이 노력을 통해 얻을 수 있는 것이 아니라 '비非능력적 특혜' 방식으로 세습되기 때문이며, 근대적인 능력주의라는 환상을 위협하는 '세습 자본주의'의 방향으로 흐르고 있기 때문이다. 그래서 '지금의 능력주의 신화는 잘못된 가정을 바탕으로 부유층과 특권층은 칭송하고 저소득층과 빈곤층은 부당하게 비난하는 등 경제적인 측면에서 성공과 실패의 원인을 제대로 설명하지 못하고 있다'.[6] 사실 오늘날 젊은 세대 중에는 개인이 노력하여 얻은 능력에 비례하여 개인에게 보상이 주어진다는 능력주의를 믿는 사람이 거의 없다. 이미 세상은 '세대 간 릴레이 경주' 방식으로 진행되고 있으며, 그런 한에서 능력주의는 오직 극빈층에만, 부모 세대로부터 아무것도 물려받은 것이 없는 사람들에게만 유독 엄격하게 적용되고 있는 듯이 보인다. 한동안 강력한 영향력을 행사했던 '수저론'이나 세습 자본주의 담론은 모두 이러한 현실, 개인의 도착점을 출발점이 결정하는 현실을 배경으로 등장했다.

이처럼 비능력적인 요소가 매우 중요한 기능을 하는데도 보수적인 정치 세력과 언론은 기회가 있을 때마다 능력주의의 신화적인 사례를 칭송함으로써 '능력주의'를 신자유주의적 세습 자본주의의 맨얼굴을 가리는 커튼으로 사용한다.* 마이클 샌델은 이를 가리켜 사회적 상승을 말로 포장하는 데 유리하기 때문이라고 지적한다. 신자유주의 지지자들이 말하는 능력이란 결국 '교육 능력주의'와 '경제 능력주의'의 결합물인데, 많은 연구 결과와 우리의 경험적 사실이 증명하듯이 그 능력들은 이미 개인이 노력해서 성취할 수 있는 수준을 벗어났다. 한국뿐만 아니라 미국에서도 명문대를 졸업하는 것은 사회적 신분 상승과

* 보수 언론과 정치인들은 신흥 부자들이 근면과 노력으로 부를 이뤄낸 자수성가형 기업가임을 강조한다. 그들은 우수한 아이디어와 성실하고 근면한 태도, 모험을 감수하고자 하는 기업가 정신만 있다면 이들처럼 성공할 수 있다고 주장한다. 그러나 마이크로소프트사의 창업자인 빌 게이츠와 폴 알렌, 페이스북 창업자 마크 저커버그, 델 사의 창업자인 마이클 델 등 많은 자수성가형 기업인들은 부모로부터 상당한 재산을 상속받은 중상층 출신이고, 이들의 중상층 배경이 없었다면 빌 게이츠나 마크 저커버그가 대학을 중퇴하고 자신의 사업을 시작하여 큰 부를 이룰 수 있는 경제적 기반(혹은 자본)을 가질 수도 없었을 것이다.(윤초희, 「우리 사회의 능력주의는 제대로 작동하고 있는가?」, 〈교육비평〉 37호, 278쪽)

성공에 상당히 유리한 조건으로 손꼽힌다.* 요컨대 학벌, 특히 출신 대학의 순위가 능력의 중요한 요소인 것이다.

이와 관련하여 다음의 사례는 매우 시사적이다. '2019년 3월, 고등학생들이 대학 입시 결과를 기다리고 있는 동안 연방 검찰은 깜짝 놀랄 발표를 했다. 33명의 부유한 학부모가 예일, 스탠퍼드, 조지타운, 서던캘리포니아 등의 명문대에 자녀를 집어넣기 위해 교묘히 설계된 입시 부정을 저질렀다는 것이었다.'[7] 이처럼 오늘날 '능력주의 신화'는 무한 경쟁주의를 작동시키거나(즉 승패는 이미 결정되어 있음에도 불구하고 모든 사람에게 경쟁이 곧 미덕이라는 이데올로기를 주입하기 위해 만들어진 주체화 장치), 사회적 불평등을 개인의 책임으로 전가하기 위한 교묘한 장치로 기능하고 있다. 그리하여 '경쟁지상주의'를 내면화한 수많은 젊은이가 능력주의라는 신화에 사로잡혀 대학을 외면하고 자영업에 뛰어들거나, 대학 졸업 후 취업보다는 창업을 선택하고 있다. 그런데 취업이나 창업에서의 실패, 사회 진출이라는 현실 앞에서 느끼는 불안 심리 등을 모두 자신의 '무능함'이나 '게으름' 때문에 생긴 문제로 인식하고 자포자기하거나 극단적인 선택을 하는 경우가 있는데, 이는 능력주의 신화가 이들에게 끼치는 부정적 영향의 단적인 사례라고 할 수 있다.

* 미국 사회의 교육 불평등과 명문대 입시 현실에 대해서는 폴 터프가 쓴 『인생의 특별한 관문』(강이수 옮김, 2020년)을 참고하라.

23

공유하지 않는 '공유경제'

플랫폼 경제의 두 얼굴

영국의 영화감독 켄 로치의 「미안해요, 리키」는 '플랫폼 노동'의 현실을 다룬 영화이다. 이 영화는 신자유주의 체제에서 살아가는 워킹 푸어working poor, 즉 열심히 일해도 가난에서 벗어나지 못하는 사람들의 삶을 한 가족의 이야기를 중심으로 조명한다. 주인공 리키와 그의 아내 애비는 자녀들에게 더 나은 환경을 제공하고자 성실하게 일하는 부부이다. 하지만 아무리 열심히 일해도 그들의 생활은 조금도 나아지지 않는다. 일용직을 전전하던 리키는 택배 기사의 벌이가 좋다는 이야기를 듣고 택배회사에 면접을 본다. 그런데 면접을 끝낸 채용 담당자는 리키에게 물품 배송에 사용할 트럭을 자신들의 회사에서 빌려서 쓸 것인지, 새 차를 구입할 것인지를 묻고 다음

순간 '당신은 우리를 위해 일하는 게 아니라 우리와 함께 일하는 거다'라는 이상한 이야기를 건넨다. 이것은 택배 기사가 고용된 노동자가 아니라 '프랜차이즈', 즉 자영업자라는 의미이다.

상황을 정확히 알지 못하는 리키는 열심히 일해서 빚도 갚고 집도 장만하겠다는 희망에 부풀지만, 리키가 택배회사와 맺은 근로계약의 본질은 최소한의 노동권은 물론이고 생명권도 회사가 책임지지 않겠다는 의미이다. 택배회사를 통해 자동차를 마련하고, 택배회사가 주는 물량을 배송하고, 택배회사가 제시하는 모든 규칙을 따라야 하는데도 리키는 택배회사의 노동자가 아니다. 명목상 그들은 기업과 기업, 사장과 사장의 관계로 '계약'을 맺은 것이다. 회사가 정한 모든 규칙에 복종하면서도 고용된 노동자가 아니라니, 놀랍지 않은가? 이것이 바로 신자유주의가 노동시장에 도입한 일종의 '마술' 같은 사건이다.

> 자본주의는 위기가 일어나면 재편되는 경향이 있다. 새로운 기술, 새로운 조직 형태, 새로운 착취 양식, 새로운 일자리, 새로운 시장. 이 모두가 출현해 자본의 새로운 축적 양식을 전개한다. 1970년대 과잉생산 위기가 발생하자, 우리가 봤듯이 제조업에서는 노동을 공격하고 린 모델로 사업을 바꾸어 재건을 꾀했다. 1990년대 불황이 깊어지자 그 여파 속에서 인터넷 기반 회사는 고삐 풀린 자본을 끌어들

> 이는 새로운 사업 모델이 되었다. (2000년대 초) 닷컴이 붕괴하자 인터넷 회사로 향하는 투자자의 열광이 차갑게 식기도 했지만, 그 이후 10년 동안 기술 회사는 엄청난 권력과 자본을 손에 넣는 데 성공했다. 2008년 위기는 어떤가? 그 뒤에도 비슷한 변화가 일어났는가? 적어도 지배적 담론에서는 한 가지 변화가 나타났다. 이번에도 새로운 기술이 세간의 관심을 끌었다. 선진 자본주의 국가를 중심으로 자동화, 공유경제, '주문형 서비스'가 찬양받았다. 2010년 전후로는 사물인터넷이 그 대열에 합류했다. 맥킨지는 이런 변화를 '패러다임 전환'이라고 불렀고 세계경제포럼 집행위원장은 '4차 산업혁명'이라고 추켜세웠다. 어떤 평론가는 약간 비꼬는 말투로 르네상스와 계몽기에 빗대었다. 긱Gig 경제, 공유경제, 주문형 경제, 차세대 산업혁명, 감시 경제, 앱App 경제, 주목 경제. 우리 앞에는 새로운 용어가 넘쳐흐른다.[1]

신자유주의는 제로아워 계약zero-hours contracts, 긱 이코노미gig economy, 플랫폼 노동platform labor 같은 새로운 종류의 노동, 아니 노동과 비非노동, 노동과 경영의 경계가 모호한 형태를 계속 만들어왔다. '제로아워 계약'이란 고용주가 노동시간을 보장하지 않으며 피고용인도 일이 들어온다고 해서 반드시 할 필요가 없는 형태의 근무 계약, 곧 0시간 노동계약이다. 정규직, 계약직, 아르바이트 등과 달리 피고용인은 정해진 직장이나 노동시간이 없으며, 그렇기 때문에 일을 얻기 위해 사실상 24시간 대기해야 한다. '긱 이코노미'는 우버Uber 택시처럼 기업과 노동자가 고용계약이 아닌 서비스 제공 계약을 맺고 일하는 것을 가리킨다. '플랫폼 노동'이란 앱이나 SNS 등 디지털 플랫폼을 매개로 노동이 거래되는 고용 형태를 의미한다. 스마트폰이 일상화되면서 앱을 통해 배달 대행, 대리운전 등을 하는 노동자들이 생겨났다. 일부 사람들은 이러한 플랫폼 노동을 '공유경제'라고 부른다. 공유경제라는 개념은 2008년 하버드 대학교 로렌스 레식Lawrence Lessig(1961~) 교수가 만들었는데, 차량 공유 서비스인 우버와 숙박 공유 서비스인 에어비앤비Airbnb가 대표적인 사례이다.

'배달의 민족은 배달하지 않는다'라는 말이 있다. 이것은 라이더유니온의 박정훈 위원장이 플랫폼 자본주의와 플랫폼 노동이 작동하는 방식을 비판적으로 조명한 책 제목이기도 하다. 음식 배달 앱인 배달의민족(일명 '배민')은 2020년 3월 기준으로 5,400만 명이 다운로드했고, 월 방문객이 1,000만 명, 월 주문은 5,000만 건을 기록한 국내 최대의 애플리케이션이자 플랫폼 산업의 대표 주자이다. 음식 배달만이 아니라 꽃 배달 등 각종 배달 서비스, 대리운전, 가사 도우미, 퀵서비스, 간병, 번역,

청소 용역, 홈페이지 제작, 디자인, 시나리오 작가, 미용 서비스, 과외, 택배('쿠팡 플렉스'), 일회성 아르바이트에 이르기까지 플랫폼 노동이 확대되지 않은 분야가 없는 실정이다.

플랫폼 노동은 플랫폼(애플리케이션)을 운영하는 주체(회사)가 서비스를 신청하는 고객과 서비스를 제공하는 노동자를 중개해주고 수수료 등을 받는 방식을 의미한다. 한마디로 디지털 노동 중개 산업인 것이다. 언뜻 보면 플랫폼 기업은 '특정한 서비스를 찾는 소비자와 그 과업을 수행하려는 적절한 사업자를 연결'하고 수수료를 받는 단순 행위자처럼 보이지만, 실상은 '엄격하게 관리된 제품과 서비스를 고객에게 제공하기 위해 각 경제 운영자들은 그들의 노동자를 긴밀하게 통제하면서 전체 거래를 적극적으로 형성'[2]한다. 가령 음식 배달의 경우에는 인공지능AI을 활용하여 소비자의 만족도(별점)가 낮은 노동자에게는 상대적으로 먼 거리의 배달만 배정하거나, 배송 지연 등으로 인해 주문 취소, 환불 요청 등이 발생한 노동자에게는 배달 자체를 배정하지 않음으로써 강도 높은 통제에 복종할 수밖에 없는 시스템을 구축하고 있다. 이는 '본사→대리점→택배 기사'로 이어지는 하도급 구조하에서 대리점이 기사 개개인과 배송 위탁계약을 맺게 하는 택배의 경우에도 마찬가지이다. 택배는 플랫폼 노동은 아니지만 대리점과 택배 기사가 배송 위탁계약을 맺고 있으므로 배송 물량의 배정 권한을 갖고 있는 대리점이 '갑'

의 위치를 점할 수밖에 없다. 특정 회사의 로고가 새겨진 차량을 이용하여 물품을 배송하면서도 정작 법적으로는 그 회사에 고용된 노동자가 아니라 자영업자로 간주되는 이 상황을 어떻게 이해해야 할까?

분명한 사실 하나는 신자유주의는 어떠한 방식이든 고용 자체를 선호하지 않는다는 점이다. 그렇다면 '고용'이 아니라 '위탁계약' 관계가 되면 어떤 일이 생기는 것일까? 먼저 플랫폼 노동자나 택배 기사 등이 회사에 소속된 노동자가 아니므로 그들에게는 근로기준법이나 노동 3권 같은 것이 적용되지 않는다. 알다시피 근로기준법이나 노동 3권 등은 자본과의 관계에서 상대적으로 불리할 수밖에 없는 노동자의 권익을 보호함으로써 노동과 자본의 힘의 균형을 바탕으로 산업민주주의를 구축하기 위해 만들어진 법이다. 산업자본주의 시대에 기업과 공장의 규모가 커짐에 따라 노동자의 힘, 즉 노동조합의 힘 또한 그에 비례하여 커졌고, 급기야 기업가들은 '노조'의 존재 자체를 불편하게 여겨왔다. 그러므로 플랫폼 노동자나 택배 기사가 '노동자'로 인정되지 않는다는 것은 기업의 입장에서 엄청난 경제적 이익이다. 오토바이를 주로 사용하는 플랫폼 노동자의 경우만 보더라도 기업은 4대 보험료나 복지수당, 퇴직금, 연월차, 상여금, 임금협상 같은 법적인 의무에서 완전히 해방될 뿐만 아니라 오토바이 구입비, 연료비, 수리비, 사고가 났을 경우의 치료비 같은 일체의 비용을 지급하지 않아도 된다.

앞에서 우리는 신자유주의에서 다운사이징이 정리해고 등을 통해 안정적인 일자리를 줄임으로써 법적인 책임과 비용을 낮추는 것이며, 다운사이징에 성공한(?) 기업의 주가는 상승한다고 언급했다.(제20장 참조) 이렇게 보면 플랫폼 기업에는 사실상 '다운'할 사이즈 자체가 존재하지 않는다. 게다가 각종 의무가 없는 데서 그치지 않고 높은 수수료와 프로그램 사용료 등을 부과할 수도 있으니 그야말로 일석삼조라고 말하지 않을 수 없다. 특히 플랫폼 노동은 노동자의 정체성 자체를 제거함으로써 그들이 단결할 수 없도록, 아니 항상 경쟁 관계에 놓일 수밖에 없도록 만든다. 그들은 '노동자'로 인정받지 못해 노동조합을 결성할 수도 없지만, 설령 그러한 단체 설립이 가능하다고 해도 '단결'이 쉽지 않다. 애플리케이션에 잠시 떴다가 사라지는 주문(콜)을 누가 먼저, 더 많이 받느냐는 것이 생존에 직결된 상태에서는 단결보다 경쟁이 훨씬 더 현실적으로 다가오기 때문이다.

우버나 에어비앤비 같은 공유경제의 경우도 사정은 크게 다르지 않다. 공유경제는 '소유'에서 '공유'로의 패러다임 이동, 즉 자본주의의 새로운 국면으로 평가되기도 한다. 근대 자본주의가, 그리고 국민국가 체제가 재산에 관한 개인의 배타적 소유권을 최우선으로 삼았다는 사실을 감안하면, '공유'라는 패러다임은 말 그대로 새로운 국면이다. 실제로 자동차에서 방, 가구, 사무실에 이르기까지 개인이 소유하고 있는 물건을 타인과 공유하는 것은 자원 활용을 극대화하는 경제활동이라는 점에서 긍정적이라고 말할 수 있다. 물건의 소유자에게는 높은 효율성을, 구매자에게는 싼값에 이용할 수 있는 기회를 제공하기 때문이다. 하지만 에어비앤비 또한 실제로는 온디맨드On-Demand 경제의 일종으로, 회사는 서비스를 신청하는 고객과 서비스를 제공하는 호스트(업주)를 중개해주고 수수료를 받음으로써 단 하나의 숙박 시설도 소유하지 않은 채 세계 최대의 숙박업체로 떠올랐다. 2019년을 기준으로 에어비앤비를 이용한 사람은 5억 명 이상이고, 전 세계 호스트의 수는 290만 명, 일일 평균 숙박 건수는 80만 건에 이른다. 매일 새로 등록하는 신규 호스트의 수도 1만 4,000명을 상회한다. 2020년 11월 현재 미국 나스닥 시장에서 에어비앤비의 시가총액은 1,296억 달러(약 143조 8,000억 원)를 기록했다.

오해와 달리 에어비앤비의 영업 형태 역시 단순한 중개에 그치지 않는다. 에어비앤비에 호스트(업주)로 등록하려면 일정한 조건과 심의를 받아야 한다. 에어비앤비의 가장 큰 문제점은 고객과 호스트의 계약관계에 의해 임대가 진행되므로 성매매나 범죄 등에 무방비로 노출될 수 있다는 것, 그리고 범죄가 발생했을 때 법적인 책임은 호스트 개인이 진다는 것이다.* 공유경제는 자신이 소유하고 있는 효율성이 낮은 자산을 '공유' 방식으로 타인에게 제공함으로써 호스트(업주)에게는 경제적 수익을, 소비자에게는 저렴한 비용을 지불하고 이용할 수 있는 편의성을 제공하는 것이 특징이다. 하지만 현실에서 공유경제는 이러한 범죄와 탈세 등에 부정적 방식으로 활용되기도 하여 문제를 낳고 있다.

빌 클린턴 정부에서 노동부 장관을 지냈으며 캘리포니아 대학교 버클리 캠퍼스의 경제학 교수인 로버트 라이시는 공유경제에 대해 '말이 공유경제이지 사실은 부스러기 경제에 지나지 않는다'고 비판했다. 이는 소비자들이 지불하는 요금 가운데 큰 몫을 플랫폼 업체가 가져가면서도 정작 (우버의) 운전자나 (에어비앤비의) 집주인에게는 어떠한 복지 혜택도 제공하지 않는다는 점을 지적한 것이다. 실제로 우버의 경우 고급차를 많이 확보한 기업이라는 이미지를 연출하기 위해 운전자들에게 고급 승용차 구입을 강요하거나, 돈이 부족하여 고급차를 구입하지 못하는 운전자들에게는 후원사가 운영하는 대출을 권장하기도 했다고 알려졌다. 이처럼 플랫폼 노동과 공유경제는 고용 자체를 없앰으로써 기업이 노동자에 대한 최소한의 책임감조차 갖지 않게 해주었다. 이 시스템에서 노동자들은 '사장(자영업

* 에어비앤비에 관한 정보는 '나무위키'를 참고하라.

자)'의 위치를 갖고 있으면서도 법의 사각지대에 놓여 생존권 자체를 위협받는 불안정한 노동자로 살아가게 된다.

24

고용 없는 성장의 미래

인공지능 시대의 데이터 자본주의

우리는 '데이터 사회'에 살고 있다. 산업혁명에서 시작된 자본주의는 위기에 직면할 때마다 새로운 자본 축적의 방식을 고안하면서 거듭해서 형태를 바꾸었고, 산업자본주의는 금융자본주의를 지나 플랫폼 자본주의, 그리고 마침내 데이터 자본주의에 이르렀다. 자본주의의 이러한 변신 능력을 감안하면 지금의 데이터 자본주의 또한 지나가는 과정일 뿐 최종적인 형태는 아닐 것이다. 최근에 와서 데이터 자본주의는 인공지능과 결합하고 있으며, 학자들 중에는 이 변화를 가리켜 '인공지능 자본주의'라고 부르는 이들도 있다. 산업자본주의에서 '산업'이 핵심이자 권력이듯이, 금융자본주의에서 '금융'이 핵심이자 권력이듯이, 데이터 자본주의에서는 당연히

'데이터'가 핵심이자 권력이다. 다시 말하면 데이터를 수집·소유·관리·운용하는 주체가 곧 권력인 것이다. 빅데이터big data라는 말이 단순한 유행어가 아니라 우리 시대의 모든 것을 설명하는 키워드인 것처럼, 데이터 자본주의에서 '데이터'의 성격은 결코 단순하지 않다.

그렇다면 데이터란 무엇일까? 데이터 자본주의에서 '데이터'는 자본에 의한 가치화 과정에 도움이 되는 일체의 정보와 지식을 통칭하는 개념이다. 데이터 자본주의에서는 데이터를 지배하는 존재가 권력이라고 말했는데, 그렇다면 우리 사회의 초자아, 즉 '신(권력)'은 구체적으로 누구일까? 흔히 구글Google이라고 이야기한다. 하지만 여기서 말하는 '구글'은 데이터를 만들고 지배하는 권력의 상징적인 이름일 뿐이며, 실제로는 여러 포털 사이트와 플랫폼 등이 동일한 기능을 수행하고 있다. 바야흐로 정보 기술IT이 곧 권력의 출발점인 셈이다. 오늘날 데이터 자본주의에서 '데이터'의 위상을 보여주는 단적인 사례는 바로 주식시장의 시가총액 순위이다. 한국의 경우 2021년 3월 현재 네이버가 시가총액 3위, 카카오가 9위를 기록하고 있다. 네이버의 시가총액이 전통적인 재벌 기업인 현대자동차를 압도하고 있다는 사실은 상징적이다. 이는 자동차로 대표되는 산업자본주의 시대가 저물어가고 있는 반면 IT에 기반한 데이터 관련 기업들이 급부상하고 있다는 의미이기도 하다.

24 이러한 경향은 한국만의 사례가 아니다. 미국의 경우 시가총액 1위는 애플이 차지하고 있으며 마이크로소프트, 아마존, 구글, 테슬라가 2위부터 5위까지 포진해 있다. 2021년 2월 기준으로 미국의 주식 시장인 나스닥Nasdaq의 시가총액 순위에서 상위 다섯 개 기업이 모두 IT 회사인 셈이다.(뒤에 나오는 표 참조) 세계 주식시장의 시가총액을 살펴보아도 사우디아라비아의 국영 에너지 기업인 아람코ARAMCO를 제외한 나머지 네 개 기업 모두가 IT 업종이다. 불과 10년 전, 미국 주식시장의 시가총액 1위 기업은 미국 최대의 석유 회사인 엑손모빌ExxonMobil이었지만 이제 상황이 완전히 달라진 것이다. 이러한 순위와 수치가 가리키는 것은 데이터를 지배하는 기업이 지금의 세계경제를 지배하고 있다는 것이다.

과거에도 데이터는 존재했다. 가령 자동차를 만들어 판매하는 회사도 나름의 방식으로 소비자의 선호 등에 관한 데이터를 수집하고 활용했다. 다만 산업자본주의 시대에는 자동차의 성능을 높이고 생산원가를 절감하는 것 등이 본질적인 문제였고, 데이터는 상대적으로 보조적인 수단에 머물렀다. 하지만 오늘날의 산업구조는 과거와 완전히 다르다. 경제는 급속하게 디지털화하고 있으며, 이러한 현실로 인해 노동자는 지식 노동자 또는 인지 노동자로 바뀌고 있다. 과거에는 대공장, 노동조합, 작업복, 손에 공구를 든 모습 등이 노동자의 표상이었으나 이러

나스닥 시가총액 순위

2021년 2월 3일 기준, 단위 : 10억 달러

순위	기업	시가총액
01	애플	2,290.4
02	마이크로소프트	1,832.8
03	아마존	1,662.1
04	구글(알파벳)	1,396.4
05	테슬라	810.2
06	페이스북	759.3
07	알리바바	712.7
08	타이완 세미컨덕터	661.2
09	버크셔 헤서웨이	546.7
10	비자VISA	430.4
11	존슨 앤드 존슨	422.5
12	JP모건 체이스	411.9
13	월마트	399.5
14	엔비디아NVIDIA	355.0
15	마스터카드	331.8
16	유나이티드 헬스	320.6
17	디즈니	320.1
18	프록터 앤드 갬블	317.5
19	홈디포Home Depot	295.2
20	페이팔PayPal	295.1
21	뱅크 오브 아메리카	273.2
22	넷플릭스	238.9
23	핀두어두어Pinduoduo	236.8
24	인텔	234.4
25	컴캐스트Comcast	230.9
26	어도비Adobe	230.7
27	ASML	227.9
28	버라이즌Verizon	226.7
29	나이키	218.5
30	세일즈포스Salesforce	215.5

한 산업노동자의 모습은 사라지고 대신 각종 문화 콘텐츠, 지식, 정동情動(감정), 서비스 등을 생산하는 사람들이 데이터 시대의 노동자로 떠오르고 있다. 물론 지금도 세계 도처에는 산업노동자들이 여전히 존재하고 있다. 하지만 주요 선진국에 포함되는 국가들의 산업구조는 과거와 확연히 달라졌으며, 상당수가 비물질 노동이나 지식 노동에 종사하고 있다. 이러한 변화는 노동계급만이 아니라 소위 지배계급 내에서도 동일하게 나타나고 있어 이제는 생산수단, 그러니까 거대한 공장과 기계 등의 고정자본을 소유한 사람이 아니라 정보를 소유한 사람들이 자본주의 경제의 새로운 지배 세력으로 부상하고 있다.

데이터 자본주의에서 데이터를 소유한 주체가 권력이라면, 그 데이터는 누가 만드는 것일까? 어떤 이들은 IT 회사에 소속된 노동자들이 만든다고 생각할지도 모르겠다. 하지만 IT 회사와 플랫폼 운영자들은 데이터를 만드는 주체가 아니라 추출·분석·사용·판매하는 주체이다. 데이터는 석유의 원유와 같아서 그 자체로는 가치가 없다. 다양한 기업의 요청에 따라, 마케팅 등의 필요에 따라 데이터를 사용 가능한 형태로 가공하는 것이 IT 회사와 플랫폼 운영자들의 주된 업무이다. 데이터 사회에서 데이터를 생산하는 주제는 우리 모두이다. 우리 모두가 잠재적으로, 아니 실제적으로 데이터 생산자인 것이다. 우리가 하는 대부분의 행위가 데이터가 된다. 출근하기 위해 집에서 나와 자가용 승용차 또는 대중교통을 이용하는 순간부터 점심 식사를 하고 커피숍에서 대화를 하고, 약속 장소에 가고, 애플리케이션을 사용하고, 유튜브를 시청하고, 휴대전화와 각종 소셜 미디어를 사용하는 것 등이 모두 데이터를 생산하는 행위이다. 우리의 일상생활이 의도와 전혀 상관없이 데이터 자본주의에 기여하고 있으며, IT 회사와 플랫폼 운영자들은 우리의 의사와 별개로 우리가 생산하는 데이터를 수집·가공하여 판매한다.

상황이 이러하므로 우리의 일상이 '무료 노동'이라고 주장하는 사람도 있고, 더욱 근본적으로는 우리의 삶 자체가 자본주의의 가치화 과정에 포섭되어 있다는 주장도 제기된다. 후자의 경우 우리의 모든 행동이, 그리고 하루 24시간이 모두 자본의 가치화에 기여한다는 의미이며, 이 경우 우리의 '삶=자본'이라는 등식이 성립하므로 자본주의의 외부를 상상하는 일은 불가능해진다. 물론 이러한 주장은 극단적인 경우인데, 만일 우리의 삶 전체가 자본화에 포섭되어 있다면 플랫폼 같은 것이 별도로 존재할 필요가 없을 것이기 때문이다. 여전히 새로운 종류의 플랫폼이 만들어진다는 것은 최소한 우리의 '모든 행동'이 자본에 포섭된 것은 아님을 증명한다. 그렇지만 플랫폼은 우리의 일상마저 가치화하는 장치임은 분명한 사실이다.

과거에는 데이터를 생산하고 가공하는 일이 인간의 몫이었다. 즉 해당 분야의 전문가가 존재했고, 실제로 그 작업을 수행

24 하는 노동자가 있었으며, 최소한 데이터를 수집하는 인력과 장치가 필요했다. 하지만 오늘날 이 모든 일은 인공지능의 몫이 되어가고 있다. 문제는 산업자본주의에서 금융자본주의로, 나아가 데이터 자본주의와 인공지능 자본주의로 진화하는 과정에서 고용 자체가 줄어든다는 점이다. 전통적인 산업에서는 생산설비의 자동화로 인해, 그리고 생산 조립 공장을 해외로 이전하는 세계화의 흐름으로 인해 사실상 고용 자체가 바닥으로 곤두박질치고 있다. 최근 자동차 산업의 화두는 전기 또는 수소자동차 개발과 자율주행인데, 전자는 부품업의 몰락을, 후자는 장차 여객과 화물 운송업에 고용된 노동자들을 일거에 실업자로 만드는 결과를 초래할 것이다.

인공지능이 발달할수록 자본주의는 필연적으로 고용 없는 성장의 방향으로 나아갈 것이다. 자본주의가 그려내는 미래의 풍경은 신기하고 놀랍지만 그것이 고용 없는 자본주의를 향해 나아갈 때 인간, 특히 가진 것이 없는 사람들의 운명은 어떻게 될까? 4차 산업혁명과 인공지능에 대해 이야기할 때, 우리가 반드시 함께 물어야 할 질문은 바로 이것이다.

주

01 | 이윤을 탐하지 말라

1) 자크 르 고프, 유희수 옮김, 『서양 중세 문명』, 문학과지성사, 1992년, 267~268쪽.
2) 칼 폴라니, 박현수 옮김, 『사람의 살림살이 1』, 풀빛, 1983년, 27쪽.

02 | 돈과 자본은 어떻게 다른가

1) 슬라보예 지젝, 한보희 옮김, 『전체주의가 어쨌다구?』, 새물결, 2008년.
2) 이진경, 『자본을 넘어선 자본』, 그린비, 2004년, 30쪽.
3) 칼 마르크스, 강신준 옮김, 『자본 I-1』, 길, 2008년, 71쪽.

03 | 호모 이코노미쿠스의 등장

1) 막스 베버, 박문재 옮김, 『프로테스탄트 윤리와 자본주의 정신』, 현대지성, 2018년, 75쪽.
2) 로버트 L. 하일브로너·윌리엄 밀버그, 홍기빈 옮김, 『자본주의 : 어디서 와서 어디로 가는가』, 미지북스, 2010년, 108~128쪽.
3) 미셸 보, 김윤자 옮김, 『미셸 보의 자본주의의 역사 1500~2010』, 뿌리와이파리, 2015년, 38쪽.

04 | 매뉴팩처에서 공장으로

1) 리오 휴버먼, 장상환 옮김, 『자본주의 역사 바로 알기』, 책벌레, 2000년, 144쪽.
2) 뽈 망뚜, 김종철·정윤형 옮김, 『산업혁명사(상)』, 창작과비평사, 1987년, 270쪽.

05 | 그 많은 노동자는 어디서 왔을까?

1) 미셸 보, 김윤자 옮김, 『미셸 보의 자본주의의 역사 1500~2010』, 뿌리와이파리, 2015년, 141쪽.
2) 로버트 L. 하일브로너, 장상환 옮김, 『세속의 철학자들』, 이마고, 2008년, 77쪽.

06 | 삶의 터전이냐, 경제개발이냐

1) 칼 마르크스, 강신준 옮김, 『자본 I-2』, 길, 2008년, 963쪽.
2) 칼 폴라니, 홍기빈 옮김, 『거대한 전환』, 길, 2009년, 170쪽.
3) 같은 책, 171쪽.
4) 이진경 편, 『자본주의와 노동의 체제』, 그린비, 2007년, 88쪽.
5) 아르네 다니엘스·슈테판 슈미츠, 조경수 옮김, 『자본주의 250년의 역사』, 미래의창, 2007년.

---

07 | 경제학의 탄생

1) 장 자크 루소, 박호성 옮김, 『사회계약론 외』(루소 전집 8), 책세상, 2015년, 231쪽.
2) 애덤 스미스, 유인호 옮김, 『국부론』, 동서문화사, 2008년, 18쪽.
3) 같은 책, 26~28쪽.
4) 같은 책, 30쪽.

---

08 | 자본의 얼굴을 한 야만

1) 고병권, 『다시 자본을 읽자』, 천년의상상, 2018년, 40쪽에서 재인용.
2) 볼프강 J. 몸젠, 최호근 옮김, 『원치 않은 혁명, 1848』, 푸른역사, 2006년·제프 일리, 유강은 옮김, 『The Left 1848~2000』, 뿌리와이파리, 2008년 참고.
3) 칼 마르크스, 강신준 옮김, 『자본 I-2』 길, 2008년, 1,019쪽.
4) 칼 맑스·프리드리히 엥겔스, 최인호 외 번역, 『칼 맑스 프리드리히 엥겔스 저작 선집 1』, 박종철출판사, 1995년, 214쪽.
5) 같은 책, 72~73쪽.
6) 같은 책, 78~91쪽.

---

09 | 바보야, 문제는 분배야!

1) 존 스튜어트 밀, 박동천 옮김, 『정치경제학 원리 2』, 나남, 2010년, 19쪽.
2) 존 스튜어트 밀, 박동천 옮김, 『정치경제학 원리 4』, 나남, 2010년, 98쪽.
3) 존 스튜어트 밀, 박동천 옮김, 『정치경제학 원리 2』, 나남, 2010년, 32쪽.
4) 헨리 조지, 이종인 옮김, 『진보와 빈곤』, 현대지성, 2019년, 355쪽.
5) 같은 책, 413쪽.

---

10 | 잃어버린 영혼

1) 오노레 드 발자크, 박영근 옮김, 『고리오 영감』, 민음사, 2006년, 133쪽.
2) 에밀 졸라, 유기환 옮김, 『돈』, 문학동네, 2017년, 568쪽.
3) 같은 책, 464쪽.

11 | 불황이 탄생시킨 독점자본

1) J. A. 홉슨, 김종철 외 공역, 『제국주의론』, 창작과비평사, 1982년, 328쪽.

12 | 약탈의 경제

1) J. A. 홉슨, 김종철 외 공역, 『제국주의론』, 창작과비평사, 1982년, 45~46쪽.
2) 루드야드 키플링, 서강목 선역, 『키플링 시선집』, 하늘땅, 1990년, 125~128쪽.
3) 김정기, 「자본주의 열강의 이권 침탈 연구」, 〈역사비평〉 13, 1990년, 11·83~84쪽.
4) 에릭 홉스봄, 김동택 옮김, 『제국의 시대』, 한길사, 1998년, 173쪽.
5) 같은 책, 179쪽.

13 | 무너지는 자본주의

1) 미셸 보, 김윤자 옮김, 『미셸 보의 자본주의의 역사 1500~2010』, 뿌리와이파리, 2015년, 308쪽.
2) 로버트 L. 하일브로너·윌리엄 밀버그, 홍기빈 옮김, 『자본주의: 어디서 와서 어디로 가는가』, 미지북스, 2010년, 263쪽.
3) 같은 책, 262~263쪽에서 재인용.
4) F. L. 앨런, 박진빈 옮김, 『빅 체인지』, 앨피, 2008년, 229쪽.
5) 존 스타인벡, 김승욱 옮김, 『분노의 포도 2』, 민음사, 2008년, 254쪽.

14 | '보이는 손' 국가의 개입

1) 에릭 홉스봄, 이용우 옮김, 『극단의 세기(상)』, 까치, 1997년, 125쪽.
2) 로버트 L. 하일브로너·윌리엄 밀버그, 홍기빈 옮김, 『자본주의 : 어디서 와서 어디로 가는가』, 미지북스, 2010년, 297쪽.
3) 볼프강 쉬벨부시, 차문석 옮김, 『뉴딜, 세 편의 드라마』, 지식의풍경, 2009년, 8쪽.

15 | 자본주의의 황금시대

1) 에릭 홉스봄, 이용우 옮김, 『극단의 세기(상)』, 까치, 1997년, 17쪽.
2) 로버트 L. 하일브로너·윌리엄 밀버그, 홍기빈 옮김, 『자본주의 : 어디서 와서 어디로 가는가』, 미지북스, 2010년, 354쪽.
3) 미셸 보, 김윤자 옮김, 『미셸 보의 자본주의의 역사 1500~2010』, 뿌리와이파리, 2015년, 374쪽.
4) 로버트 L. 하일브로너·윌리엄 밀버그, 홍기빈 옮김, 『자본주의 : 어디서 와서 어디로 가는가』, 미지북스, 2010년, 369쪽에서 재인용.
5) 20세기 후반 미국 사회의 변화상에 대해서는 다음 책에서 자세히 확인할 수 있다.

F. L. 알렌, 박진빈 옮김, 『빅 체인지』, 앨피, 2008년.

---

16 | 검은 황금의 보복

1) 최지웅, 『석유는 어떻게 세계를 지배하는가』, 부키, 2019년, 19쪽.

---

17 | 모두를 기울어진 운동장에 세우다

1) 데이비드 하비, 최병두 옮김, 『신자유주의』, 한울아카데미, 2007년, 31쪽.
2) 프랑수아 셰네, 서익진 옮김, 『자본의 세계화』, 한울, 2003년, 23쪽.

---

19 | 국경이 사라진 경제

1) 로버트 L. 하일브로너, 장상환 옮김, 『세속의 철학자들』, 이마고, 2008년, 446쪽.

---

21 | 모두를 위한 불평등

1) https://gureumblog.tistory.com/2 https://renopark.tistory.com/955
2) 조지프 스티글리츠, 이순희 옮김, 『불평등의 대가』, 열린책들, 2013년, 82~83쪽.

---

22 | '나'라는 이름의 주식회사

1) 서동진, 『자유의 의지 자기계발의 의지』, 돌베개, 2009년, 368쪽.
2) 오찬호, 『우리는 차별에 찬성합니다』, 개마고원, 2013년.
3) 울리히 브뢰클링, 김주호 옮김, 『기업가적 자아』, 한울아카데미, 2014년, 60쪽에서 재인용.
4) 같은 책, 68쪽.
5) 같은 책, 10쪽.
6) 스티븐 J. 맥나미 · 로버트 K. 밀러 주니어, 김현정 옮김, 『능력주의는 허구다』, 사이, 2015년, 14쪽.
7) 마이클 샌델, 함규진 옮김, 『공정하다는 착각』, 와이즈베리, 2021년.

---

23 | 공유하지 않는 '공유경제'

1) 닉 서르닉, 심성보 옮김, 『플랫폼 자본주의』, 킹콩북, 2020년, 43~44쪽.
2) 제레미아스 아담스 프라슬, 이영주 옮김, 『플랫폼 노동은 상품이 아니다』, 숨쉬는책공장, 2020년, 41쪽.

자본의 역습
경제학적 상상과 비판

초판 1쇄 인쇄 2022년 3월 10일
초판 1쇄 발행 2022년 3월 16일

지은이 고봉준
펴낸이 박남숙

펴낸곳 소소의책
출판등록 2017년 5월 10일 제2017-000117호
주소 03961 서울특별시 마포구 방울내로9길 24 301호(망원동)
전화 02-324-7488
팩스 02-324-7489
이메일 sosopub@sosokorea.com

ISBN 979-11-88941-76-6 04300
979-11-88941-72-8 (세트)

책값은 뒤표지에 있습니다.